企业管理会计实务丛书

管理会计工具手册

（第一册）

李守武　编著

中国财政经济出版社

图书在版编目（CIP）数据

管理会计工具手册. 第一册 / 李守武编著. — 北京：中国财政经济出版社，2016.5
（企业管理会计实务丛书）
ISBN 978 - 7 - 5095 - 6776 - 0

Ⅰ. ①管… Ⅱ. ①李… Ⅲ. ①管理会计 - 手册 Ⅳ. ①F234.3 - 62

中国版本图书馆 CIP 数据核字（2016）第 121794 号

责任编辑：王芝文　　　　　　　　封面设计：邹海东

中国财政经济出版社 出版

URL：http : // www.cfeph.cn
（版权所有　翻印必究）
社址：北京市海淀区阜成路甲 28 号　邮政编码：100142
营销中心电话：010 - 88190406
北京富生印刷厂印刷　各地新华书店经销
787×1092 毫米　16 开　20.25 印张　452 000 字
2016 年 5 月第 1 版　2016 年 9 月北京第 4 次印刷
定价：38.00 元
ISBN 978 - 7 - 5095 - 6776 - 0/F·5451
（图书出现印装问题，本社负责调换）
本社质量投诉电话：010 - 88190744
打击盗版举报热线：010 - 88190492、QQ：634579818

序 言
Preface

于增彪序

管理会计在我国的发展正处于最佳战略机遇期。据专家预测，到2030年，我国经济体量将从现在的第二超过美国而跃居世界第一。我国正在实施强国战略，为实现两个百年目标而奋斗。毋庸讳言的是，经济大国不同于经济强国。国外经验表明：经济强国是以世界一流的企业群为依托，而世界一流的企业又以管理会计的创新和应用为特征。因此，中国要成为经济强国，中国管理会计必须有所建树，必须同时成为世界一流。这是千载难逢的良机！我们不仅有机会创新管理会计以维系中国经济强国地位，而且有可能为世界会计发展做出应有的贡献。

就当前我国经济发展所面临的任务观察，一方面在实施"一带一路"、中国制造2025、互联网＋、"大众创业，万众创新"、供给侧结构改革等国际化、信息化、智能化和市场化的战略，引导经济前行；另一方面又在克服"三期叠加"的负面影响，推出"去产能、去库存、去杠杆、降成本、补短板"等举措，以摆脱经济的历史包袱，为经济顺畅前行"清路搭桥"。无疑，这两方面的任务如果能够圆满地完成，不可能不需要管理会计发挥作用。因为我们信奉管理会计能够提高经济效益或者创造价值，能够为创造价值的主体提供决策支持，而这两方面任务的完成过程必然以经济效益为准则、为目的，其差别仅仅在于这种经济效益是眼前的还是长远的、是局部还是全局的，如此而已。

中国兵器装备集团公司（简称兵器装备集团）副总经理、总会计师李守武主持编写的《管理会计工具手册》（第一册、第二册）、《管理会计案例》等三部著作，全面总结了兵器装备集团创造性引进和开发的管理会计工具及其应用的案例，具有理论性、成体系和可操作的特征，既是兵器装备集团管理会计应用指引，又是其他企业应用管理会计可资参照的蓝本，也为我们上述观点提供了有力支持。

兵器装备集团是我国军民结合的特大型军工集团之一，属于中央直管的国有重要骨干企业。最近几年来，李总带领着兵器装备集团的财务团队，逐步探索出一条在这样一个多元化经营的超大型企业集团中开发和应用管理会计的新路子，特别是在筛选、引进、消化、创新和总结管理会计工具方面，积累了丰富经验、取得了重大成果。2011年，他们广泛收集国内外有关管理会计工具信息，并经过反复筛选，最终确定了适合兵器装备集团所属企业具体情况的十大管理会计工具，通过详实的工具应用指导手册和完善的培训体系，将这些工具分步骤、分企业类型在集团所属企业推广应用，初步建立起兵器装备集团管理会计工具应用体系。2015年在总结十大管理会计工具应用经验的基础上，辑成《管理会计实战工具》和《管理会计实战案例》两册，并向社会公开发布。此处向读者推介《管理会计工具手册》（第一册、第二册）、《管理会计案例》三部著作则是对2015年版本扩充的结果，包括七个大类15个管理会计工具和31个案例。这些工具经过兵器装备集团多年实践检验而且行之有效，是兵器装备集团的宝典，也对其他同类企业有较高的推广价值。这些案例是从142个案例中精心挑选来的，有些被选入了财政部《管理会计案例索引》，它们是兵器装备集团的经验和智慧，对其他同类企业具有"比照做"之功效。

值得注意的是，在兵器装备集团选用的15种管理会计工具中，有些在管理会计教科书和实务中是可以找到的，在我们看来，它们之所以被选用，原因在于兵器装备集团将这些工具与自身管理实践相结合的过程中进行了再创造，植入了兵器装备集团的基因，使之具有了新的生命力。另外一些诸如客户盈利能力分析、企业风险管理、内部管理会计报告、组织与人才培养等四个工具，对于我们中国的管理会计来说则更是新颖，更具有创新性和开拓性，以至于让我们担心某些学者和专家有可能拒绝承认它们的管理会计身份。

我国管理会计始于20世纪70年代末期的改革开放，在将近40年的时间里，通过引进、吸收、发展和创新，在文献、经验和成果等方面都有相当丰厚的积累。但不能不看到，在学术界为数不少的学者质疑管理会计"是不是一门学问"、"有没有必要发展"的声音不绝于耳；在实务界急于应用管理会计但又"无从下手"的也大有人在。我们相信，李守武总会计师担纲推出的这三部著作在我国管理会计发展过程中势必成为具有里程碑意义的大事件，不仅有助于驱散那些仍然环绕着管理会计发展中的乌烟瘴气，而且将在我国实务界引发一场轰轰烈烈的应用、发展和创新管理会计的运动。

清华大学教授、博士生导师 于增彪

2016年5月1日

傅元略序

对中国企业来说,如何发挥管理会计应用在企业管理创新的作用,促使我国企业加快转变发展方式和提升企业创造价值的能力是一个重大的研究课题。中国兵器装备集团在管理会计应用及其理论研究具有独特的应用经验和应用研究成果,展现在这次即将出版的三本书中:《管理会计工具手册》(第一册、第二册)以及《管理会计案例》。这三本书具有如下的特色和应用价值:

一、从兵器装备集团的管理实践中遴选出适用的管理会计工具,展现其应用价值。通过兵器装备集团的管理会计工具应用经验的总结,遴选7个应用适应性强的工具在集团下属成员企业全面推广,同时也选择了3个工具确定为选推工具,作为有条件的企业选择应用。这7个全面推广工具已在2015年3月《管理会计实战工具》中出版。本次出版的《管理会计工具手册》(第一册、第二册)在原7个工具基础上增加了3个选推工具并增补5个即将在兵器装备集团下一步推广的工具,并且将这些工具划分为七类:预算管理类、成本管理类、运营管理类、绩效管理类、投资决策类、信息化和其他类。从这些工具涵盖的类别来看几乎涉及了所有管理领域。另一方面,2015年出版介绍的7个工具在兵器装备集团的应用已经产生相当好的经济效果。因此,这套《管理会计工具手册》(第一册、第二册)的15个工具在其他企业和事业单位也能展现其应用的价值。

二、从兵器装备集团的管理会计应用实战出发选取了大量表单、流程图和分析模板,展现这套书的特色。兵器装备集团的管理会计研究团队认为"管理会计工具"是从管理会计实践出发,基于某一核心概念并加以延伸而构建的、能够帮助管理会计人员提升绩效、促进决策、支持战略目标以及增加价值的框架、模型、技术或流程。因此,本套书的特色是从兵器装备集团应用的实例中提取大量的表单、流程图、分析模板来充实工具的内容,可以给读者提供许多实战应用的模式。

三、遵循财政部发布的管理会计体系建设的指导意见,加强管理会计应用成果的总结和提升形成示范案例。兵器装备集团近几年坚持每年组织1~2次全集团管理会计交流活动,收集到成员单位100多个管理会计案例,提炼出30多个典型案例,其中6个经典案例选入财政部《管理会计案例索引》。本次出版《管理会计案例》31个案例,其中20个是新案例,这些案例都是兵器装备集团下属企业典型应用经验，为读者提供丰富的管理会计应用实战模拟的范例，为管理会计应用推广提供许多可借鉴的成功经验。

总而言之，本套书关于管理会计工具和案例的出版，对于企业和事业单位开展管理会计应用和管理会计体系建设可发挥一定的推动作用。同时，本套书为高校的管理会计教学提供了实战型的丰富案例，而且为会计学术界开展管理会计理论研究提供了中国案例素材。因此，本套书不仅对于实务界具有应用的价值，而且对于学术界和高校教学的理论研究也是具有丰富的论据题材价值。

厦门大学教授、博士生导师

2016 年 4 月 24 日

孟焰序

中国兵器装备集团公司李守武总会计师带领的财务团队，在2011年开始，通过广泛收集梳理国内外管理会计工具，确定了适合兵器装备集团企业使用的十大管理会计工具，通过制定工具指导手册，完善的培训体系等措施，将这些工具分步骤、分企业类型在集团下属成员企业应用。在该集团开始启动这项工作的初期，我本人与其他几位教授应李守武总会计师的邀请，曾参加了兵器装备集团公司启动管理会计体系建设实施方案的论证工作。通过四年的努力，我欣喜地看到，在李守武总会计师的带领下，目前兵器装备集团已初步建立了管理会计体系，管理会计体系建设助推了该集团发展战略目标的实现。

管理会计在企业中的具体应用体现在规划、控制、决策和业绩评价四大领域。管理会计利用财务会计提供的信息，运用管理会计的技术与方法，来提高企业的经济效益与经营管理水平。管理会计最重要的意义是把财务会计信息用活了，在历史会计信息基础之上，为公司未来发展，特别是围绕公司战略做出决策。兵器装备集团公司编写的《管理会计工具手册》（第一册、第二册）、《管理会计案例》三本书，以兵器装备集团内使用的《管理会计应用指导手册》为原型，通过大量的实务中经过检验的表单、流程图，向我们展现了鲜活的管理会计应用案例，为我国管理会计在实务界的推进提供了宝贵的经验。这三本书是在2015年5月兵器装备集团公开发布的《管理会计实战工具》和《管理会计实战案例》两本书的基础上，新增加了8个管理会计工具和20个管理会计案例。目前《管理会计工具手册》（第一册、第二册），按照管理会计的预算管理、运营管理、成本管理、投资决策、绩效管理、管理会计信息化、其他七个大类编排15个管理会计工具手册，这15个工具是兵器装备集团经过实践检验的、行之有效的管理会计工具方法，对制造业企业有较高的推广价值。《管理会计案例》是在兵器装备集团成员企业四年来推进管理会计工作总结的142个案例中精挑细选出来的，部分案例选入了财政部《管理会计案例索引》。我相信这三本书的出版，对推动管理会计在我国企业的应用具有重要的现实意义。

中央财经大学教授、博士生导师　孟焰

2016年4月29日

潘飞序

自 2014 年财政部发布《关于全面推进管理会计体系建设的指导意见》以来，中国企业管理会计应用的研究和探索层出不穷。财政部楼继伟部长所言：我国单位运用管理会计大致有四种状态，即："不知未做"、"不知在做"、"已知未做"、"已知在做"。结合我国管理会计理论与实践经验，大力推广运用管理会计并取得实效，是企业管理者、相关政府部门、学术界、行业协会、学会等各方面的共同使命。而中国兵器装备集团公司在李守武总会计师的带领下，历经多年的实践，将前期管理会计工作悉数总结，编辑成册。是"已知在做"的典型代表之一。

《管理会计工具手册》（第一册、第二册）、《管理会计案例》三本书，凝结了兵器装备集团财务团队四年管理会计实践的精华，是兵器装备集团成功的推进方法和经验的深刻总结。其中《管理会计工具手册》（第一册、第二册），按照管理会计的预算管理、运营管理、成本管理、投资决策、绩效管理、管理会计信息化、其他七个大类编排 15 个管理会计工具，这种将管理会计工具进行分类的方式尤其新颖，能基本覆盖到企业管理会计应用的不同方面，读者可以依据分类"照单抓药"，找到合适自己企业的管理会计工具，而且 15 个工具是兵器装备集团经过实践检验的、行之有效的管理会计工具方法，对制造业企业有较高的推广价值。《管理会计案例》共 31 个案例，在 2015 年 5 月兵器装备集团发行的《管理会计实战案例》的基础上，增加了近一年来兵器装备集团成员企业应用管理会计的最新案例，是在兵器装备集团成员企业四年来推进管理会计工作总结的 142 个案例中精挑细选出来的，部分案例选入了财政部《管理会计案例索引》，对企业应用管理会计具有较高的推广价值。我坚信这三本书对我国管理会计实务发展将会起到非常积极的作用。

第一，对其他企业管理会计推进的示范作用。兵器装备集团从系统梳理适合自身企业应用的管理会计工具开始，建立与企业组织架构、业务流程、发展阶段相适应的管理会计工具体系。集团选择十大管理会计工具，并分为必推工具和选推工具，即兼顾了集团层面的推动力，又考虑到成员企业管理水平和管理会计需求的差异化。另外，管理会计案例库建设是管理会计体系建设的关键环节之一。管理会计案例库是对国内外管理会计经验的总结提炼，是对如何运用管理会计工具的实例示范。案例库建设是财政部推进管理会计应用的有效方式之一。兵器装备集团管理会计体系建设把握住了案例库建设这个关键环节，通过每年的管理会计交流活动，总结、提炼出成员企业的优秀案例，即起到标杆示范作用，又有利于其他成员企业的学习和推广。

第二，对我国企业管理会计实践推进具有重要意义。兵器装备集团用四年左右时间，初步建成了管理会计体系，三本书是兵器装备集团管理会计体系的经验沉淀。书中大量使用了企业推进管理会计时的表单和流程图，工具手册主要按照企业实际推进管理会计工具时的制度文件操作步骤编排。兵器装备集团以及其他企业的这种推进管理会计实践应用的务实做法，是值得借鉴和推广的。特别是目前国内很少有研究对中国的管理会计实务作系统的总结，这三本书为我们研究中国企业管理会计实务提供了丰富的素材。

盛情邀请，乐为序！

上海财经大学教授、博士生导师

2016 年 4 月 28 日

谢志华序

当兵器装备集团将他们的《管理会计工具手册》(第一册、第二册)以及《管理会计案例》等即将出版的三本书送至我办公室时,我首先急切地翻看了它的目录,然后又一页一页地进行了仔细地阅读,在我的脑海中萌生了一种模糊的感觉。在夜深人静的时候细细地回味三本书的内容,这种模糊的感觉潜移默化为一种清晰的思考,就是我对兵器装备集团以及这三本书的内涵所产生的一种刻骨铭心的认识,这种认识就是"变革"、"创新"和"整合"。

"变革"不仅在于我们都处在一个变革的时代,更在于我们每一个个体都能积极地投身到伟大的变革之中。就会计而言,确实经历了从报告受托责任到决策有用,再从决策有用到投资者保护的历史变迁,在这个变迁的过程中,作为决策有用的管理会计发挥了承前启后的作用。适应这种变革的大趋势,在宏观上,政府运用自身的权威也对会计变革进行了卓有成效的引导,从制定会计准则到建立内部控制体系,再从建立内部控制体系到全面推进管理会计建设,在会计大变革的时代,政府的作用真正得以彰显。在微观上,各个会计主体都身体力行、亲力亲为地实施了这种变革。很难想象,没有各会计主体进行的会计变革的真正实践,会计变革也可能还处在纸上谈兵的状态。兵器装备集团在这种大变革的趋势中顺历史潮流而上,以领头羊的姿态推动和实现了这种变革。大概二十多年前,我就在兵器装备集团讲授过全面预算管理的课程,而今,全面预算管理已成为兵器装备集团管理会计变革的特色之一。我们只能相信,在变革的大潮中,任何因循守旧都必将被历史所淘汰,而不断进取实施变革终将形成和改写历史。

"创新"不仅在于它是变革的目的,更在于只有创新的变革才能使历史不断地进步、不断地超越,创新是发展的动力,创新是进步的源泉。在改革开放的几十年里,中国的创新能力以历史从未有过的速度而迅速提升,我们已经成为世界上最大的专利授权国。在管理会计领域,创新也从未停止,不仅西方发达国家的企业不断地进行着管理会计创新的实践,即便我国政府和企业在引进西方管理会计时,也并不全照搬照抄。应在学习别国、他企经验的基础上引进消化、取长补短、塑造特色。在这种创新的时代背景下,兵器装备集团不畏艰险、敢于探索、善于实践、推陈出新,实现了从单纯引进模仿到结合自身特点进行再创新的转变、从单纯的方法运用到理论体系重构的转变、从单一工具的采用向系统设计和运转转变、从只是管理会计的使用到运用管理会计推动组织变革的转变，如此等等，创新已成为兵装人的价值取向和行为范式。我们只能相信，变革只有以创新作为原动力才能达到应有的高度，没有创新的变革无异于"浪费时间"、"谋财害命"。

"整合"不仅在于它是现代创新的实现形式，更在于在管理领域整合一直是管理发展变迁的路径选择。世界从来都没有像今天这样由于互联网的出现而更加范围广大和更加有效地整合在一起，如果说 20 世纪是以分工为特征，那么 21 世纪就是以整合为特征了。不仅互联网为这种整合提供了技术手段，更为重要的是整个社会和每个人都有整合的内在需要。仅仅从全球市场的视角看，跨业经营、跨界经营、跨境经营和共享经济都已经成为了最为基本的经营范式。在管理会计领域，从西方引进的管理会计更多的是各种各样的管理会计的工具和方法，显得支离破碎，没有一种整合的内在逻辑，也没有内在逻辑实现整合。政府在引导管理会计建设的过程中，力图实现管理会计理论的逻辑性、方法的体系性，特别是管理会计报告的系统性，只有实现管理会计报告所提供信息的高度整合，才能够有效地支撑管理会计的预测与决策、规划与控制、业绩评价与考核的所有管理职能。兵器装备集团在这种整合创新的过程中，以历史的担当感和专业责任感界定了管理会计运用的理论边界，实现了管理会计与其他管理活动的协同关系；形成了管理会计方法的内在逻辑架构，实现了基于企业战略流程和价值链流程的管理会计工具体系的排布方式；形成了管理会计报告体系的内在脉络，实现了基于决策的管理会计信息的体系重构；形成了管理会计的案例库，实现了理论与实务的有机整合。我们必须相信，现代管理创新无不与整合密切相关，一个企业管理水平的高低是由其管理的整合能力高低所决定的。

在兵器装备集团即将出版《管理会计工具手册》（第一册、第二册）以及《管理会计案例》等三本书之际，为此作序，引以为傲，深感言不达意、言不尽意，只能敬请海涵。

北京工商大学教授、博士生导师

2016 年 4 月 27 日

汤谷良序

中国管理会计创新发展的里程碑

这些年，我一直关注中国兵器装备集团在管理会计方面的创新实践，多次应邀参加守武总会计师组织的专题研讨会，还多次到兵器装备集团下属企业进行实地调研，我的电脑里还有一个收集了兵器装备集团管理会计案例的"文件夹"。当然这些对兵器装备集团管理会计创新的认知还是比较零星的，很期待他们有个系统性的成果能出版面世。今天，我特别欣慰地看到守武总会计师主编的《管理会计工具手册》（第一册、第二册）和《管理会计案例》这三本书稿付梓出版发行，特别可喜可贺！

我觉得这三本著作的同时出版，一定是中国企业管理会计创新发展中一个里程碑的事情，为什么呢？理由至少有三：

一是，"概念"引领了管理会计内涵的创新。

我认为，管理会计发展到今天，应该紧扣三个关键词：企业价值、管理控制系统、战略资源配置。本书明确了"管理会计是从传统会计中分离出来与财务会计并列、以管理控制系统为理论基础之一、以会计核算信息为基础、对财务和非财务信息进行深加工、服务战略管理、在单位管理流程各环节发挥价值管理作用的一门会计学科"。这一定位扬弃传统管理会计的聚焦企业增收节支或者是如何达成企业短期经营利润目标等，这一概念提炼了管理会计的"价值目标"、"组织系统"与"战略牵引"内涵。我期待这一概念的鲜明提出能让中国管理会计彻底走出"定义与术语的纷争"、"计算公式与取值系数的纠结"或者"只见树木不见森林"的教学与研发困境。

二是，"工具"承载了管理会计的理论发展。

《管理会计工具手册》（第一册、第二册）创新性地提出了基于企业战略流程和价值链流程的管理会计工具体系的排布方式。兵器装备集团已经研究收集了102个管理会计工具，今天呈现在我们读者面前的是其中15个管理会计工具。

作为管理会计学者，我本人的确是首次从兵器装备集团才获知当今管理会计理论发展积淀了102个管理会计工具。在管理会计创新发展历程中"工具"真的特别重要，因为只有"工具"才能承载管理会计理论的内容要义与逻辑框架，也只有"工具"才能阐明管理会计实操的路线图与行动方案。"工具"达成了管理会计理论创新与实操路径的无缝连接。我还要特别"点赞"兵器装备集团这些年高质量的完成了管理会计学术文献的梳理、总结提炼的工作。

《管理会计工具手册》最重要的贡献在于通过15个工具的详细阐述，概括了管理会计理论创新的范式，那就是"既顶天又立地"与"既渗透又延伸"。"顶天"是指管理会计理论发展直指企业愿景、战略与企业文化的顶层；"立地"是管理会计理论已经涉足企业最基础的作业与行为，管理会计的更多内容应该是企业业务基础的非财务的、主观性的、甚至难以计量难以准确披露的层面；"渗透"是管理会计的理论已经融入到组织与流程的各个层面与环节，尤其是公司治理、组织结构、供应链、商业模式、企业转型等；"延伸"是指管理会计理论越来越游历传统的"会计主体"与"股东利益"，强调跨组织管理、客户关系、供应商联盟、利益相关者、合作共赢、互联网与大数据、社会责任感CSR等。

故此，我认为这套《管理会计工具手册》（第一册、第二册）一定是当今管理会计理论创新发展的"大百科"。

三是："案例"彰显了中国企业管理会计的创新追逐。

我一直情系案例研究，也特别感恩案例研究诱发了我个人的种种乐趣、路径依赖与职业愿景："乐趣"是案例研究维系了我持续不断的职业兴奋与研究激情；"路径依赖"就是离开了针对性的案例，在教室里我已无法给学生或学员清晰表达我的学术主张；"职业愿景"就是我怀揣梦想，要借助于案例的研发与教学，把自己打造成为最接地气的会计学者之一。

今天，我特别感谢这本《管理会计案例》，记录了兵器装备集团一直追逐管理会计创新应用的31个案例。使我在案例研究方面又有新的情愫，即增添了我在管理会计创新发展中的"中国自信"和基于本土创新研发的新证据。对比中西方发展，我很不认同现在仍有人持有的管理会计"国外的月亮比中国的圆"、"中国企业管理会计实践创新落后于理论发展"的观点。这本案例的总结出版证明上述主张绝对是误判！基于中国本土的管理会计案例，我盼望有更多高瞻远瞩的建设者，少一些居高临下的批评家。

这本案例集的出版还给我们另一个提示，中国有一批优秀的CFO，不仅能高效地组织领导中国企业管理会计创新实践，还能对这些追逐创新进行高水平的理论概括与系统提炼。

我坚信这三本著作的出版，既能成为基于转型经济的中国管理会计理论与实践的一份总结提炼与升华，也能引领日益全球化的中国企业持续创新与管理提升。

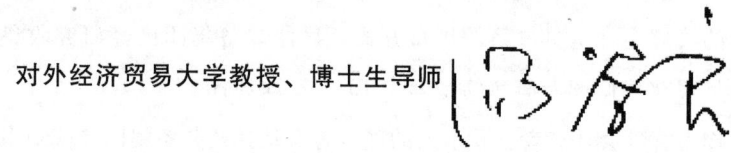

对外经济贸易大学教授、博士生导师

2016年4月25日

前　言

Foreword

管理会计是会计的重要分支，主要服务于单位内部管理需要，是通过利用相关信息，有机融合财务与业务活动，在单位规划、决策、控制和评价等方面发挥重要作用的管理活动。世界各国的经济发展历程表明，市场化经济越发展，管理会计作用越明显。"十三五"时期，中国经济发展进入新常态，经济从高速增长转为中高速增长，面临诸多矛盾叠加、风险隐患增多的严峻挑战。转变经济发展方式，实现经济转型升级成为这一时期经济发展的主旋律。同时，企业发展从追求规模、追求速度转为追求质量、追求效益，更加注重创新能力的培育和核心竞争力的提升。在宏观经济和微观企业转型升级的重要战略机遇期，企业对管理会计的需求日趋强烈。

一、对管理会计本质属性和应用边界的认识

西方国家研究和应用管理会计有近百年的历史，我国虽然起步较晚，但越来越多理论界与实务界的有识之士开始加强了对源于西方的现代管理会计思想和方法的研究与应用。中外不同学者或权威机构对管理会计的定义不尽相同，但又无法摆脱一些特定的内容，在充分吸收借鉴的基础上，我们认为管理会计的本质属性和应用边界应该包括以下内容：

管理会计的本质属性至少应包括：第一，战略属性。管理会计作为企业战略管理的重要手段和工具，其宗旨和核心目标是实现企业战略服务的。第二，会计属性。管理会计作为会计的一个分支，其源头和本质上属于会计。管理会计是对决策相关的财务和非财务信息进行搜集、整理、形成报告、支持决策的管理活动。第三，财务与非财务信息结合属性。管理会计突破了传统会计学中以货币计量，即仅提供财务数据的限制，将涉及企业战略和经营的非财务信息纳入，拓展了信息渠道、信息内容和获取信息的途径，使单位依据管理会计信息作出的决策更加全面、适应、有效。

管理会计的应用边界至少应体现出以下三方面的拓展：第一，管理会计工作范围拓展到企业管理流程的各个环节；第二，管理会计信息客体拓展到与决策相关的财务和非财务信息；第三，管理会计信息收集主体拓展到管理会计人员和其他专业管理人员。

管理会计在促进组织目标实现过程中，其职能和作用范围并非无所不能、无所不包、毫无边界。只有认清管理会计在企业价值创造中的功能，明确界定其定位，才能从理论上明晰其与企业管理、财务管理等相近学科间的内在区分，在实务上确定其应有的边界，从而更加聚焦性地发挥其应有的作用。管理会计与主要相近学科的关系可以概括为：第一，管理会计在企业管理中发挥独特作用。管理会计属于"价值管理"，它区别于企业其他的专业管理，价值管理不再是企业的某种职能管理，而是企业经营管理的全部，是一种以价值视角看待企业的管理，是一种战略意义的管理理念；第二，管理会计服务于企业的战略管理。管理会计是支持企业战略规划和战略实施的信息系统，其通过提供战略决策规划、战略实施、绩效计量及评价等管理信息，满足企业战略实施与经营管理的需要。第三，管理会计与财务会计表现出分化与融合的辩证统一。管理会计与财务会计是会计的两大分支，无论从逻辑层次还是从内容来看，二者都是会计管理系统的一个重要组成部分。从本质上说，财务会计与管理会计自始至终"你中有我，我中有你，相辅相成"，但二者在服务对象、内容范围、工作重点、方法步骤、信息质量要求以及对人员素质要求等方面存在较为明显的区别。第四，管理会计是成本会计的发展方向。管理会计自产生之日起就与成本会计存在天然的"血缘"关系，其发展的过程也标志着成本会计的发展。管理会计需利用成本会计所提供的信息进行分析、决策和规划，如果缺乏成本会计做基础，管理会计将成为无源之水，无本之木，变为空中楼阁而无法存在。第五，管理会计和财务管理研究视角不同。管理会计着眼于企业的日常经营管理活动，而财务管理为企业提供保持良好财务状况的手段和措施，着眼于资本经营和资金活动本身，侧重于融资和投资活动。第六，管理会计以管理控制系统为理论基础。管理控制系统包括：战略计划、预算编制、资源配置、业绩计量、评价和奖励、责任中心、以及转移定价等内容，它从系统角度和理论高度对管理会计知识体系的建立提供重要支撑。

二、中国兵器装备集团公司管理会计应用实践

中国兵器装备集团公司（以下简称"兵器装备集团"或"集团公司"）是国有大型企业集团，成立于1999年7月，是国防科技工业的核心力量，肩负着"保军报国、强企富民"的神圣使命，其前身可以追溯到第五机械工业部、兵器工业部、国家机械工业委员会。从1999年成立之初到2015年，兵器装备集团经历了扭亏为盈阶段（1999—2003年）、以提升发展规模速度为主要特征的"622"战略阶段（2004—2009年，简要讲，"622"战略就是在2004—2009年，实现"六年两步走翻两番"的战略目标，即通过六年的努力，实现集团公司工业销售收入翻两番，公司实力大幅提升，在兵器装备集团成立10周年的时候进入世界500强）、以提升发展的质量效益为核心的"211战略"阶段（2010—2015年，简要讲，"211战略"就是在2009年的基础上实现"利润翻两番、职工收入翻一番、营业收入翻一番",即通过新的六年的努力,到2015年实现利润翻两番,达到200亿元,职工年人均收入翻一番,营业收入翻一番,着力构建先进军工和现代产业体系,全力打造具有国际竞争力军民结合的创新型企业集团)三个阶段。兵器装备集团财务工作仅仅围绕不同时期集团发展的战略,先后经历了以积极寻求和分配资金为主题的建章建制阶段,以"服务战略、配置资源、管控风险、创造价值"为主要内容的"SRRV"集团化财务管控阶段,以全面深化财务会计体系、全面建设内部控制体系、全面导入管理会计体系为重点的价值创造型财务管理体系阶段。

建设面向经营层、支持决策的管理会计体系是兵器装备集团价值创造型财务管理体系建设的核心任务,也是"SRRV"集团化财务管控模式的升华和深化,是兵器装备集团构建先进军工和现代产业体系,实施转型升级在财务管理方面的具体要求。经过四年的探索和实践,兵器装备集团管理会计体系初步建立。回顾总结这一时期我们应用和推广管理会计取得的主要收获可以概括为以下三点:第一,服务战略、配置资源、管控风险、创造价值,取得显著成效。通过发现浪费、消灭浪费、发现价值、创造价值,集团公司发展的质量和效益显著提升,管理会计对价值创造的作用显著增强。2015年集团公司实现营业收入4343亿元,利润总额达到282亿元,EVA达到234亿元,顺利完成"211战略"目标,2015年利润总额和增量排名分别位列央企第13位和第2位,连续9年获得中央企业负责人经营业绩考核A级。第二,初步建立体系完善、内容丰富的价值创造型财务管理体系,探索出一条理论实践相结合、成功实现财务转型的新路子。一是,从集团发展战略出发,在"SRRV"集团化财务管控体系的框架内,将财务管理工作的不同内容,比如财务会计、内部控制、管理会计,进行整合,构建了"三位一体"的价值创造型财务管理体系,实现了财务转型。二是,本着有特色、重实效、融入业务的原则,采用选工具、定方案、编手册、树典型、渐推广的一套思路,逐步推进、分类实施,这是我们推进财务转型的具体做法。将财务转型过程中的不同体系相融合、将理论体系与实践方案相结合,这就是我们的新路子,这条新路子也为大型企业集团提供了实现财务转型的新思路。第三,形成一批理论探索和实践应用成果,财会队伍素质大幅提升。兵器装备集团财务工作转型的同时,财会人员也成功实现转型。在价值创造型财务管理体系建设过程中,已承担财政部"中国企业管理会计指引体系研究"课题1项,核心期刊发表各类论文80余篇,编辑出版专著2册。截至目前,集团公司拥有7名全国会计税务领军人才,通过CMA(美国注册管理会计师)考试的人数达到134人,企业财务人员中从事管理会计工作的比重达到68%。

三、国内外管理会计发展的最新趋势

近年来,国内外管理会计呈现出以下发展趋势。从国际上看,第一,管理会计处于创造价值，培育企业核心竞争力的战略管理会计阶段。西方国家管理会计经过近百年的发展，先后经历了以成本控制为特征的阶段、以预测决策为特征的阶段、以消除商业流程中资源浪费为重点的阶段，目前处于以重视创造价值、培育企业核心竞争力为特征的战略管理会计阶段。这一阶段，管理会计主要功能是服务战略落地、通过合理配置企业内部资源、识别企业的价值创造模式和路径，最终为企业价值创造和培育核心竞争力服务。第二，管理会计规范化、体系化取得突破进展。西方国家管理会计规范化历程与管理会计理论和实务的发展同步，主要依靠行业协会进行规范化和体系化。近年来规范化体系的进程加速并取得一定突破。比如，美国管理会计师协会（IMA）已经发布了4辑、六大类、36个管理会计公告，而且公告数量和内容还处于不断更新中；英国皇家特许管理会计师公会和美国注册会计师协会于2014年联合推出了《全球管理会计原则》（CGMA），2015年发布了《管理会计基本工具手册》，2016年发布了《CGMA管理会计能力框架》中文版。第三，理论和实践互相迭代、在实践中持续改进。西方国家的一部分管理会计工具从实践中产生，以典型企业应用典型工具为特色，比如丰田汽车从准时制发展到精益企业会计；另一部分工具从理论出发，推广到实践领域，比如卡普兰和沃顿的平衡计分卡，在企业实际应用后，其理论体系又发展到战略地图、战略中心型组织等。无论工具最初是基于实践总结，还是源于理论创新，工具的应用都在不断改进和完善。

从国内来看，第一，财政部主导全面推进管理会计建设。2014年10月，财政部发布《关于全面推进管理会计体系建设的指导意见》（以下简称"指导意见"）；2015年12月财政部发布了《管理会计基本指引》（征求意见稿）；通过课题研究等理论准备，财政部计划在未来几年陆续发布各项管理会计应用指引；已经陆续发布了两批次《管理会计案例索引》，案例库建设在有条不紊的进行中。第二，从单一工具模仿引入向个性化、体系化运用转变。中国企业应用的管理会计工具，大多源于西方，在工具导入的初期，企业主要是针对某个工具进行研究，为解决企业的某项管理短板而导入运用，但近几年，企业对多个工具的整合运用趋势明显，部分企业通过分析本企业业务模式、行业特点、发展阶段，对多个工具进行梳理选择，建立个性化、体系化的工具体系。第三，从促进财务转型向推动组织变革转变。目前企业通过管理会计的运用，融入业务流程，逐步探索核算型财务向决策型财务的转型，在融合业务的过程中，为实现资源优化配置，将更多的财会人员从核算工作中解脱出来，部分企业大胆地开展了业务流程再造和组织变革。这种变革可能发生在企业的财务组织内部，也可能涉及到企业整体的组织架构变革。

四、企业管理会计体系建设最新探索

2014年10月，财政部发布的指导意见提出"力争通过5—10年左右的努力，管理会计指引体系基本建成。使我国管理会计接近或达到世界先进水平","加强管理会计标准建设,形成以管理会计基本指引为统领、以管理会计应用指引为具体指导、以管理会计案例示范为补充的管理会计指引体系,为单位提供有力的抓手,确保管理会计工具方法在单位中的应用效果,达到提升单位价值创造力的目标"。管理会计基本指引、应用指引和案例库等三方面的体系建设构成的管理会计指引体系将逐步展现在大家面前,指导中国管理会计理论探索和实践应用。

在财政部的主导和推动下,企业、高校、中介机构等研究和应用管理会计的中坚力量都积极参与到管理会计体系建设的大潮中。2015年我们积极响应财政部全面建设管理会计体系的要求,结合前期在管理会计推进方面的实践经验,开展了企业管理会计体系建设的相关研究工作。在充分借鉴国内外管理会计理论、西方国家管理会计规范化历程、全球管理会计原则、美国管理会计公告、我国内部控制体系和财务会计准则体系的基础上,该项研究主要在以下几个方面进行有益探索,并取得突破和创新:

第一,界定管理会计应用的边界、促进管理会计学科体系完善。通过比较管理会计与企业管理、战略管理、财务管理、财务会计、成本会计、管理控制系统等相关学科的关系,明确了管理会计应用的边界,为后续管理会计应用的范围以及管理会计工具选择的范围提供判断依据,促进管理会计学科体系的完善。该项研究认为管理会计的本质属性和应用边界可以概括为:管理会计是从传统会计中分离出来与财务会计并列、以管理控制系统为理论基础之一、以会计核算信息为基础、对财务和非财务信息进行深加工、服务战略管理、在单位管理流程各环节发挥价值管理作用的一门会计学科。

第二,形成企业管理会计应用的逻辑框架、为实践提供方法论。结合国内外相关研究成果,我们建立了目标、原则、要素的3层次管理会计应用的"1+4+4+3"逻辑框架,为管理会计应用研究和实务工作奠定理论基础、提供方法论指导。逻辑框架中"1"代表1个目标,即企业管理会计应用的总目标是"基于战略的可持续价值创造";"4"代表4大原则和4个要素,4大原则包括:适用性、有效性、相关性、价值导向;4个要素包括:应用环境、管理活动、沟通反馈、决策与服务。

第三,形成基于企业战略流程和价值链流程的管理会计工具体系的排布方式。该项研究按照企业战略管理流程为纵轴、以价值链流程为横轴形成管理会计工具的二维排布框架,将实践成熟、易于推广的管理会计工具纳入二维排布框架中,形成基于战略流程和价值链流程的管理会计工具排布方式,为企业实务中应用推广管理会计提供系统性建议。

五、管理会计工具体系应用——以兵器装备集团为例

管理会计工具是从管理会计实践出发,基于某一核心概念并加以延伸而构建的、能够帮助管理会计人员提升绩效、促进决策、支持战略目标以及增加价值的框架、模型、技术或流程。管理会计工具具有个性化的特点，强调适用性，只有与企业组织架构、管理特点相适应的管理会计工具才能在企业中得到有效运用。兵器装备集团在选择全集团推广的管理会计工具时，科学审慎，主要包括以下几个步骤：第一，坚持从企业经营实际需求出发，广泛查阅相关文献、理论著作、核心期刊等资料，搜索国内外理论研究、运用实践、经验总结中的工具、方法，共研究收集管理会计工具102个。第二，确定与集团公司治理结构、组织架构、行业性质、管理方式相适应的管理会计工具15个。第三，结合集团公司管理特点和集团化财务管控体系，结合2012年到2015年我们初步建成管理会计体系的工作目标，确定首先推广的10个管理会计工具。第四，采用先一般后特殊、先共性后个性的原则，采取"7+3"的模式，有步骤、分节点进行推行管理会计工具。其中将7个工具定义为必推工具，要求在成员企业都有应用，3个工具定义为选推工具，鼓励管理基础好、有条件的企业选择应用。

2015年3月出版的《管理会计实战工具》是以兵器装备集团的《管理会计运用手册》为原型，包括7个必推工具。此次我们出版的《管理会计工具手册》（第一册、第二册）在7个必推工具的基础上，增加了3个选推工具，以及其他5个适合在兵器装备集团下一步推广的工具，共包括七大类，15个工具，这些工具以提供大量的表单、流程图、分析模板等为特色，覆盖企业管理流程的不同环节，其中：

《管理会计工具手册》（第一册）主要包括：

管理会计工具01——全面预算管理（预算管理类）。全面预算管理是科学、合理、分配企业财务资源和非财务资源并全面控制企业生产经营管理活动，引导企业战略目标落地的重要工具。全面预算管理是将战略和日常经营活动有机联系起来的桥梁、实现资源优化配置的工具和表现形式、经营过程监控的有力手段和绩效评价考核的科学依据。

管理会计工具02——经营预测（运营管理类）。经营预测是通过收集整理过去和现在的信息，运用多种科学的预测手段，对企业未来可能产生的经济效益以及发展趋势作出合理预判和推测的过程。其在企业的生产经营活动中起着至关重要的作用，是企业开展计划、预算、战略规划、产品定位、市场扩张、筹融资、新产品开发等经营活动的基础和依据。

管理会计工具03——企业现金流管理（运营管理类）。企业现金流管理坚持以"现金为王"为理念，是企业管理的重心，主要围绕企业经营、投资和筹资三大活动，配比和优化当前和未来一定时期内企业的现金，从而对企业现金流进行全面预测与计划、执行与控制、监督与分析、评价与考核，保证企业现金流管理的持续和稳定、满足企业可持续发展需求。

管理会计工具04——客户盈利能力管理（运营管理类）。客户盈利能力管理是指企业通过研究客户希望拥有某种产品的意愿、支付能力以及购买机会，吸引新客户、保留老客户以及将已有客户转为忠实客户，最终实现客户对产品的购买以及后期的售后服务，增加市场份额，从而实现客户持续为企业创造价值的管理工具。客户盈利能力管理既实现了满足客户对产品性能、服务等个性化差异需求，又实现了企业经营客户、创造价值的目的，是实现企业与客户互利共赢的有效管理工具。

管理会计工具05——企业风险管理（运营管理类）。企业风险管理是指企业围绕总体经营目标，通过在各管理环节和经营过程中执行风险管理流程，培育良好的风险管理文化，建立健全风险管理的组织职能体系、风险管理信息系统和内部控制系统等全面风险管理体系，从而为实现风险管理总体目标提供合理保证的过程和方法。

管理会计工具06——内部管理报告（运营管理类）。内部管理报告是主要针对内部管理需要，在财务报告的基础上，综合运用管理会计的多种方法，融合各种财务的、非财务的信息，对企业经济活动状态进行反映、预测、决策、规划与控制，协调和沟通企业董事会、管理者和相关人员，支撑企业多资源的有效调整和配置，助推企业价值创造。

管理会计工具07——标准成本管理（成本管理类）。标准成本管理是指以预先制定的标准成本为基础，用标准成本与实际成本进行比较，核算和分析成本差异的一种产品成本计算方法，也是加强成本控制、评价经济业绩的一种成本控制和管理制度。它的核心是按标准成本分析和反映产品成本的形成过程和结果，并借以实现对成本的控制。

管理会计工具08——作业成本管理（成本管理类）。作业成本管理（Activity - Based Costing Management，ABCM）是以成本精细化管理、提高客户价值、增加企业利润为目的，基于作业成本法的成本管理系统。它通过将成本计算深入到作业层面，对企业作业活动追踪并动态反映，在作业和作业动因分析等成本链分析的基础上，为企业决策提供准确信息，指导企业有效地执行必要作业、消除和精简非必要作业，并进行持续改进，从而达到降低成本、提高效率和精益化管理的目的。

《管理会计工具手册》（第二册）主要包括：

管理会计工具09——价值链成本管理（成本管理类）。价值链成本管理是以价值链管理和战略成本管理等理念为先导，以价值链分析和成本动因分析为手段，全面收集、分析和利用价值链上各环节的成本信息，通过推行和实施全价值链成本管理工具和方法，优化企业价值链，降低企业价值链上各环节成本，实现总成本最优，提升企业长期竞争优势。

管理会计工具10——投资决策（投资决策类）。投资决策是对投资项目进行经济技术指标和社会效益进行分析和评价，在项目之间进行优选或对单个项目的可行性进行评估。企业的投资具有投入资金多，投资周期长、经营风险大、外界不确定因素多和影响不可逆等特点，因此投资决策的好坏直接关系到企业的长远发展，甚至直接与企业的生死存亡相关。

管理会计工具11——EVA提升（绩效管理类）。EVA是经济增加值（Economic Value Added）的简称，是指在扣除资本成本（包括债务成本和股本成本）之后剩余的利润。EVA

的核心理念是资本成本，即企业运营所占用资源的机会成本，企业价值增值的标志是企业税后利润大于所占用资源的资本成本。EVA 提升不是简单的评价标准和考核指标，而是一套价值管理方法和工具，EVA 价值管理的终极目标是全面提升企业价值创造能力，实现股东及利益相关者价值最大化。

管理会计工具 12——平衡计分卡（绩效管理类）。平衡计分卡是从财务、客户、流程、学习与成长等四个角度，将组织的战略转化为具有操作性的量化指标和目标值的绩效管理体系。平衡计分卡运用的直接效果是促使企业建立、形成一套基于平衡计分卡思想的战略管理体系，使企业各级人员紧紧围绕企业的战略目标，开展一系列管理和业务工作，有利于企业做出正确的绩效评价。

管理会计工具 13——企业绩效管理（绩效管理类）。企业绩效管理是指为了达成组织的目标，通过持续开放的沟通过程，形成组织目标所预期的利益和产出，并推动团队和个人做出有利于目标达成的行为。通过对组织或个人设定合理目标，建立有效的激励约束机制，使员工向着组织期望的方向努力，从而提高个人和组织绩效。

管理会计工具 14——管理会计信息化（管理会计信息化类）。管理会计信息化是基于企业管理业务的信息化环境和管理会计工具深层应用、多工具融合的应用需要，也可以说是管理会计工具的再工具化，是管理会计业务处理和分析、控制的最有效手段之一。

管理会计工具 15——组织与人才培养（其他类）。管理会计体系建设中组织建设是保障，人才培养是关键。管理会计推进必须依靠企业内部各个组织部门的分工协作、精心配合，而组织团队的高效运转需要管理会计人员和非管理会计人员人尽其才、各负其责、协调一致。管理会计工具在企业的有效运用、最终实现价值创造的目的，需要企业具备高效的管理会计组织和优秀的管理会计人才团队。

后续我们将根据财政部管理会计应用指引的发布节奏，及时丰富完善兵器装备集团应用的管理会计工具。

六、兵器装备集团管理会计案例库建设

在我国，总结实践经验，形成典型案例，予以宣传推广，是推动管理会计应用的有效方式。管理会计案例库是对国内外管理会计经验的总结提炼，是对如何运用管理会计应用指引的实例示范。《财政部关于全面推进管理会计体系建设的指导意见》系列解读之三提出："争取通过 5—10 年的时间，通过经验交流、调研座谈、案例单位自主梳理等有效方式，总结、提炼一批覆盖多领域、多行业、多种工具方法的案例，构建内容丰富、示范性强的管理会计案例库。"

兵器装备集团管理会计案例库与集团公司推进管理会计同步进行，即是管理会计体系建

设的基本内容之一,又对各成员企业管理会计的应用起到示范和推广作用。我们坚持每年组织1—2次全集团管理会计交流活动,累计在国内主流期刊杂志发表论文80余篇,在内部总结和外部报道的基础上,我们共收集到成员单位142个管理会计案例,提炼出40个典型案例,其中6个经典案例入选财政部《管理会计案例索引》。2015年3月出版的《管理会计实战案例》中的11个案例,和本次新发布的20个案例,共31个案例将在《管理会计案例》中出版,这些案例以兵器装备集团内部有代表性企业的典型案例为基础,通过案例分析、点评,系统阐述其具体做法和适用条件。其中包括:以全面预算推动财务转型(案例1—4)、标准成本破解成本管理瓶颈(案例5—7)、作业成本精细成本管理(案例8—11)、全价值链引领企业管理(案例12—14)、平衡计分卡确保战略落地(案例15—17)、经营预测护航企业发展(案例18—19)、内控体系促进全面风险管理(案例20)、内部管理报告助力资源再配置(案例21)、投资决策助推战略布局调整(案例22)、信息技术提升企业管理(案例23—26)、客户盈利能力管理实现厂商发展共赢(案例27—28)、EVA改善提升企业整体价值(案例29)、管理会计工具改善企业绩效管理(案例30—31),呈献给读者。

兵器装备集团的管理会计实践虽然在国内开展较早,但相比国外先进企业依然有差距。这次,我们将这些年实践中应用有效的一些管理会计工具和成功案例编撰成册,希望在兵器装备集团内部能够进一步深入推广,也希望相关各界人士能够分享我们的经验,为国内管理会计发展贡献一点自己的力量。三本书的基础都是兵器装备集团的具体实践,仅是一家之言,难免有不当之处,恳请读者批评指正。

中国兵器装备集团公司副总经理、总会计师 李守武

2016年4月

目 录
Contents

第一类

预算管理类

1 全面预算管理 ... 3

第一章 全面预算管理理念简介 ... 3
一、全面预算管理的概念 ... 3
二、全面预算管理的主要功能 ... 3
三、预算控制的规则 ... 4
四、关于超越预算问题 ... 4
五、全面预算管理的定位 ... 5

第二章 预算管理的基础和起点 ... 5
一、全面预算管理制度建设 ... 5
二、全面预算管理的组织准备 ... 6

第三章 年度全面预算编制 ... 8
一、战略目标确定 ... 8
二、业务计划 ... 8
三、业务预算 ... 11
四、人力资源预算 ... 16
五、资本预算 ... 17
六、财务预算 ... 19
七、公司预算平衡机制设计——预算的融合 ... 20

第四章 预算执行和业务过程控制 ... 81
一、预算控制点和控制流程 ... 81
二、预算执行申请与审批 ... 83
三、预算调整机制 ... 84

　　　　四、滚动预测　　　　　　　　　　　　　　　　　　　　　87
　第五章　预算执行分析与监控　　　　　　　　　　　　　　　　97
　　　　一、概述　　　　　　　　　　　　　　　　　　　　　　97
　　　　二、预算执行分析的一般流程　　　　　　　　　　　　　97
　　　　三、预算执行分析机制建立　　　　　　　　　　　　　　98
　　　　四、预算执行分析要点　　　　　　　　　　　　　　　　99
　第六章　预算执行情况反馈和改进　　　　　　　　　　　　　124
　　　　一、预算反馈改进机制设计　　　　　　　　　　　　　124
　　　　二、预算执行反馈改进一般流程　　　　　　　　　　　124
　　　　三、预算执行反馈改进要点说明　　　　　　　　　　　124
　第七章　预算执行结果评价和考核　　　　　　　　　　　　　125
　　　　一、预算指标必须作为绩效考核指标　　　　　　　　　125
　　　　二、全面预算管理工作自身的绩效考核重点　　　　　126
　第八章　预算管理信息化　　　　　　　　　　　　　　　　　126

第二类

运营管理类

2　经营预测　　　　　　　　　　　　　　　　　　　　　　131

　第一章　经营预测概述　　　　　　　　　　　　　　　　　131
　　　　一、经营预测体系　　　　　　　　　　　　　　　　　131
　　　　二、经营预测方法和步骤　　　　　　　　　　　　　　132
　　　　三、集团公司经营预测环境和基础条件　　　　　　　133
　第二章　市场预测　　　　　　　　　　　　　　　　　　　134
　　　　一、市场预测工作机制和流程　　　　　　　　　　　134
　　　　二、市场调查　　　　　　　　　　　　　　　　　　　135
　　　　三、市场预测方法和过程　　　　　　　　　　　　　　136
　　　　四、销售目标与市场预测　　　　　　　　　　　　　　143
　　　　五、市场预测报告　　　　　　　　　　　　　　　　　143
　第三章　成本利润预测　　　　　　　　　　　　　　　　　144
　　　　一、成本利润预测工作机制和流程　　　　　　　　　144
　　　　二、成本利润预测数据搜集　　　　　　　　　　　　145
　　　　三、成本利润预测方法　　　　　　　　　　　　　　146
　　　　四、目标成本费用指标控制　　　　　　　　　　　　151
　　　　五、成本利润预测报告　　　　　　　　　　　　　　151

第四章　资金预测　152
　　一、资金预测工作机制和流程　152
　　二、资金预测方法　153
　　三、资金预测报告　157

3 企业现金流管理　159

第一章　现金流管理简介　159
　　一、现金流管理的概念　159
　　二、现金流管理的作用　159
　　三、现金流管理的原则　159
　　四、现金流管理的特征　160

第二章　现金流管理的条件　161
　　一、现金流管理的制度保障　161
　　二、现金流管理的管控框架　161
　　三、现金流管理的管理流程　162
　　四、现金流管理的工作机制　162

第三章　现金流的预测　163
　　一、现金流预测的方法　163
　　二、现金流预测的职责　164
　　三、现金流预测的流程　164
　　四、现金流预测的要点　165

第四章　现金流管理的决策　165
　　一、经营性现金流的决策　165
　　二、投资性现金流的决策　166
　　三、筹资性现金流的决策　167

第五章　现金流管理的预算　168
　　一、现金收支预算的概念　168
　　二、现金收支预算的编制原则　168
　　三、现金收支预算的编制保障　168
　　四、现金收支预算的编制步骤　169
　　五、现金收支预算的编制　169
　　六、现金收支预算的差异分析　173
　　七、资金收支预算日常管理　174

第六章　现金流分析　175
　　一、经营活动现金流分析　175

二、投资活动现金流分析　　175
　　三、筹资活动现金流分析　　175
　　四、现金流构成分析　　176
　　五、利用财务报表分析现金流　　176

第七章　现金流管理的信息化　　177

4　客户盈利能力管理　　178

第一章　客户盈利能力管理理论介绍　　178
　　一、客户盈利能力管理的定义　　178
　　二、客户的定义　　178
　　三、客户盈利能力管理的目的及意义　　178

第二章　客户盈利能力管理制度建设和组织机构　　179
　　一、客户盈利能力管理制度建设　　179
　　二、客户盈利能力管理组织责任体系　　180

第三章　经销商客户盈利能力管理　　181
　　一、销售运营管理　　181
　　二、市场推广管理　　183
　　三、渠道运营管理　　184
　　四、技术服务管理　　187
　　五、技能培训管理　　189

第四章　终端客户盈利能力管理　　189
　　一、客户投诉管理　　189
　　二、客户满意度管理　　190
　　三、客户信息管理　　190
　　四、客户关怀活动管理　　191
　　五、会员管理　　192

第五章　实施客户盈利能力管理的体会　　195
　　一、加强财务业务深度融合，实现厂商合作共赢　　195
　　二、运用管理会计工具，合理分配有限资源　　195

5　企业风险管理　　196

第一章　风险管理理论简介　　196
　　一、风险的定义、要素及特征　　196
　　二、企业风险管理的含义　　197
　　三、企业风险管理的目标　　197

四、企业风险管理分类　　　197
　　　五、风险管理的演变　　　198
　第二章　风险管理的组织保障　　　199
　　　一、风险管理组织机构　　　199
　　　二、风险管理制度内容　　　200
　第三章　风险信息收集与评估　　　201
　　　一、风险信息收集　　　201
　　　二、风险评估　　　203
　第四章　风险管理应对　　　206
　　　一、风险管理策略　　　206
　　　二、风险应对措施　　　206
　第五章　风险跟踪管理　　　207
　　　一、风险跟踪管理　　　207
　　　二、监控指标分析　　　207
　　　三、应对措施回顾　　　208
　　　四、新增风险事件　　　208
　第六章　风险报告　　　209
　　　一、风险报告内容　　　209
　　　二、风险报告的编制　　　209
　　　三、结束语　　　211

6　内部管理报告　　　212

　第一章　内部管理报告概述　　　212
　　　一、内部管理报告的概念　　　212
　　　二、内部管理报告与管理会计　　　212
　　　三、内部管理报告与全面预算管理　　　213
　　　四、内部管理报告与其他管理会计工具　　　213
　　　五、内部管理报告与财务报告　　　213
　　　六、内部管理报告的功能　　　214
　第二章　内部管理报告的分类　　　214
　　　一、基于组织层级的内部管理报告分类　　　214
　　　二、内部管理报告的其他分类　　　215
　第三章　内部管理报告的环境分析　　　216
　　　一、流程和机制　　　216
　　　二、组织和人员　　　216

三、信息化支撑　　　　　　　　　　　　　　　　　　　　217
　第四章　内部管理报告编制　　　　　　　　　　　　　　　217
　　　一、内部管理报告编制原则　　　　　　　　　　　　　217
　　　二、内部管理报告编制的具体内容　　　　　　　　　　218
　　　三、按组织层级分类的内部管理报告模型示例　　　　　219
　　　四、代表性分析方法和模型简介　　　　　　　　　　　238

第三类

成本管理类

7　标准成本管理　　　　　　　　　　　　　　　　　　　241

　第一章　标准成本简介　　　　　　　　　　　　　　　　241
　　　一、标准成本法概述　　　　　　　　　　　　　　　　241
　　　二、标准成本法的主要功能　　　　　　　　　　　　　243
　　　三、成本标准和工艺定额比较　　　　　　　　　　　　244
　　　四、运用标准成本管理的主要条件　　　　　　　　　　244
　第二章　标准成本法的制度建设和组织机构　　　　　　　245
　　　一、标准成本制度建设　　　　　　　　　　　　　　　245
　　　二、标准成本组织责任体系　　　　　　　　　　　　　246
　　　三、标准成本工作流程　　　　　　　　　　　　　　　247
　　　四、标准成本系统框架　　　　　　　　　　　　　　　247
　第三章　物料清单（BOM）简介　　　　　　　　　　　　247
　　　一、物料清单的定义　　　　　　　　　　　　　　　　247
　　　二、物料清单编制简介　　　　　　　　　　　　　　　249
　　　三、工艺路线和工艺规程设计阶段　　　　　　　　　　251
　　　四、产品物料清单汇总　　　　　　　　　　　　　　　253
　第四章　标准成本的编制和维护　　　　　　　　　　　　254
　　　一、内部价格的制定　　　　　　　　　　　　　　　　254
　　　二、标准成本的编制　　　　　　　　　　　　　　　　255
　　　三、标准成本管理的注意事项　　　　　　　　　　　　259
　第五章　以定额为基础建立标准成本体系　　　　　　　　260
　　　一、以定额为基础的标准成本体系总体架构　　　　　　260
　　　二、编制优化产品的定额成本　　　　　　　　　　　　260
　　　三、考虑五个因素将定额调整为标准　　　　　　　　　260
　第六章　标准成本制度下的核算和差异分析　　　　　　　262

一、标准成本制度下的核算		262
二、标准成本执行差异分析		263
第七章 基于作业的标准成本法简介		263
一、对作业成本法的理解		263
二、标准成本法与作业成本法的结合点		264

8 作业成本管理　　268

第一章　作业成本管理简介	268
一、作业成本管理的概念	268
二、作业成本管理的特点和优势	268
三、作业成本法的适用范围	269
四、核心思路	269
第二章　作业成本管理应用的基本条件	270
一、管理问题识别	270
二、应用基础	271
三、保障机制	271
四、工作机制	272
第三章　作业成本管理应用的一般程序	272
一、作业分析	272
二、作业改进	279
三、作业实施	280
四、结果运用	286
第四章　作业成本管理工具的评价	286
一、有助于成本管理的精益化	286
二、促进作业分析及改进	287
二、使公司产销决策更加合理	287
三、有助于优化资源配置	287
第五章　实施作业成本管理的体会	287
一、规范作业标准是作业成本管理实施的基础	287
二、培养复合型人才是作业成本管理实施的保障	288
三、改善业绩评价体系是作业成本管理实施的关键	288
四、建立"作业管理"学科是作业成本管理发展的趋势	288

后记　　289

第一类

预算管理类

1 全面预算管理

第一章 全面预算管理理念简介

一、全面预算管理的概念

全面预算管理是科学、合理、分配企业财务资源和非财务资源,并全面控制企业生产经营管理活动,引导企业战略目标落地的重要工具[1]。对全面预算的理解应包括如下要点:

一是,全面预算是为数不多的几个能把组织(企业)所有关键问题融合于一个体系之中的管理控制方法之一(戴维·奥利)[2]。

二是,全面预算是业务系统而不仅是财务系统。

三是,全面预算是管理平台而不仅是管理工具。

四是,全面预算的本质作用在于控制运营过程而不仅是预计经营结果。

五是,全面预算的编制仅仅是预算控制的第一步而不是全部。

二、全面预算管理的主要功能

(一)全面预算管理是战略执行工具

全面预算系统是将战略和日常经营活动有机联系起来的桥梁,始终服从于企业战略的要求,成为企业战略目标实现的重要工具。预算对战略的支撑作用如图1-1-1所示。

(二)全面预算管理是高效配置资源的工具

全面预算是实现资源优化配置的工具和表现形式,其作用不仅体现在预算编制阶段,还表现在预算实施阶段,企业需要加强预算过程控制,发挥投入产出效益最大化。

(三)全面预算管理是经营过程监控的有力手段

全面预算管理的天然使命是过程控制,如果不能对经营过程进行控制,全面预算管理将

---

[1] 胡玉明:《管理会计》,北京大学出版社,2006年版。
[2] 郭宇力:《股票期权制度在国企的运用》,清华大学硕士论文,2004年。

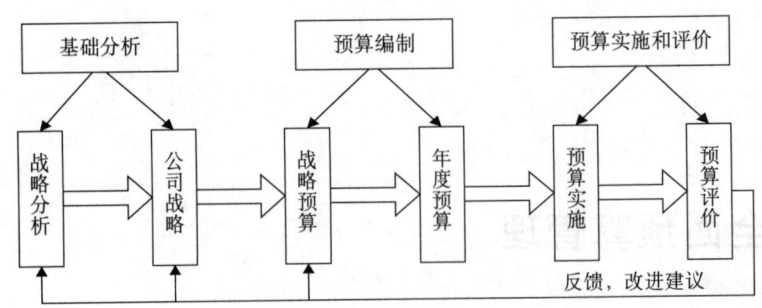

图 1-1-1 预算与战略关系图

失去存在的意义。其在过程控制方面作用主要体现在：一是预算执行过程中管理人员要注意经营活动是否偏离目标，背离的行为是否允许，如何纠偏，使经营活动继续朝着既定的目标前进；二是通过执行过程中的信息反馈，了解差异发生的原因，然后对症下药解决问题；三是促进各单位通过经济运行分析监控，不断总结经济运行特征，增强企业对经济运行规律的把握和预见能力，有效指导经营决策。

（四）全面预算管理是绩效评价考核的科学依据

全面预算首先是各级单位经营层对出资人的经营业绩承诺，是完善法人治理结构的重要环节；全面预算又是全员参与，精心筹划的产物，预算是考核评价各责任中心与员工经营成果的重要"标杆"。

三、预算控制的规则

基于全面预算的特点，全面预算管理需要遵守如下 5 项规则：

1. 全面控制规则。全员、全程、全方位进行预算控制一是使预算控制的资源对象最大化，控制对象范围越大，控制越有效，控制活动的投入产出效率越高；二是为预算控制的对象和效果提供了最大的可能空间。

2. 权威控制规则。全面预算应该是企业资源配置的权威工具，甚至是唯一工具。企业中的任何组织或个人对资源的获取都不应绕预算环节。

3. 事前控制规则。所有进入运作的资源和行为必须事先接受程度不同的预算审核。传统预算一般终止于编审。

4. 重要性控制规则。控制的规则和方式设定应该充分考虑成本与效率，遵循分类控制，抓大放小的原则。

5. 过程控制规则。传统预算止于编审，对资源投入到产出的过程疏于控制。预算控制是全流程、渗透性的连续过程，与一切资源相关，与整个进程相关。所有的预算投入前均需进行审批。

四、关于超越预算问题

在推进全面预算管理过程中，尤其是在全面预算的初期，企业中往往有部分管理人员认为经营活动千变万化，无法做到有效准确地事前规划，临机决策比事前预算更有利。应该引进国外的"超越预算"理念，实行类似GE公司（美国通用）的分权管理，即取消预算目标的刚性控制，将目标制定和调整的权力下放成员单位以激励其更好地完成目标。

通过对预算理论和实践的深入研究，我们认为，在集团公司内"超越预算"的运用应有比较清楚的前提：一是企业已经借助全面预算等工具经历了管理标准化和规范化建设的过程，企业靠数据说话，靠流程决策已成为常态化；二是上下级主体之间，即集团与下属企业间，企业管理层与下属部门间应信息完全对称。从集团公司的现实情况看，上述两个前提尚不完全具备，取消预算目标的刚性控制实行分权管理在目前而言是不切实际的。但集团公司强调预算管理中的"刚性"绝不等同于"僵化"，集团公司要求成员单位根据市场形势变化实行滚动预算控制，以确保年度预算目标的实现。当企业生产经营环境发生重大变化而导致预算编制基础失效时，可以申请预算调整，预算调整由集团公司预算管理办公室报请全面预算管理委员会审议，审议通过后报请集团总经理办公会审批，重大调整事项须报董事会批准。

五、全面预算管理的定位

（一）预算管理和价值管理

预算管理是事前进行价值管理的关键路径之一；预算是企业价值增值得以实现的保障；预算是优化部门和个人行为的工具。

（二）预算管理和企业战略

全面预算管理是企业战略目标达成的重要工具。成熟健全的预算体系应起于战略，止于业绩评价和反馈改进，构成一个完整的预算管理闭环。实践证明，不能体现企业战略的预算可能会将企业发展导入歧途，离开全面预算这一有效工具，企业战略意图难以贯彻实施。

（三）预算管理和计划

预算并不是要完全取代计划，本书强调的是要将预算管理和计划管理有机结合起来，不能成为两张皮。计划更加偏重对业务活动本身的功能、机理、步骤及行动结果的定性判断和解释；预算更加偏重对业务所需资源投入、业务运行过程和结果中涉及的各种数据的定量描述。从管理过程的逻辑来说，通常情况下计划在前，预算在后。

第二章 预算管理的基础和起点

一、全面预算管理制度建设

每个企业应该有一个全面预算管理的"根本大法"，即全面预算管理办法，该办法作为一个总体性制度，主要是对全面预算管理的总体流程进行固化。全面预算管理中至少应包括：预算管理组织机构设置、预算编制管理、预算执行控制、预算分析管理、预算调整管理、预算考核管理等。全面预算办法中至少应包括的重点内容如表1-2-1。

表1-2-1　　　　　　　　全面预算管理办法重点内容表

序号	项目	重点内容	备注
1	组织机构设置	预算管理权限设置	
		预算管理委员会构成及职责	
		预算管理办公室构成及职责	
		专业预算归口管理部门及职责	
2	预算编制管理	编制流程和时间节点	
		编制模块及相应表格模板设定	
		业务计划编制责任单位规定	
		业务计划编制格式和方法	
3	预算执行控制	预算执行审批规定	
		预算控制点设置	
		预算控制岗位职责	
4	预算分析管理	预算分析流程及时间节点	
		预算分析责任部门界定	
		预算分析模板	
		预算分析方法规定	
		预算分析报告内容	
5	预算调整管理	预算调整和调剂界定	
		预算调整（调剂）审批流程和权限	
		预算调整（调剂）审批档案管理	
		预算调整（调剂）考核规定	
6	预算考核管理	预算指标作为绩效考核指标的原则说明	
		预算考核的流程和原则	
		预算考核结果的反馈	

二、全面预算管理的组织准备

（一）全面预算管理权责安排

预算权限表见表1-2-2。

表1-2-2　　　　　　　　　预算权限表

集团公司	成员单位董事会	经营者及下属授权的经营单位
审批权	决策管理权	决策控制权
（1）最终审批权 （2）监督权	（1）最终决策权 （2）监督权	（1）提议权 （2）执行权
预算最终审批权	（1）战略、预算目标最终决策权 （2）决算权与监督权等	（1）预算方案形成、预算执行 （2）预算自我监控权

(二) 预算组织体系框架

在预算组织体系中,预算管理办公室和专业预算归口管理部门是两个不可缺少的机构。预算管理办公室主要负责全面预算的日常编制、业务过程控制、运行分析及反馈改进落实等工作,归口管理部门主要以其某方面的专业技能负责具体预算项目的资源统筹、分配、调整、业务过程控制等工作,具体可见图 1-2-1。

(三) 全面预算管理框架

集团公司全面预算管理框架主要由三个部分组成:一是全面预算体系由业务预算、资本预算(含研发投资预算)、薪酬预算、财务预算四大模

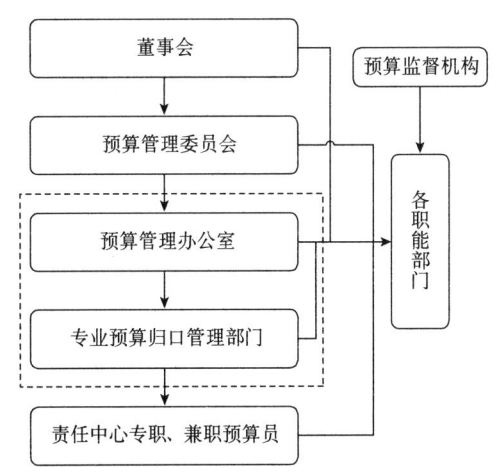

图 1-2-1 预算组织图

块组成;二是在四大模块中根据业务流程构成不同的业务预算模型;三是各成员单位根据自身情况构建的业务明细和预算项目明细。框架示意图如图 1-2-2。

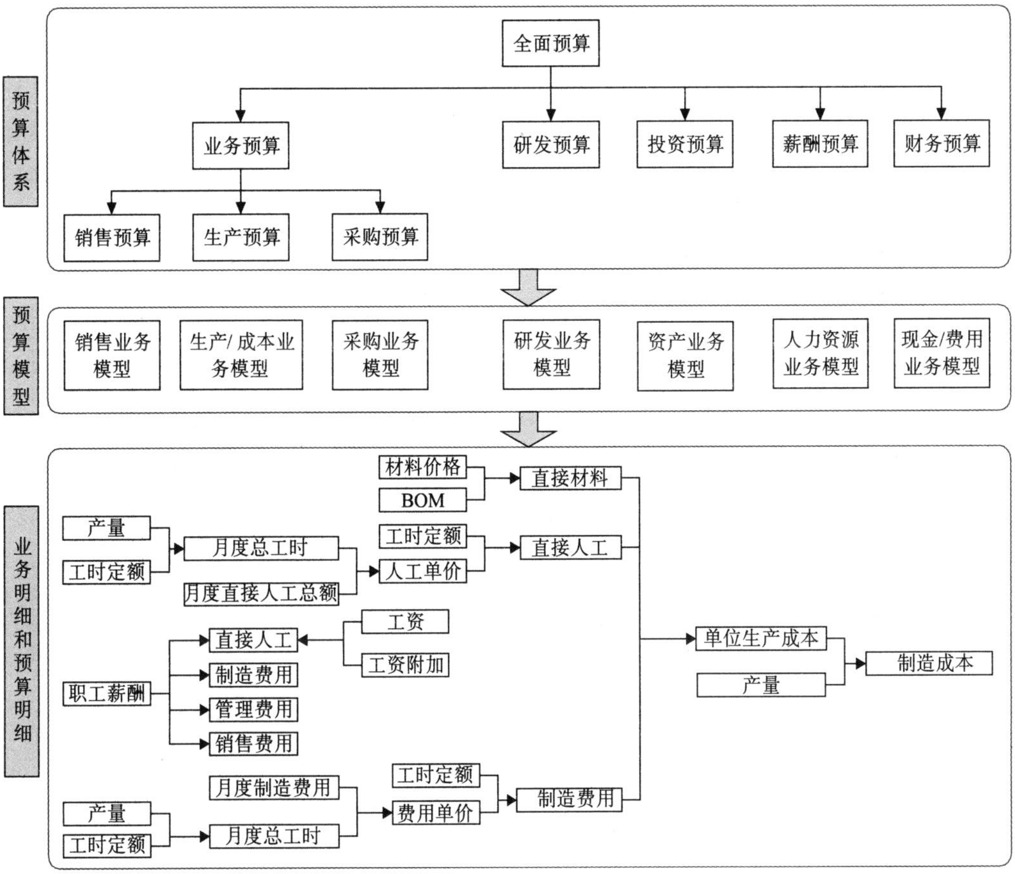

图 1-2-2 集团公司全面预算管理框架图

第三章 年度全面预算编制

一、战略目标确定

每年编制全面预算初始,企业应确定年度战略目标,战略目标的确定应该基于客观的预测信息,使所确定的目标具有可实现性,避免过高或过低的定位导致无法切实发挥战略目标的导向性作用;同时战略目标应该尽量有几套备选方案,供决策者根据不同的竞争态势进行选择。

通常情况下,集团公司的战略目标体现在三年滚动预算中,成员单位应根据中长期业务规划合理编制三年滚动预算,使战略目标数据化。

二、业务计划

(一)业务计划概述

1. 业务计划概念。业务计划是连接战略目标和预算间的桥梁,是对业务活动的具体描述,业务计划具有承上启下的作用。通过业务计划的制定,可以明确地将战略层面的目标反映在年度的工作中。通过制定业务计划,年度经营目标与战略目标达成一致,经营工作的实施路径清晰呈现。业务计划与预算的关系如图1-3-1。

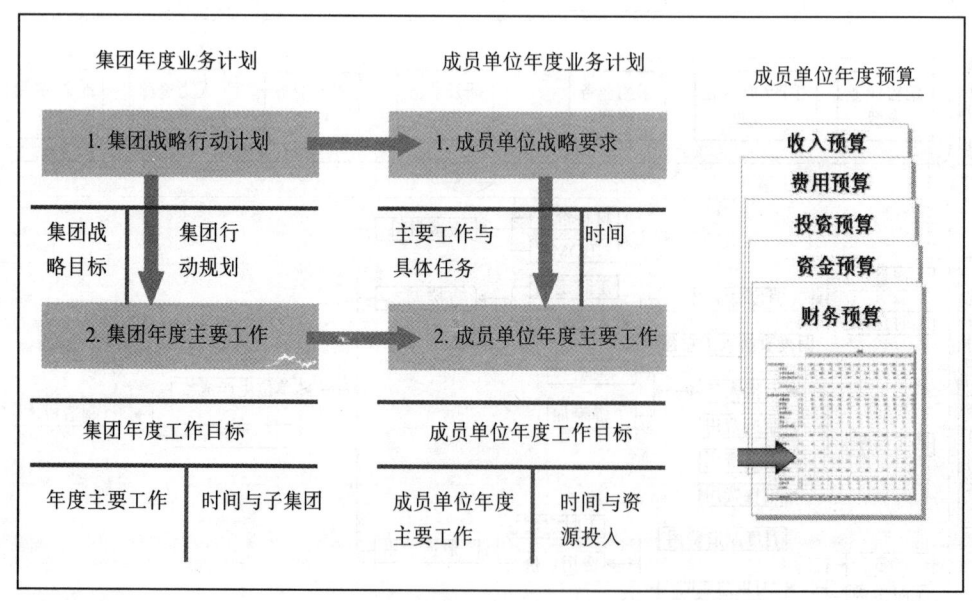

图1-3-1 业务计划与预算关系图

2. 业务计划制定原则。

(1) 业务计划必须由相应业务部门制定,不能由财务部门包打包唱。"有业务才有预算"是集团公司全面预算管理坚持的一贯原则,业务计划用以反映各部门(单位)的业务活动,必须由业务部门根据自身工作予以制定,作为整个预算管理的基础。

(2) 业务计划必须详细制定,达到"可操作、可检查、可分析"的要求,不能以目标性描述替代行动计划。

(3) 业务计划可以有归口管理部门,各归口管理单位要认真分析分管板块的业务计划,要尽量避免各单位(部门)业务计划相互冲突或重叠的情况。

(二) 业务计划的构成

建议业务计划结构如图 1-3-2。

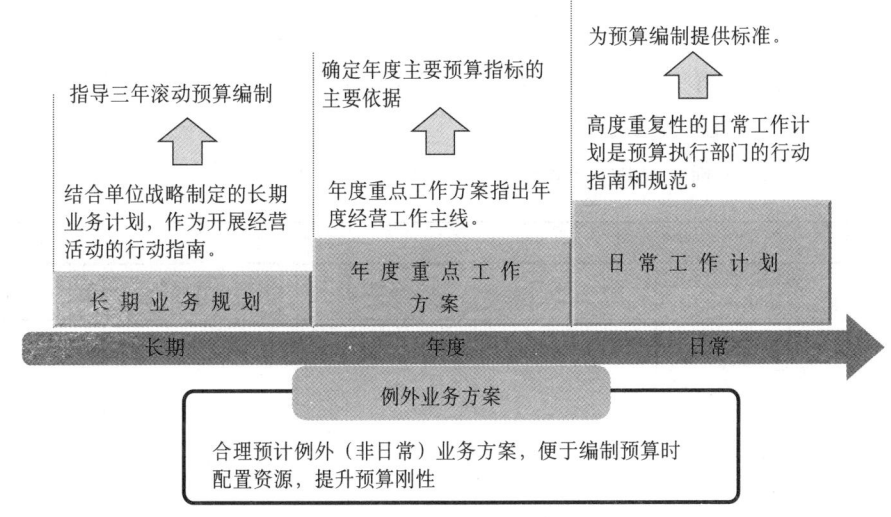

图 1-3-2 业务计划结构图

按照图 1-3-2,业务计划至少应该包括四个层次,一是反映和解释企业战略目标的中长期业务规划,用于指导三年滚动预算的编制;二是依据公司年度战略目标确定的"年度重点工作方案",说明公司在预算年度的经营方针和工作重点,用于预计年度预算主要指标;三是日常业务计划,即各单位(部门)根据"年度重点工作"制定的本单位(部门)在预算年度的业务行动计划,主要表述高度重复性的日常工作,用于编制和控制明细预算项目;四是应合理制定例外(非日常)业务方案(如各种突发事件处理),为预算资源分配留有余地,提升预算管理的刚性。

编制业务计划阶段需要解决的主要问题:一是分解、落实公司的经营目标和经营方针;二是确定各单位(部门)在预算年度的业务量;三是明确单位(部门)业务工作之间的协调配合内容及程序;四是为业务预算和财务预算提供参考依据。

(三) 业务计划职责及制定流程

通常情况下,建议集团公司成员单位发展规划部门(战略规划部门)负责组织业务计

划的编制工作:

1. 发展规划部负责组织各单位(部门)业务计划的编制工作,并负责对业务计划汇总。

2. 各归口管理部门(含)负责各板块业务计划的平衡分析,使各单位(部门)的业务计划相互协调,建议具体分工如下:

(1) 战略规划及执行——发展规划部。

(2) 研发管理——科研开发部门。

(3) 采购供应——采购部门。

(4) 制造物流——制造保障部门或经济运行部门。

(5) 质量管控——质量部门。

(6) 市场营销——市场部门。

(7) 人力资源及组织——人力资源部门。

(8) 财务——财务部门。

(9) 企业文化、党群工作——宣传部门、党群部门等。

(10) 管理及信息化——信息部门。

3. 业务计划制定流程,见图1-3-3。

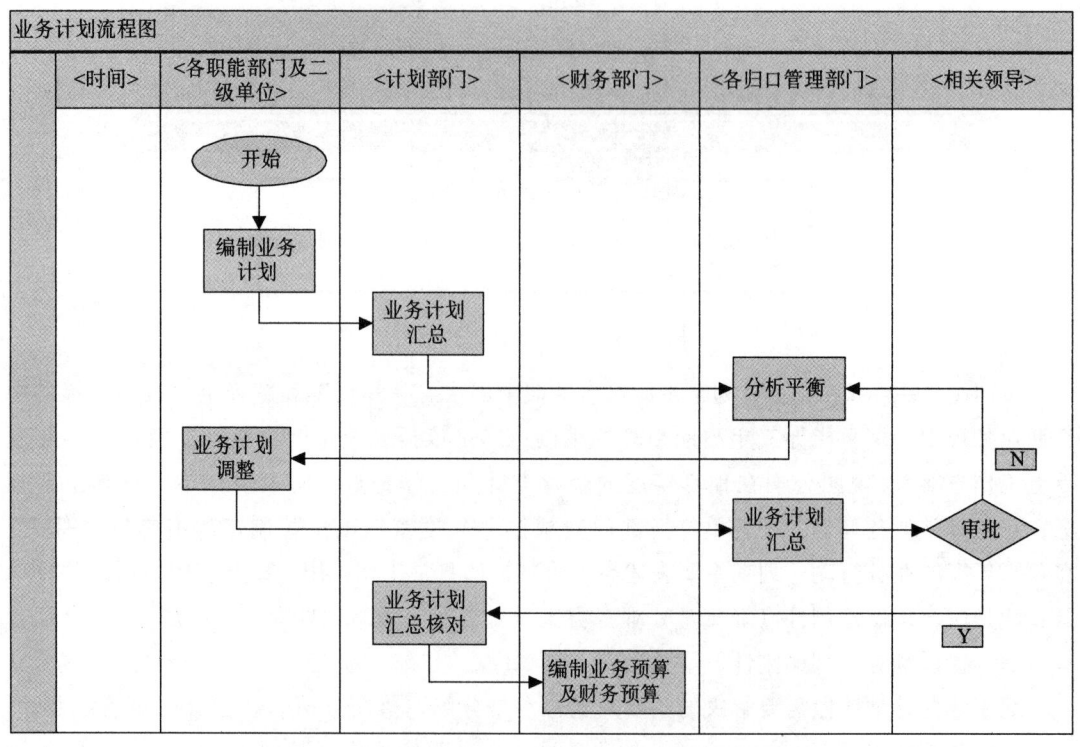

图1-3-3 业务计划流程图

业务计划描述样表如表1-3-1。

表 1-3-1　　　　　　　　　　　业务计划描述表

填报单位：

（一）本单位负责重点工作描述		
主要工作	具体任务	起止时间

（二）本单位年度工作目标

（三）本单位年度主要工作		
年度主要任务	资源投入	起止时间

三、业 务 预 算

（一）业务预算概述

1. 业务计划、业务预算和财务预算的关系。全面预算是业务计划、业务预算和财务预算相互整合构成的有机系统，这是它与财务预算最大的不同点。业务计划是对未来业务活动的预计和假设，反映未来要干的事，是整个预算的基础；业务预算是业务部门对实施业务计划所需资源的诉求反映，业务预算的准确与否直接决定了整个预算的准确程度，准确的业务预算应依靠科学的预测技术和手段进行预计（见《经营预测运用手册》）；财务预算是预算管理机构在企业资源约束下对业务预算进行整体平衡后的结果（详见第三部分第七点），也是用于实施和控制业务活动的预算。财务预算和业务预算可以使用共同的表格，二者之间的转换是依靠预算综合平衡机制。

2. 业务预算目的。各单位根据公司总体经营目标，结合年度业务计划编制相关费用或支出预算，即业务预算，业务预算主要解决以下问题：一是预算年度产品成本；二是预算年度各项费用开支；三是预算年度人员需求与人力资源成本；四是预算年度资本性支出。

3. 业务预算编制职责。

（1）财务部负责业务预算的统筹工作，并在业务预算基础上编制财务预算；

（2）各归口管理部门负责组织各单位（部门）编制相关业务预算，并对各单位编制的业务预算结合其业务计划进行审核。

4. 业务预算编制建议程序，见图 1-3-4。

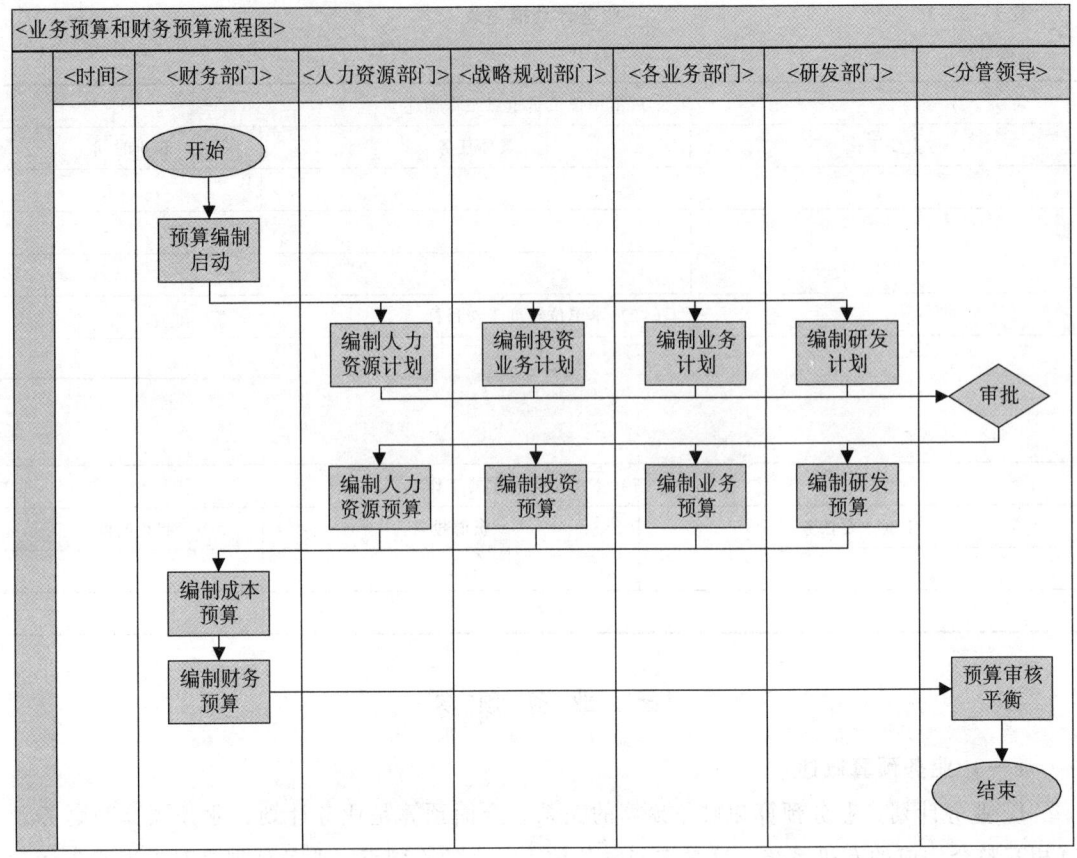

图1-3-4 业务预算和财务预算流程图

业务预算编制阶段以预算布置会为起点,初步预算汇报会为终点。×月预算布置会后,各单位(部门)按要求编制各项业务预算。各项业务预算经财务部牵头审核后统一编制集团财务预算。最后业务计划、财务预算、人力资源预算在初步预算汇报会上交由相关领导审核。业务预算和财务预算编制阶段历时××天(含业务计划阶段)。

5. 业务预算重点要求。

(1)业务预算要以业务计划为依据,要能够支撑公司的经营目标和方针;

(2)业务预算和财务预算要体现以"战略—目标利润"为导向的预算思想;

(3)业务预算和财务预算编制阶段须对主要经营指标进行决策。

(二)销售预算

1. 销售预算编制流程见图1-3-5。

2. 销售预算编制样表:见销售预算样表(本章附件的编制表样1)。

3. 要点说明。

(1)销售预算包括销售大纲、销售收入预算、应收账款预算、预收账款预算。

(2)销售预算编制责任部门是销售(市场)部门。

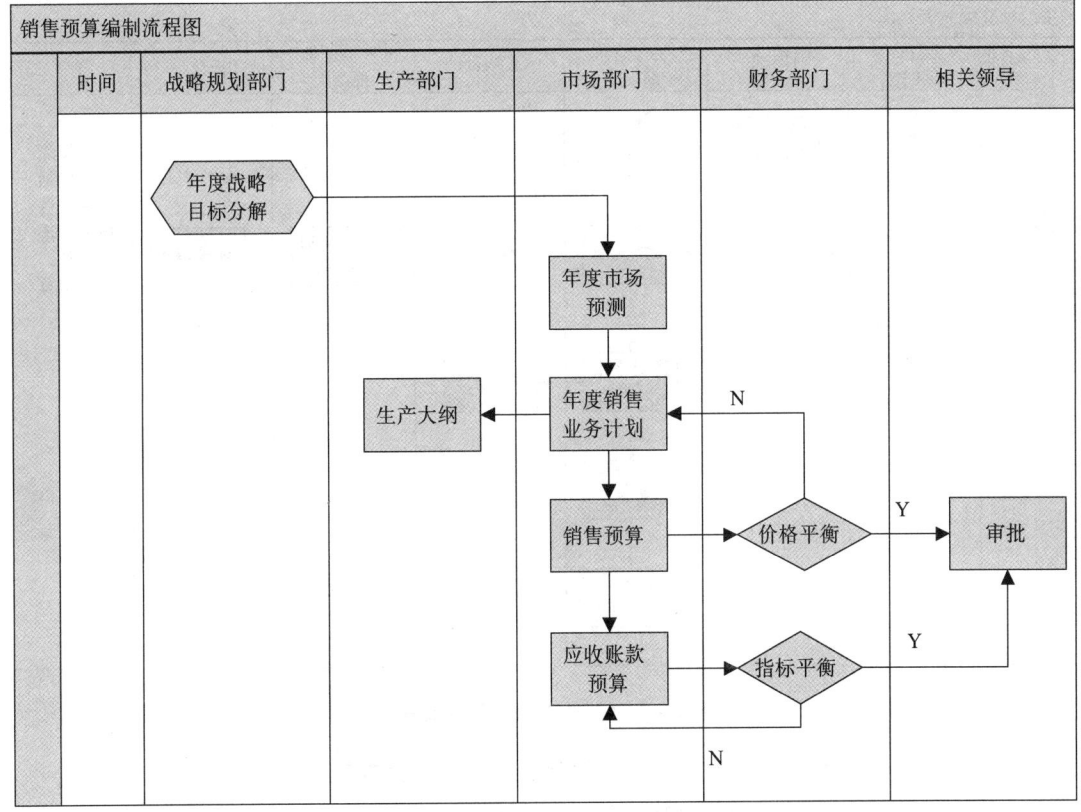

图 1-3-5 销售预算编制流程图

(3) 销售预算在大多数企业的预算编制过程中是调整最多的预算之一，在编制销售预算过程中，产品价格和应收账款水平需多次在销售部门和财务部门间沟通协调；产品交货期需与生产制造部门协调。

(4) 销售（市场）部门需在业务计划描述书中进行详细的市场预测与分析，作为对销售预算的支撑。

（三）生产预算

1. 生产预算编制流程见图 1-3-6。

2. 生产预算编制样表：见生产预算表样（编制表样 2）和物料需求计划表样（编制表样 3）。

3. 生产预算编制要点说明。

(1) 生产预算主要有生产大纲、生产预算、物料需求计划表组成，生产预算的表达形式主要是产量。

(2) 生产预算编制责任部门是制造管理部门。

(3) 生产预算的重点，一是在产品排产问题上需与市场部门协调；二是需按照平衡后的生产预算确定物料计划表（BOM），BOM 表是编制采购预算的基础；三是制造部门需按照

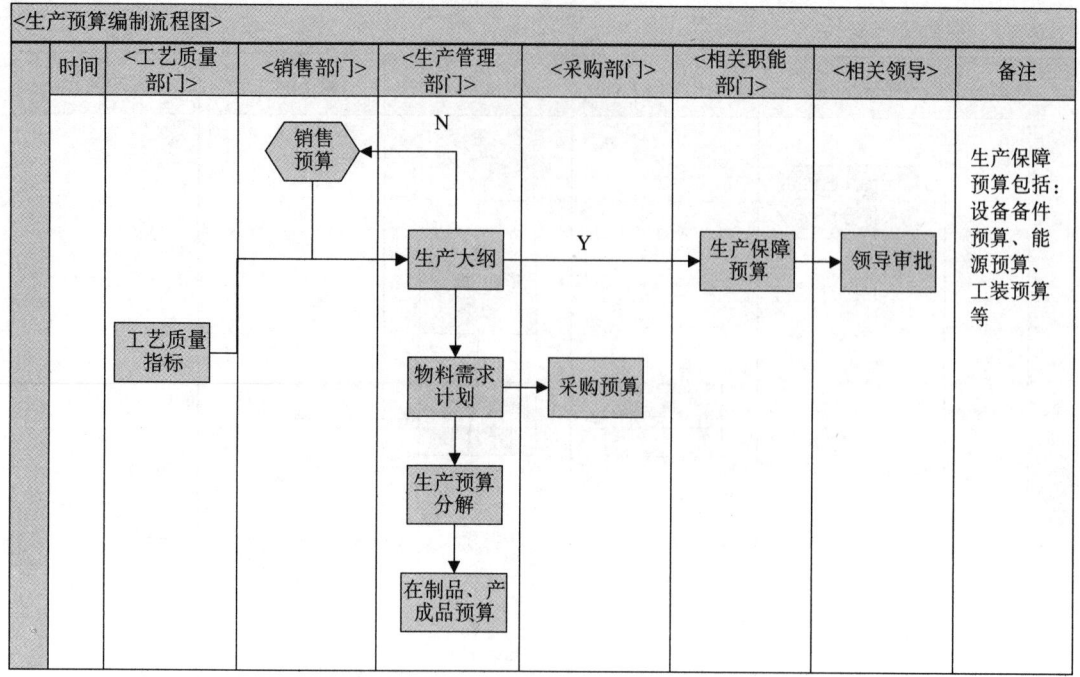

图 1-3-6 生产预算编制流程图

总体的产量预算分解到各制造单元,并合理预计在制品结存规模。

(4) 若存在生产瓶颈,制造管理部门应在业务计划描述书中进行详细说明。

(四) 采购预算

1. 采购预算编制流程,见图 1-3-7。

2. 采购预算编制样表:见采购预算表样(编制表样 4、编制表样 5)。

3. 采购预算编制要点说明。

(1) 采购预算包括物料采购预算、预付/应付账款预算、原材料存货预算。

(2) 采购预算编制责任部门是采购管理部门。

(3) 采购预算必须根据物料需求计划编制,应付/预付账款预算必须经财务部门平衡指标后才可编制采购资金需求计划。

(4) 采购业务支撑计划中应详细分析供应链情况和供应市场情况。

(五) 工艺质量预算

1. 工艺质量预算编制样表:见工艺质量预算表样(编制表样 6、编制表样 7)。

2. 工艺质量预算编制要点说明。

(1) 工艺质量预算包括工艺改进计划、原材料定额修订表、工时定额修订表、燃料动力定额修订表、工装定额修订表、质量指标预算等。

(2) 工艺质量预算责任部门是工艺质量管理部门。

(3) 工艺进步是降低制造成本、提升运营效率的重要办法,在每年编制预算时,工艺质量部门都应根据设备投资等生产条件改善状况和制造部门的需求开展工艺改进研究,制定

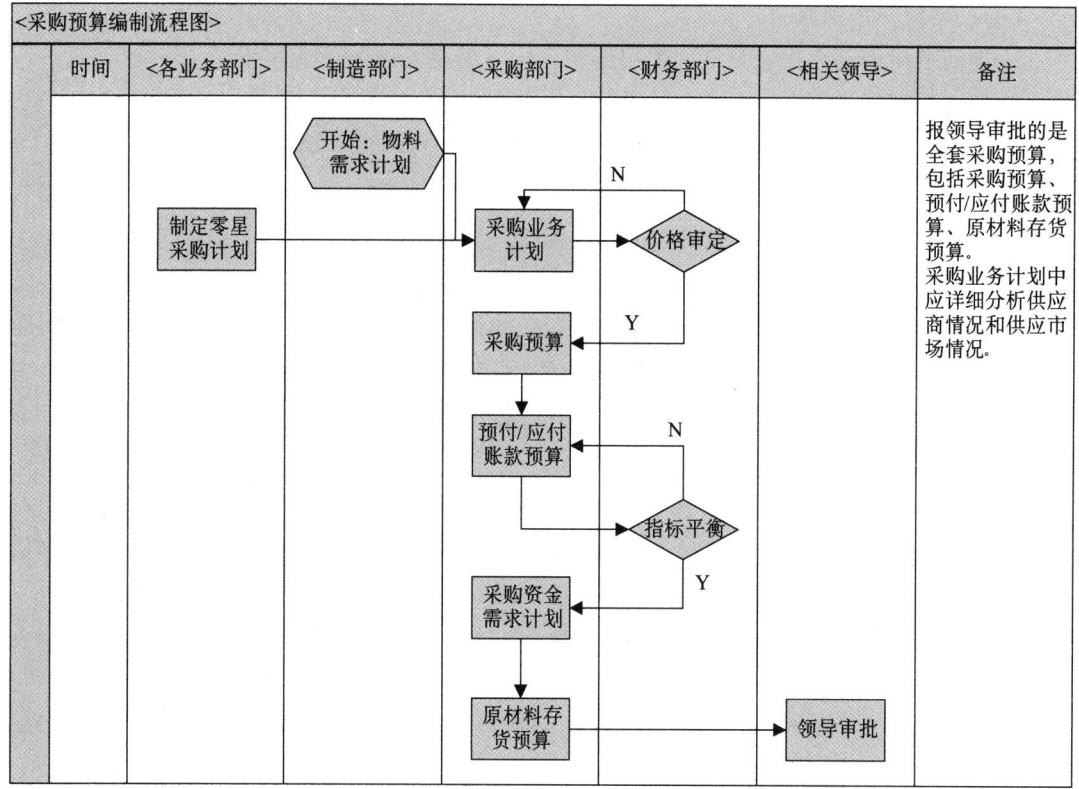

图 1-3-7 采购预算编制流程图

工艺改进计划,并将工艺改进的成果反映到各种消耗定额降低和质量指标提升上。

(4) 工艺质量改进计划每年至少编制一次。工艺质量部门或科研部门应该在业务支撑计划中详细描述工艺质量改进计划。

(六) 制造单元成本预算

1. 制造单元成本预算编制表样:见制造单元成本预算表样(编制表样8—编制表样13)。

2. 制造单元成本预算编制要点说明。

(1) 制造单元可以是车间、分厂或其他产品制造单位。

(2) 制造单元成本预算表原则上应和本企业成本核算报表相同。

(3) 责任编制部门:各制造单元。

(4) 制造单元成本预算必须在工艺改进计划调整的各项定额的基础上进行编制,有条件的成员单位应该编制标准成本预算表,作为制造单元成本预算表编制的基础。

(5) 在成本预算编制过程中必须编制制造单元成本费用汇总预算表,进行成本预算综合平衡。

(6) 在按照传统成本项目编制成本预算的同时,制造单元应按照管理会计的成本形态划分编制成本汇总表。

(七) 期间费用预算

1. 期间费用编制表样：见期间费用编制表样（编制表样14—编制表样20）。
2. 期间费用编制要点说明。

(1) 期间费用预算包括管理费用预算表、销售费用预算表、财务费用预算表。

(2) 责任编制部门：管理费用预算表由各业务部门编制，财务部统一平衡汇总；销售费用由销售部门负责编制；财务费用由财务部门负责编制。

(3) 部门年度费用预算必须以业务支撑计划为基础，将部门业务工作划分为结构性工作和专项工作。结构性工作是指：维持部门运转的相对固定的日常业务工作，财务部门每年的年报会审、预算编审会议；人力部门每年的人力招聘会议；部分业务部门每年的固定业务培训等。专项工作是指依据本年重点业务工作计划指定的专项工作计划包括的工作，比如专项安全培训、特种产品定价等。

(4) 部门编制费用预算表（编制表样14）的总体要求是业务要清晰，业务描述可以是业务步骤，也可以是分项业务，但总体要求是业务描述越详细越好，便于费用审批。预算表的业务应与业务支撑计划中的业务一一对应。

(5) 费用预算表编制完后业务部门应将专项费用预算情况与往年预算执行情况进行对照。

(6) 财务部门汇总管理费用预算时需按照可控费用和不可控费用分别汇总，不可控费用（编制表样15）包括管理人员薪酬、办公设备折旧、无形资产摊销、上缴各项费用等，可控费用包括办公费、差旅费、招待费等，其中可控费用需按照部门类别（编制表样16）和费用类别（编制表样17）分别汇总。

(7) 部分行政公共费用应由责任部门归口管理，如：安全生产费、小车使用费、通讯费、书报订阅费等。归口管理责任部门需填报归口管理费用预算表（编制表样18），归口管理的公共性费用的管理层级应为：财务部门平衡控制各项公共费用总额，归口管理责任部门负责在总额内控制各部门开支。

(8) 销售费用预算（编制表样19）同样应分为可控费用和不可控费用，不可控费用为维持销售部门正常运转必须的费用，可控费用为销售业务开展类费用。

(9) 财务费用预算（编制表样20）应在资金收支预算确定后进行编制。

(10) 所有的期间费用预算在编制时都应同时分析是否影响现金流。

四、人力资源预算

1. 人力资源预算编制流程，见图1-3-8。
2. 人力资源预算编制表样：见人力资源编制表样（编制表样21—编制表样25）。
3. 人力资源预算编制要点说明。

(1) 人力资源预算由员工人数预算、工时定额预算、薪酬预算等组成。

(2) 人力资源预算编制责任单位是人力资源部门。

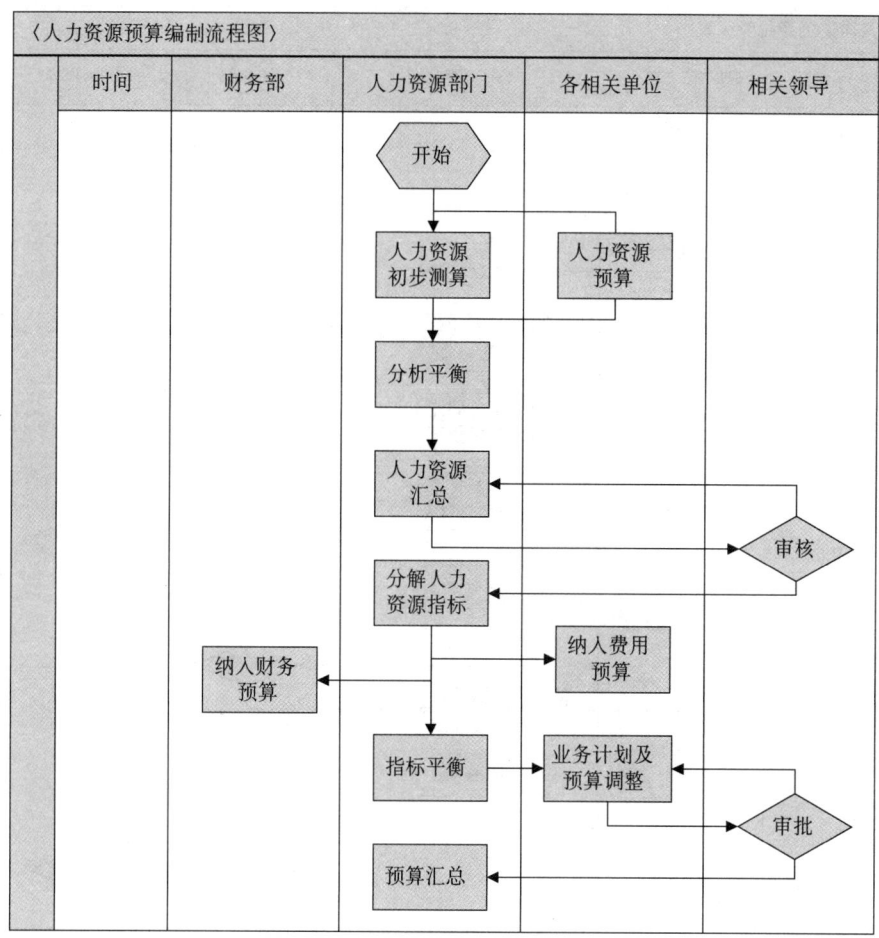

图 1-3-8 人力资源预算编制流程图

（3）人力资源部门应该按照本年度企业运营规模确定在岗员工人数（编制表样21），管理部门等非生产一线的人员规模安排须在业务支撑计划中详细说明。

（4）生产一线在岗人数需按照生产大纲确定的产品结构及产量推算总工时，再由总工时推算用人规模，确定生产工人定员（编制表样22）。

（5）人力资源部门负责编制工资及工资性费用预算汇总表（编制表样23），汇总预算全年薪酬成本费用。编制汇总表时既要考虑员工收入的合理增长，也要考虑企业生产经营可承受的范围。汇总表中应包括所有的奖金、补贴、提成等特殊薪酬预算。

（6）薪酬预算和员工在岗人数安排需明细到月（编制表样24），以便于编制资金预算。

五、资 本 预 算

1. 资本预算编制流程，见图1-3-9。

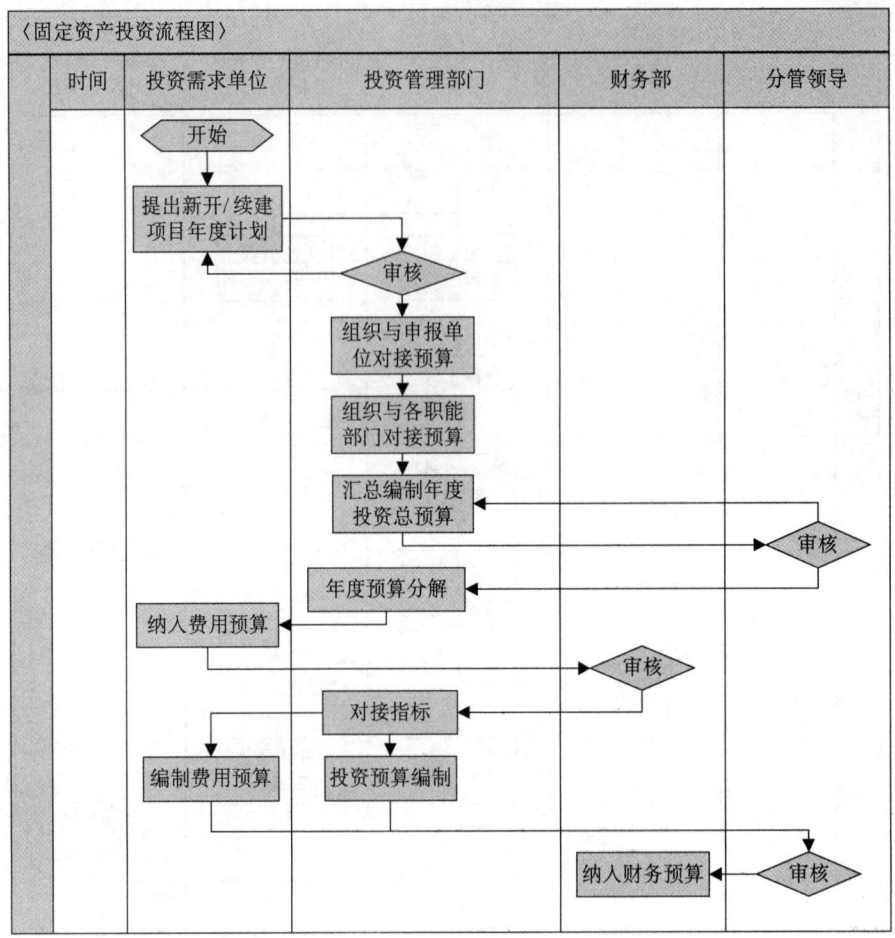

图 1-3-9 固定资产投资预算编制流程图

2. 资本预算编制表样：见资本预算编制表样（编制表样25—编制表样28）。

3. 资本预算编制要点说明。

（1）资本预算包括新增投资预算、续建投资项目预算和投资项目汇总预算。按性质包括固定资产投资预算和股权投资预算。

（2）资本预算编制责任部门是投资管理或战略规划部门。

（3）资本预算编制的基础依据是企业战略和企业年度重点业务计划。企业战略决定了投资的方向，年度重点业务计划是审核投资项目的依据，不在重点业务计划涉及范畴之内的投资项目应慎重审批。

（4）各投资申请部门须在本部门的业务支撑计划里专题描述投资的目的、作用、效果、风险等内容，作为预算审核的依据。

（5）投资管理部门或战略规划部门应在年度预算编制初始将已投资预算的投资项目整理通报给技术工艺、人力资源、制造等部门，作为制定工艺改进计划、修订定额、安排生产的依据。

（6）投资预算中需重点关注资金需求测算，作为资金预算的依据。

六、财务预算

(一) 资金预算

1. 资金预算编制表样：见资金预算表样（编制表样29—编制表样34）。

2. 资金预算编制要点说明。

(1) 资金预算应包括现金预算和票据预算，财务部门在编制资金预算时，应充分考虑票据收支的因素，以及使用票据的财务成本。财务部门需将资金预算与应收、应付预算进行统一平衡。

(2) 资金预算编制责任部门是财务部门。

(3) 除按照现金流量表的格式编制（编制表样30）外，资金预算应按照资金收支的性质编制（编制表样29）。同时采用间接法编制现金流量表的方式编制资金需求量测算表（编制表样31）有助于预算执行过程中的控制。

(4) 在编制完整的资金预算之前，应编制投融资预算表（编制表样32）确定年度融资规划方案。财务部门应在部门业务支撑计划中详细描述年度融资规划设计，包括融资额度、合作金融机构、资金成本预测、融资方案设计等。

(5) 企业可以采取编制年度收支平衡预算表的方式将现金收支责任明确到业务部门（编制表样33）。

(6) 建议资金预算最少采取年度预算－季度预测－月度平衡的三级预算管理模式。除编制年度资金预算外，企业还必须滚动编制季度资金预测表（编制表样34）。

(7) 为规避资金断链风险，财务部门在编制资金预算时应结合企业实际测算最低库存资金量。

(二) 财务预算

1. 财务预算编制表样：见财务预算表样（编制表样35—编制表样45）。

2. 财务预算编制要点说明。

(1) 财务预算的重点在于体现各业务预算的协调平衡的结果，并在此基础上对年度经营成果进行预先描述。财务预算能够反映企业对战略目标的达成程度。财务预算必须以业务预算为基础，没有业务预算的支撑，所有对经营成果的预测描述都是空洞的。

(2) 财务预算编制责任单位是财务部门。

(3) 在编制预计财务报表前，财务部门首先应编制补贴收入预算（编制表样35）、其他业务收支预算（编制表样36）、营业外收支预算（编制表样37），此三项预算所描述的业务必须有明确的对应责任部门。财务部门应在业务支撑计划中明确说明。

(4) 财务部门应编制税金预算（编制表样38），并在业务支撑计划中说明年度税收筹划方案。

(5) 财务部门应对企业年度的整个资产状况进行预算，包括编制长期资产预算表（编制表样39）、固定资产处置预算表（编制表样40）、折旧预算表（编制表样41），其中编制折旧预算表时，应明确区分在用资产和未使用资产，同时注意计算本年新完工资产应提的折旧。

（6）在编制完预算利润表（编制表样42）和预算资产负债表（编制表样43）后，应根据全面预算整体编制情况编制关键业务营运预算表（编制表样44）和主要财务指标预算表（编制表样45），其主要作用是概括年度主要指标的预计完成情况和对战略目标的支撑程度，供预算委员会审定预算时参考。

（7）在编制利润预算时，应在平衡好的费用预算基础上预留一定金额的机动费用作为预算准备费，用于未考虑到或临时出现的各项预算外支出的开支。预算准备费额度通常为总成本预算的2%-8%，企业刚开展全面预算管理时，由于预算编制准确率有待提高，预算准备费可适当多留，随着全面预算管理的深入开展，预算准备费应逐步减少，但最低不应低于总成本预算的2%。

（8）全面预算管理办公室应制定严格的制度和明确的流程，以规范预算准备费的支付使用。

七、公司预算平衡机制设计——预算的融合

（一）预算平衡机制描述

预算平衡主要解决以下两个问题：

一是业务预算与财务预算的平衡问题。业务预算与财务预算的不一致主要源于出发点不同，业务预算的重点是关注业务开展的资源保证，对资源的成本费用、资产、现金流等问题考虑较少，财务预算则关注有限资源的最优配置和战略目标的最大程度实现。因此，预算平衡就是要在两种出发点的预算之间进行协调平衡，最终在保证业务开展的前提下以最经济的资源达到战略目的。没有哪个企业的预算编制能够一步到位，每个企业的预算都需要经过反复平衡。

二是业务预算、薪酬预算、资本预算和财务预算四个模块之间的平衡问题。全面预算作为一个系统，每个模块之间不是孤立的，相互之间有着深刻和广泛的联系，如：前期资本预算的执行必然会影响到当期业务预算中的折旧预算、产量预算，薪酬预算中的效率指标和财务预算中的成本预算等。因此在预算编制时应充分考虑并反映预算各部分间的平衡。通常来说，重点需要平衡的内容如下：

（1）资本预算与成本、产量、现金、效率等预算间的平衡；

（2）价值类预算指标（如EVA）和利润类预算指标（如净利润）间的平衡；

（3）长期指标（如研发投入、大额投资等）和短期现金预算、利润预算的平衡。

（二）预算平衡的总原则

1. 各业务预算的总和不得突破企业可投入资源的总和。

2. 在汇总业务预算同类项目基础上，对超出总预算的部分，首先由预算管理办公室与各业务部门采用一对一的方式讨论，分配应消化的部分，经协商无法达成一致的业务部门，由预算管理办公室制定方案，交预算委员会裁定。

3. 平衡可能循环多次，但必须有最后截止日期，至截止日期仍未平衡的预算，由预算

委员会做最后裁决。

(三) 一般预算项目的平衡流程

该流程可参见图1-3-10。

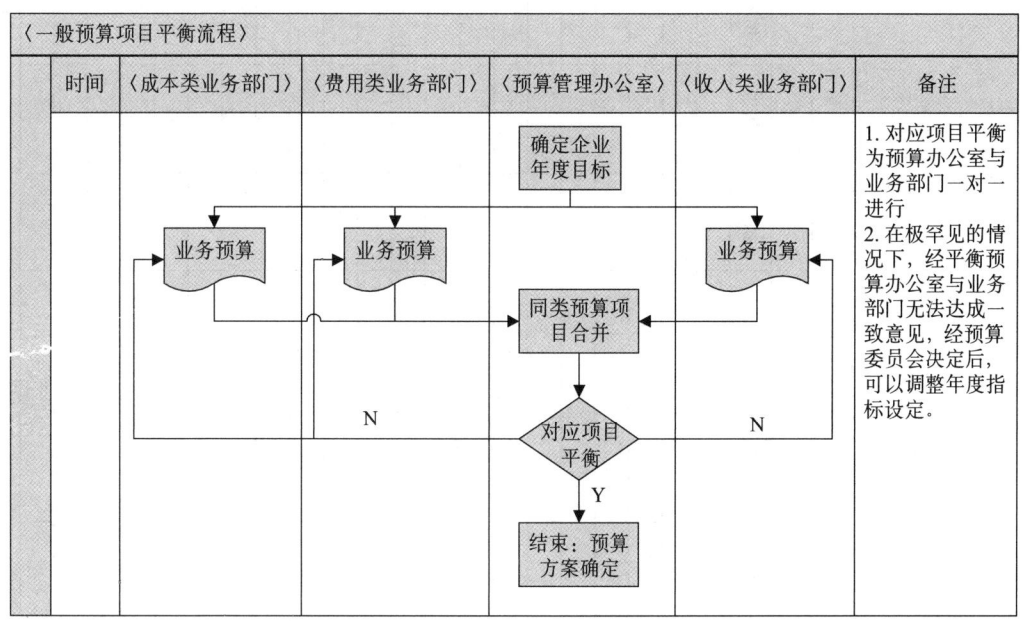

图1-3-10 预算项目平衡流程图

附件：

编制表样 1

_____公司_____年销售收入预算表

单位：元

项目	上年实际	本年预算	销售单价	第一季度 1月 销量	第一季度 1月 销售额	……	……	第一季度 合计 销量	第一季度 合计 销售额	……	第四季度 12月 销量	第四季度 12月 销售额	第四季度 合计 销量	第四季度 合计 销售额
一、销售收入（分产品）						……	……			……				
产品 1						……	……			……				
产品 2						……	……			……				
二、销售收入（分销售员）						……	……			……				
销售员 A						……	……			……				
产品 1						……	……			……				
产品 2						……	……			……				
小计						……	……			……				
销售员 B						……	……			……				
销售收入总计						……	……			……				
三、销售回款						……	……			……				
3.1 销售回款率						……	……			……				
销售回款额						……	……			……				
3.2 应收预收账款						……	……			……				
期初应收账款						……	……			……				
期初预收账款						……	……			……				
本期销售收入						……	……			……				
本期应收回款						……	……			……				
期末应收账款						……	……			……				
期末预收账款						……	……			……				

制表人：　　　　　　　　　审核人：　　　　　　　　　审批人：

编制表样 2

_____年度产品产量预算表

项 目	上年实际	本年预算	第一季度				……	第四季度				合计
			1月	2月	3月	合计		10月	11月	12月	合计	
预计生产其他产品耗用量												
产品1												
产品2												
……												
小计												
本期预计销量												
产品1												
……												
小计												
加：预计期末存货												
产品1												
产品2												
……												
小计												
合计												
减：预计期初存货												
产品1												
产品2												
……												
小计												
预计本期生产量												
产品1												
产品2												
……												
小计												

制表人：　　　　　　　　　　　　　审核人：　　　　　　　　　　　　　审批人：

编制表样 3

年度_____ 公司单位产品物料需求计划表

项目		上年实际			本年预算	
	耗用材料种类	单位产品耗用材料定额	计划单价	目标成本	单位产品耗用材料定额	计划单价	目标成本
产品1	材料1						
	材料2						
	……						
	单位产品原材料耗用定额总计						
产品2	材料1						
	材料2						
	……						
	单位产品原材料耗用定额总计						
产品3	材料1						
	材料2						
	……						
	单位产品原材料耗用定额总计						
产品4	材料1						
	材料2						
	……						
	单位产品原材料耗用定额总计						
……							

制表人：　　　　　　　　　　　　　审核人：　　　　　　　　　　　　　审批人：

编制表样 4

_____公司 _____年采购成本预算表

项　目	上年实际		本年预算											
					第一季度					…	第四季度			
					1月		…		合计		12月		合计	
	数量	金额	数量	金额	数量	金额	…	…	数量	金额	数量	金额	数量	金额
一、物资采购							…	…						
1. 生产物资							…	…						
1.1 期初库存							…	…						
(1) 原材料							…	…						
材料 1							…	…						
……							…	…						
小计							…	…						
(2) 辅助材料							…	…						
材料 1							…	…						
材料 2							…	…						
……							…	…						
小计							…	…						
(3) 燃料动力							…	…						
燃料动力 1							…	…						
……							…	…						
小计							…	…						
(4) 低值易耗品							…	…						
品种 1							…	…						
……							…	…						
小计							…	…						
(5) 备品备件							…	…						
品种 1							…	…						
……							…	…						

续表

项 目	上年实际	本年预算	第一季度			…	第四季度		
			1月	…	合计		12月	…	合计
小计									
期初库存合计									
1.2 本期消耗领用									
(1) 原材料									
材料1									
…									
小计									
(2) 辅助材料									
材料1									
…									
小计									
(3) 燃料动力									
燃料动力1									
…									
小计									
(4) 低值易耗品									
品种1									
…									
小计									
(5) 备品备件									
品种1									
…									
小计									
本期消耗领用合计									
1.3 期末库存									

续表

项 目	上年实际	本年预算	第一季度 1月	第一季度 ……	第一季度 合计	12月	第四季度 ……	第四季度 合计
(1) 原材料								
材料1								
……								
小计								
(2) 辅助材料								
材料1								
……								
小计								
(3) 燃料及动力								
燃料动力1								
……								
小计								
(4) 低值易耗品								
品种1								
……								
小计								
(5) 备品备件								
品种1								
……								
小计								
期末库存合计								
1.4 本期购进								
(1) 原材料								
材料1								
……								

续表

项目	上年实际	本年预算	第一季度				第四季度		
			1月	…	合计	…	12月	…	合计
小计									
(2) 辅助材料									
材料1									
……									
小计									
(3) 燃料及动力									
燃料动力1									
……									
小计									
(3) 燃料及动力									
燃料动力1									
……									
小计									
(4) 低值易耗品									
品种1									
……									
小计									
(5) 备品备件									
品种1									
……									
小计									
本期购进合计									
2. 专项物资									
2.1 期初库存									

续表

项　目	上年实际	本年预算	第一季度			第四季度		
			1月	……	合计	……	12月	合计
(1) 技改技措更新								
……								
小计								
(2) 大中修理								
……								
小计								
期初库存合计								
2.2 本期消耗领用								
(1) 技改技措更新								
……								
小计								
(2) 大中修理								
……								
小计								
本期消耗领用合计								
2.3 期末库存								
(1) 技改技措更新								
……								
小计								
(2) 大中修理								
……								
小计								
期末库存合计								
2.4 本期购进								

续表

项 目	上年实际	本年预算	第一季度			...	第四季度		
			1月	...	合计		12月	合计	
(1) 技改技措更新									
......									
小计									
(2) 大中修理									
......									
小计									
本期购进合计									
物资采购支出合计									
采购退回									
实际采购支出									
二、采购付款									
期初应付									
期初预付									
本期采购金额									
采购支付率									
本期支付									
期末应付									
期末预付									
三、采购费用									
工资及奖金									
职工福利费									
差旅费									
通讯费									

续表

项目	上年实际	本年预算	第一季度				第四季度		
			1月	……	合计	……	12月	……	合计
办公费									
运动费									
采购活动费									
其他									
可控部分小计									
3.2 不可控部分									
期初应付									
折旧费									
其他									
不可控部分小计									
采购费用合计									
四、采购成本									
采购成本合计									
五、现金净流量									
现金收入									
现金支出									
现金净流量									

制表人：　　　　　　　　　　审核人：　　　　　　　　　　审批人：

编制表样 5

编制单位：采购部

_____年_____月采购预算表

单位：元

序号	产品名称	型号	计量单位	采购量	采购含税单价	出库费（货场）	装卸费	运输费（厂外）	运输费（厂内）	搬运费（厂内）	过路桥费	合计	采购条件	期末应付/预付账款
一	供应商1													
1	材料1													
2	材料2													
3	材料3													
…	…													
二	供应商2													
1	材料1													
…	…													
	合计													

制表人：　　　　　　审核人：　　　　　　审批人：

注：期末应付/预付账款一栏正数为应付账款，负数为预付账款。

编制表样 6　　　　年工艺改进计划表

部门：

工艺改进项目	改进前情况	改进后效果描述	原材料定额调整	燃料动力定额调整	工时定额调整	…
项目一						
项目二						
…						

制表人：　　　　审核人：　　　　审批人：

编制表样 7　　　　年质量指标预算表

年度计划

序号	产品名称	产品计划数量（单位）	良品率计划指标											
			部件1				部件2				部件3			
			下料率		良品率		得率		工序一		工序二			
			上年	本年	上年	本年	上年	本年	上年	本年	上年	本年	上年	本年
1														
2	产品1													
3	产品2													
4	…													
5														
6														
7														

编制表样8

产品制造成本表（按产品及成本项目别）

_____年_____月（累计）

金额单位：元

单位成本

成本项目 产品名称	计量单位	产量	原材料			燃动及动力	工资及福利费	专用费用	废品损失	废品回收	制造费用	合计
			半成品	材料	边料回收							
产品1												
产品2												
产品3												
…												
合　计												

总成本

成本项目 产品名称	计量单位	产量	原材料						燃动及动力	工资及福利费	专用费用	废品损失	废品回收	制造费用	合计
			半成品	材料	投入kg	下料率	边料重量kg	边料单价	边料回收金额						
产品1															
产品2															
产品3															
…															
合　计															

编制表样 9   **制造费及燃料动力费发生额登记分配表**

填报单位：_____车间（分厂）   年   月

费用名细项目			行次	预算值				实际值	
				本月	上月累计	本月累计	上年预算	本月实际	本年累计
固定成本部分	一、应付工资	工资（含劳务费）	1						
		职工福利	2						
		社会保险费	3						
		住房公积金	4						
		工会经费	5						
		职工教育经费	6						
		非货币性福利	7						
		小计	8						
	二、	折旧费	9						
	三、	取暖费	10						
	四、办公费	复印费	11						
		印刷费	12						
		电话费	13						
		办公用品	14						
		饮用水	15						
		画板制作	16						
		精益生产门牌制作	17						
		小计	18						
	五、水电费		19						
	六、叉车租赁费		20						
	七、差旅费	差旅费	21						
		交通费用	22						
		小车费	23						
		小计	24						
		合计	25						
变动成本部分	八、机物料消耗	油料	26						
		领用：材料	27						
		修理用备件	28						
		建司转入费	29						
		精益生产	30						
		小计	31						
	九、保险费		32						
	十、低值易耗品摊销	盛具（购铁桶\小推车）	33						
		通用工具	34						
		电度、压力表	35						
		电工维修	36						
		转入电修	37						
		转入机修	38						
		转入厂房维修	39						
		小计	40						

续表

费用名细项目		行次	预算值				实际值	
			本月	上月累计	本月累计	上年预算	本月实际	本年累计
混合成本部分	十一、安全生产费							
	劳保用品	41						
	保健津贴	42						
	工伤补助费	43						
	灭火器	44						
	小　　计	45						
	十二、运输费							
	载货车费	46						
	搬运费	47						
	吊车起重费	48						
	零星人力搬运费	49						
	出入库费	50						
	民工费	51						
	小计	52						
	十三、外部加工费	53						
	十四、试验检验费							
	检验工资及工资性费用	54						
	理计检验费	55						
	试销损耗	56						
	检验领用材料	57						
	小计	58						
	十五、设计制图费	59						
	十六、其他							
	上下班乘车费	60						
	排污费	61						
	盈亏费	62						
	清洁人员费	63						
	探亲费	64						
	清凉费	65						
	叉车配件及修理费	66						
	其他加工费	67						
	小计	68						
	合　　计	69						
燃料动力发生额	水费	单　价	70					
		数　量	71					
		金　额	72					
	电费	单　价	73					
		数　量	74					
		金　额	75					
	蒸汽费	单　价	76					
		数　量	77					
		金　额	78					
	合　　计	79						
补　充　资　料								
本月职工人数（人）		80						
其中：聘用及劳务人员数（人）		81						
本月职工工资总额（万元）		82						
其中：聘用及劳务人员工资总额（万元）		83						
本月实际任务总工时（万小时）		84						
其中：军品任务总工时（万小时）		85						
本月制度总工时（万小时）		86						

制度总工时＝月工作天数（21.5）×每天工作小时数（8）×月数（12）×出勤率（95%）×作业率（80%）×承制单位总人数×承制单位一线基本生产职工比重系数

编制表样10

_____车间　　　　_____年标准成本预算

序号	产品名称	规格	单价(元/单位)	产品代号	产品材质	良品率(%)	下料率(%)	平均规格(单位)	工艺消耗(单位)	定额工时(单位)	材料投入				内收废料		
											主材投入量(单位)	投入金额(单位)	辅料(单位)	材料投入金额(单位)	重量(单位)	单价(单位)	金额
1	产品1	部件1															
		部件2															
		部件3															

序号	产品名称	规格	外销废料			材料成本(元/单位)		材料成本合计(元/单位)	单位产品加工费(元/万粒)							目标生产成本
			重量(单位)	单价(单位)	金额	主材成本	辅料成本		本年单位工资	工资费用比例	人工成本合计	能源	工装	不含工资的制造费用	合计	
1	产品1	部件1														
		部件2														
		部件3														

编制表样 11

全部商品产品成本汇总表

编制单位：本部　　　　　　　　　　　　　　　　　　　　　　　　　　单位：元

序号	产品名称	产量	材料	燃料	工资	专用费	废品损失	制造费用	实际成本合计	本年实际总成本（万元）	本年实际单位成本
1	一、××类产品										
2	产品1										
3	产品2										
4	产品3										
5	…										
6	全部产品成本合计										

编制表样 12

_____年各制造单元成本费用汇总预算表

金额单位：万元

序号	单位		直接材料	燃料及动力	直接人工	专用费用	废品损失	制造费用	合计	内转金额	营业成本
1		车间1									
2		车间2									
3		车间3									
4		…									
	部门1	服务1									
9		服务2									
		小计									
10	部门2	服务1									
11		服务2									
12		小计									
13	部门3										
14	…										
15	合计										

编制表样 13

产品制造成本表（按产品及成本性态项目）

_____年_____月

单位成本

成本项目 产品名称	计量单位	产量	变动部分		工资及福利费		燃动及动力		专用费用		制造费用		合计
			原材料	废品损失	废品回收	变动部分	固定部分	变动部分	固定部分	变动部分	固定部分	变动部分	固定部分	
产品1														
产品2														
产品3														
…														
合　计														

总成本

成本项目 产品名称	计量单位	产量	变动部分		工资及福利费		燃动及动力		专用费用		制造费用		合计
			原材料	废品损失	废品回收	变动部分	固定部分	变动部分	固定部分	变动部分	固定部分	变动部分	固定部分	
产品1														
产品2														
产品3														
…														
合　计														

编制表样 14   _____年_____部门年度费用预算表

单位名称：

费用名称	发生时间	用途	次数	预计每次发生费用	添加项目		小计（元）	合计（元）	备注
结构性工作	一月	业务一		业务描述1					
				业务描述2					
				…					
		业务二		业务描述1					
				业务描述2					
				…					
专项工作	一月	业务一		业务描述1					
				…					
		业务二		业务描述1					
				…					
合计									

附：

_____年—_____年_____专项费用对比

项目	金额（万元）	备注说明
2012 年预算		费用变化主要原因：
2011 年 1—9 月份已发生		
2010 年实际发生		
2009 年实际发生		四年平均专项费用为_____万元
2008 年实际发生		
2007 年实际发生		

编制表样 15　不可控费用预算明细表

单位：　　　　　　　　　　　　　　　　　　　　　　　　　　　　　　　　　　　单位：元

序号	项　目	____年预算												备注
		1月	2月	3月	4月	……	9月	10月	11月	12月	合计			
一	管理费用													
1	折旧													
2	工资													
	…													
	安全生产费用													
	浪潮软件维护费													
	…													
二	研发支出													
1	折旧													
2	工资													
3	军品科研开发基金													
	…													
	合计													

编制表样 16

可控费用预算明细表

单位：　　单位：元

序号	填报单位	____年预算													备注
		1月	2月	3月	4月	…	9月	10月	11月	12月	合计	
1	部门1											
2	部门2											
3	部门3											
4	…											
5	…											
	合计											
	其中：管理费用											
	研发支出											
	安全生产费用											
	制造费用											
	材料成本差异											
	营业外支出											
	监管资金等											
	其他业务成本											
	职工教育经费											
	工会经费											
	专项经费											

编制表样 17

管理费用预算表

____年预算
单位：万元

项目名称	1月	2月	3月	4月	……	9月	10月	11月	12月	合计	备注
1. 职工薪酬											
其中：工资					……						
职工福利费					……						
社会保险费					……						
住房公积金					……						
工会经费					……						
职工教育经费					……						
非货币性福利					……						
其他					……						
2. 开办费					……						
3. 折旧费					……						
4. 办公费					……						
5. 水电费					……						
6. 差旅费					……						
7. 运输费					……						
8. 保险费					……						
9. 租赁费					……						
10. 修理费					……						
11. 咨询费					……						
12. 诉讼费					……						
13. 排污费					……						
14. 绿化费					……						
15. 物料消耗					……						
16. 低值易耗品摊销					……						
17. 取暖费					……						
18. 技术开发费					……						
19. 技术转让费					……						
20. 税金					……						
21. 存货盘亏及毁损											

续表

项目名称	____年预算												合计	备注
	1月	2月	3月	4月	……	9月	10月	11月	12月					
22. 无形资产摊销					……									
23. 长期待摊费用摊销					……									
24. 业务招待费					……									
25. 会议费					……									
26. 聘请中介机构费用					……									
27. 董事会费					……									
28. 劳动保护费					……									
29. 上级管理费					……									
30. 摊销的潜亏挂账数					……									
31. 保密费					……									
32. 其他					……									
33. 预留费用					……									
合计					……									

编制表样 18

归口管理费用预算表——×××费

归口管理责任部门：　　　　　　　　____年预算　　　　　　　　单位：元

序号	项目	1月	2月	3月	4月	5月	6月	7月	8月	9月	10月	11月	12月	合计	备注
1	部门1														
2	部门2														
3	部门3														
4	…														
5	…														
6	…														
7	…														
8	合计														

编制表样 19

期间费用项目汇总表

项目	上年实际	本年预算	第一季度				...	第三季度				...	第四季度				合计
			1月	2月	3月	合计		7月	8月	9月	合计		10月	11月	12月	
一、可控部分							……					……				
工资及奖金							……					……				
职工福利费							……					……				
广告费							……					……				
会务费							……					……				
运费							……					……				
发运费用							……					……				
办公费							……					……				
邮寄费							……					……				
差旅费							……					……				
电话费							……					……				
其他							……					……				
小计							……					……				
二、不可控部分							……					……				
折旧费							……					……				
小计							……					……				
销售费用合计							……					……				
三、现金流量							……					……				
现金收入							……					……				
现金支出							……					……				
现金净流量							……					……				

制表人： 审核人： 审批人：

编制表样 20

_____公司_____年财务费用预算表

项目	上年实际	本年预算	第一季度				第三季度				第四季度			
			1月	2月	3月	合计	7月	8月	9月	合计	10月	11月	12月	合计
一、财务费用														
银行贷款利息														
票据承兑利息														
汇兑损益														
调剂外汇手续费														
金融机构手续费														
……														
合计														
财务费用合计														
四、现金净流量														
现金收入														
现金支出														
现金净流量														

制表人：　　　　　　　　审核人：　　　　　　　　审批人：

编制表样 21

_____年度_____公司单位产品人工成本定额预算

单位：元

项目	上年实际				本年预算			
	每月标准产量(1)	人数(2)	工资标准(元/人)(3)	单位产品人工成本(4)=(3)*(2)/(1)	每月标准产量(1)	人数(2)	工资标准(元/人)(3)	单位产品人工成本(4)=(3)*(2)/(1)
产品1								
产品2								
产品3								
产品4								
……								
合计								

制表人：　　　　　　　　审核人：　　　　　　　　审批人：

编制表样 22　　　　　　　年度工时定额预算（_____车间）

序号	产品名称	单位	生产计划	原单位定额	修订后单位定额	总工时定额	备注
1							
2							
3							
4							
5							
6							
7							
8							
合计	总工时（万小时）						
	生产工人定员（人）						

制表人：　　　　　　　审核人：　　　　　　　审批人：

编制表样 23　　　　　　　_____年_____公司工资及工资性费用预算汇总表

序号	单位	产量	在册职工人数	聘用人数	合计人数	职工工资	工资总额	五险	住房	餐费	工会经费	福利费	职工教育经费	合计
	一、生产成本及制造费用													
1	车间1													
4	…													
5	分厂1													
6	分厂2													
7	…													
	二、管理费用													
1	部门1													
2	部门2													
7	…													
8	…													

续表

序号	单位	产量	在册职工人数	聘用人数	合计人数	职工工资	工资总额	五险	住房	餐费	工会经费	福利费	职工教育经费	合计
	三、销售费用													
	市场部													
	四、工程施工													
	工程1参与人员													
	五、研发支出													
其中：1	××开发中心													
2	××开发中心													
	六、安全生产专项费用													
	安全环保部门													
	七、其他													
其中：1	转岗培训													
	零星工资（含提成奖励等）													
	指标奖励													
	星级班组奖励													
2	项目工资													
	项目奖励													
	成果转化奖													
	工艺科研降成本奖													
3	新进大学生工资													
4	预留工资													
5	公司领导及管理顾问、技术人员													
	总计													

制表人：　　　　　　　　　　　　审核人：　　　　　　　　　　　　审批人：

编制表样 24

公司　　　　　年公司人员及工资预算表

项　目	上年实际	本年预算	第一季度				…	第四季度				合计
			1月	2月	3月	合计		10月	11月	12月		
一、管理/职能部门人员							…					
1.1 高层管理人员							…					
（1）人员数							…					
期初数							…					
本期增加							…					
本期减少							…					
期末数							…					
（2）工资奖金及福利							…					
工资及奖金							…					
职工福利费							…					
小计							…					
管理/职能部门人员工资合计							…					
二、销售人员							…					
2.1 人员数							…					
期初数							…					
本期增加							…					
本期减少							…					
期末数							…					
2.2 工资奖金及福利							…					
工资及奖金							…					
职工福利费							…					
小计							…					
销售人员工资合计							…					

续表

项目	上年实际	本年预算	第一季度				...	第四季度				合计
			1月	2月	3月	合计		10月	11月	12月	合计	
三、采购人员							...					
3.1 人员数							...					
期初数							...					
本期增加							...					
本期减少							...					
期末数							...					
3.2 工资奖金及福利							...					
工资及奖金							...					
职工福利费							...					
小计							...					
采购人员工资合计							...					
四、车间管理人员							...					
4.1 人员数							...					
本期增加							...					
本期减少							...					
期末数							...					
4.2 工资奖金及福利							...					
工资及奖金							...					
职工福利费							...					
小计							...					
车间管理人员工资合计							...					
五、生产工人							...					
5.1 厂内生产工人							...					

续表

项目	上年实际	本年预算	第一季度				...	第四季度				合计
			1月	2月	3月	合计		10月	11月	12月	合计	
(1) 人员数							...					
期初数							...					
本期增加							...					
本期减少							...					
期末数							...					
(2) 工资奖金及福利							...					
工资及奖金							...					
职工福利费							...					
小计							...					
5.2 临时生产工人							...					
(1) 人员数							...					
期初数							...					
本期增加							...					
本期减少							...					
(2) 工资奖金及福利							...					
生产工人工资合计							...					
总计							...					

制表人：　　　　　　　　　　　　审核人：　　　　　　　　　　　　审批人：

编制表样 25

_____年 _____公司新增投资预算表

单位：人民币万元

序号	项目说明	年/月/日 开始	年/月/日 结束	预算总计 A=B+C	年投入 B	后续投入 C
1	新项目（指全新的投资项目）					
1.1						
1.2						
1.3						
1.4						
1.5						
1.6						
2	增添投资（指在原有资产基础上的技改、改造、增添等投资项目）					
2.1						
2.2						
2.3						
2.4						
2.5						
2.6						
3	资产重置（指资产因到期、报废、毁损、变卖等原因需要更新的投资项目）					
3.1						
3.2						
3.3						
3.4						
3.5						
3.6						
4	固定资产投资总计					

编制表样 26

_____年_____公司以前未完工项目进展投资预算表

单位：人民币万元

序号	项目说明	进展项目			年以前批准预算	年以前累计支出		本年预计完成项目			
		开始（年/月/日）	结束（年/月/日）	预算总额	金额（A）	占比%	完成情况	预计完成（年/月/日）	估计尚需支出（B）	估计全部支出总额（A）+（B）
1											
2											
3											
4											
5											
6											
7											
8											
9											
10											
11											
12											
13											
14											
15											
16											
总计											

编制表样 27

×× 年度重大资本性支出预算表

编制单位：
编制人：

项目				资金来源			期初余额	本期增加		本期减少				预计当期投资收益	预算依据	项目…
投资类型	支出类型	投资项目	总投资额	自有资金	国家投入	借款	其他		合计	其中：现金	合计	小计	其中：现金	其中：国有资产收益收缴	期末余额			
								项目 1									
一、固定资产投资	新建项目																
	改扩建项目																
	技术改造项目																
	外购项目																
	融资租入项目																
	其他支出项目																
二、长期股权投资				—		—	—						—	—	—		
三、长期债权投资				—		—	—						—	—	—		
四、其他长期投资				—		—	—						—	—	—		

编制表样 28

投资收益预算

预算表：　　　　　　　　　　　　　　　　　　　　　　　　　　　　　　　　　　　　　　　单位：万元

项目	上年实际	本年预算	备注
一、股票投资收益			
1. 现金红利收入			
2. 权益法下的投资收益			
3. 出售股票投资收益（损失）			
……			
二、债券投资收益			
1. 利息收入			
其中：项目 A			
2. 债券处置收益（损失）			
其中：项目 A			
……			
三、投资参控股公司收益			
其中：项目 A			
项目 B			
项目 C			
……			
四、其他投资			
五、以现金方式取得的投资收益合计			
六、以其他方式取得的投资收益合计			
其中：方式×××			
方式×××			
合计			

编制说明：本表按投资收益构成项明细填列。

编制表样 29

＿＿＿年 ＿＿＿公司 现金预算表

单位：万元

季　度	一季度	二季度	三季度	四季度	全年
期初现金余额					
加：现金收入					
其中：收回赊销款和现销收入					
投资收益收现					
营业外收入收现					
其他					
可动用现金合计					
减：现金支出					
其中：直接材料					
直接人工					
直接动力费					
间接制造费用					
销售费用					
管理费用					
财务费用					
上缴税费					
上交总公司固定费用					
上交总公司利润					
购置设备					
支付所得税					
其他					
现金支出合计					
现金节余或不足					
筹措资金：					
其中：向银行借款					
归还借款					
支付利息					
期末现金余额					

编制表样30

_____公司_____年预算现金流量表

单位：

项　目	上年实际	本年预算	第一季度				……	第四季度				合计
			1月	2月	3月	合计		10月	11月	12月	合计	
一、经营活动产生的现金流量												
销售产品、提供服务收到的现金							……					
收到的税费返还							……					
其他与经营活动有关的现金							……					
现金流入小计							……					
购买产品、接受服务支付的现金							……					
支付给职工以及为职工支付的现金							……					
支付的增值税款							……					
支付的所得税款							……					
支付的除增值税和所得税以外的其他税费							……					
支付的其他与经营活动有关的现金							……					
现金流出小计							……					
经营活动产生的现金流量净额							……					
二、投资活动产生的现金流量												
收回投资所收到的现金							……					
取得投资收益所收到的现金							……					
处置固定资产、无形和其他长期资产所收回的现金净额							……					
收到的其他与投资活动有关的现金							……					
现金流入小计							……					
购进固定资产、无形和其他长期资产所支付的现金							……					
投资所支付的现金							……					

续表

项目	上年实际	本年预算	第一季度				…	第四季度				合计
			1月	2月	3月	合计		10月	11月	12月	合计	
支付的其他与投资活动有关的现金							…					
现金流出小计							…					
投资活动产生的现金流量净额							…					
三、筹资活动产生的现金流量							…					
吸收投资所收到的现金							…					
借款所收到的现金							…					
收到的其他与筹资活动有关的现金							…					
现金流入小计							…					
偿还债务所支付的现金							…					
分配股利利润所支付的现金							…					
偿还利息所支付的现金							…					
支付的其他与筹资活动有关的现金							…					
现金流出小计							…					
筹资活动产生的现金流量净额							…					
四、汇率变动对现金的影响额							…					
五、现金及现金等价物净增加额							…					
期初余额							…					
期末余额							…					

制表人： 审核人： 审批人：

编制表样 31

_____年 _____公司资金需求量测算表

单位：万元

项目	行次	上年实际	本年预算	本年预算				
				一季度	二季度	三季度	四季度	全年合计
净利润	1							
加：折旧及其他资产或费用摊销	2							
应收款项的减少	3							
应付项目的增加	4							
存货的减少	5							
长期投资及固定资产增减产生现金流入	6							
股东增减资或分配现金股利产生现金流入	7							
其他现金流入	8							
本期产生现金量	9							
上期结转现金量	10							
结余现金量（或短缺现金量）	11							
需借入资金量	12							
计划偿还贷款额	13							
期末货币资金余额	14							

编制表样 32

_____公司_____年公司投融资预算表

项目	上年实际	本年预算	第一季度			合计	...	第四季度			合计
			1月	2月	3月			10月	11月	12月	
一、股权投资											
1.1 长期股权投资											
（1）长期股权投资											
期初余额											
本期增加											
本期收回											
期末余额											
投资收益											
（2）短期股权投资											
期初余额											
本期增加											
本期收回											
期末余额											
投资收益											
1.2 债权投资											
（1）长期债权投资											
期初余额											
本期增加											
本期收回											
期末余额											
其中：一年内到期的长期债权投资											
投资收益											
（2）短期债权投资											

续表

项目	上年实际	本年预算	第一季度				…	第四季度				合计
			1月	2月	3月	合计		10月	11月	12月	合计	
期初余额							…					
本期增加							…					
本期收回							…					
期末余额							…					
投资收益							…					
二、融资							…					
2.1 股权融资							…					
期初余额							…					
本期增加							…					
本期收回							…					
期末余额							…					
2.2 债权融资							…					
期初余额							…					
本期增加							…					
本期减少							…					
期末余额							…					
2.3 银行贷款							…					
（1）长期贷款							…					
期初余额							…					
本期贷入							…					
本期还贷							…					
其中：偿还本金							…					
偿还利息							…					

续表

项目	上年实际	本年预算	第一季度				...	第四季度				合计
			1月	2月	3月	合计		10月	11月	12月	合计	
长期贷款增加净额							...					
期末余额							...					
其中：一年内到期的长期贷款							...					
（2）短期贷款							...					
期初余额							...					
本期贷入							...					
本期还贷							...					
其中：偿还本金							...					
偿还利息							...					
短期贷款增加净额							...					
期末余额							...					
2.4 银行承兑汇票							...					
期初余额							...					
增加承兑							...					
存入保证金							...					
到期兑付							...					
到期保证金							...					
期末余额							...					
四、现金流量							...					
现金收入							...					
现金支出							...					
现金净流量							...					

制表人： 审核人： 审批人：

编制表样 33

_____年资金收支平衡预算

编制单位：财务部 单位：万元

项目		收入	本年实际	预算	上年预算	支出	本年实际	预算	上年预算
经营活动		货款收入				采购部门			
		其中：销售部门				其中：现金			
		现金				票据			
		票据				人力资源部门			
		单位1				制造保障部门			
		单位2				…			
		…				科研部门			
		废料收入							
		租金收入							
		清欠收入							
		其他收入							
		小计				小计			
筹资活动		融资收入（贷款）				还贷款			
		存款利息				贷款利息			
		其他				其他			
		小计				小计			
投资活动		资产处置收入（部门…）				项目1（部门…）			
		股权变更收入（部门…）				项目2（部门…）			
		…				…			
		小计				小计			
专项资金		项目1（部门…）				项目1（部门…）			
		项目2（部门…）				项目2（部门…）			
		…				…			
		小计				小计			
合计						合计	0	0	0

编制表样 34

_____公司_____年_____季资金收支预测表

项目\月份	_____年_____月	_____年_____月	_____年_____月	备注
经营性收入：				
部门1				
其中：现金				
票据				
部门2				
部门3				
…				
…				
经营性支出：				
一、能源及维修				
1. 水				
2. 电				
3. 气				
4. 设备维修				
二、物资采购				
三、工资及工资性费用				
四、日常费用报销				
五、外经项目				
六、加工费				
七、其他				
经营性收支差额：				
筹资性收入：				
一、收贷款				
二、存款利息收入				
三、财政补贴				
筹资性支出（还贷款情况）：				
一、还贷款				
二、贷款利息支出				
筹资性收支差额：				
预计月末资金余额：				
预计月末资金余额：				

编制表样 35

预算表：_____公司_____年补贴收入预算表

项　目	上年实际	本年预算	备　注	差异情况说明
一、补贴收入				
1. 维持维护费				
2. 亏损补贴				
3. 出口退税				
4. 增值税退税				
二、……				
9. 其他				
合计				

编制说明：补贴收入按财政补贴收入和享受的有关税收优惠分项填列。

编制表样 36

_____公司_____年其他业务利润预算表

项 目	上年实际	本年预算	第一季度				……	第四季度			
			1月	2月	3月	合计		10月	11月	12月	合计
一、其他业务收入											
1.1 出售材料收入											
1.2 提供服务收入											
1.3 代购代销收入											
1.4 其他											
合计											
二、其他业务支出											
2.1 出售材料成本费用税金											
2.2 提供服务收入成本费用税金											
2.3 代购代销收入成本费用税金											
2.4 其他											
合计											
三、其他业务利润											
其他业务利润											
四、现金净流量											
现金收入											
现金支出											
现金净流量											

制表人： 审核人： 审批人：

编制表样 37

公司_____年营业外收支预算表

项目	上年实际	本年预算	第一季度				...	第四季度				合计
			1月	2月	3月	合计		10月	11月	12月	合计	
一、营业外收入							...					
固定资产盘盈							...					
处置固定资产净收益							...					
出售无形资产净收益							...					
罚款收入							...					
其他							...					
合计							...					
二、固定资产盘亏							...					
处置固定资产净损失							...					
出售无形资产损失							...					
债务重组损失							...					
捐赠支出							...					
罚款支出							...					
非常损失							...					
其他							...					
合计							...					
三、营业外收支净额							...					
四、现金净流量							...					
现金收入							...					
现金支出							...					
现金净流量							...					

制表人：　　　　　　　　　　　审核人：　　　　　　　　　　　审批人：

编制表样 38

_____公司_____年税金预算表

项目	上年实际	本年预算	第一季度			合计	……	第四季度			合计	合计
			1月	2月	3月			10月	11月	12月		
一、增值税							……					
期初未交数							……					
本期应交数							……					
本期已交数							……					
期末未交数							……					
二、所得税							……					
期初未交数							……					
本期应交数							……					
本期已交数							……					
期末未交数							……					
三、营业税							……					
期初未交数							……					
本期应交数							……					
本期已交数							……					
期末未交数							……					
四、其他												
（1）房产税							……					
期初未交数							……					
本期应交数							……					
本期已交数							……					
期末未交数							……					
（2）车船使用税							……					
期初未交数							……					

续表

项　目	上年实际	本年预算	第一季度				……	第四季度				合计
			1月	2月	3月	合计		10月	11月	12月	合计	
本期应交数							……					
本期已交数							……					
期末未交数							……					
（3）土地使用税							……					
期初未交数							……					
本期应交数							……					
本期已交数							……					
期末未交数							……					
（4）印花税							……					
期初未交数							……					
本期应交数							……					
本期已交数							……					
期末未交数							……					
……							……					
合计							……					
期初未交数							……					
本期应交数							……					
本期已交数							……					
期末未交数							……					
七、现金净流量							……					
现金收入							……					
现金支出							……					
现金净流量							……					

制表人：　　　　　　　　　　　审核人：　　　　　　　　　　　审批人：

编制表样 39

公司_____年公司资产预算表

项　目	上年实际	本年预算	第一季度				…	第四季度				合计
			1月	2月	3月	合计		10月	11月	12月	合计	
一、固定资产							…					
1.1 固定资产原值							…					
期初余额							…					
本期增加							…					
（1）新购置							…					
（2）在建工程报竣							…					
本期减少							…					
期末余额							…					
1.2 累计折旧							…					
期初余额							…					
本期增加							…					
本期减少							…					
期末余额							…					
1.3 折旧类别							…					
管理费用							…					
销售费用							…					
制造费用							…					
辅助生产							…					
1.4 固定资产净值							…					
期初净值							…					
本期增加							…					
本期减少							…					
期末净值							…					

续表

项 目	上年实际	本年预算	第一季度				...	第四季度				合计
			1月	2月	3月	合计		10月	11月	12月	合计	
1.5 固定资产减值准备							...					
期初余额							...					
本期增加							...					
本期减少							...					
期末余额							...					
1.6 固定资产净额							...					
期初净值							...					
本期增加							...					
本期减少							...					
期末净值							...					
1.7 固定资产清理							...					
期初余额							...					
本期增加							...					
本期减少							...					
期末余额							...					
二、工程物资							...					
期初余额							...					
本期增加							...					
转入在建工程							...					
期末余额							...					
三、在建工程							...					
期初余额							...					
本期增加							...					

续表

项 目	上年实际	本年预算	第一季度				…	第四季度				合计
			1月	2月	3月	合计		10月	11月	12月	合计	
转固定资产							…					
期末余额							…					
四、无形资产							…					
期初余额							…					
本期增加							…					
本期减少							…					
期末余额							…					
五、长期待摊费用							…					
期初余额							…					
本期增加							…					
本期减少							…					
期末余额							…					
六、其他长期资产							…					
期初余额							…					
本期增加							…					
本期减少							…					
期末余额							…					
七、现金净流量							…					
现金收入							…					
现金支出							…					
现金净流量							…					

制表人：　　　　　　　　　　　　审核人：　　　　　　　　　　　　审批人：

编制表样 40

_____年_____公司固定资产处置预算表

单位：人民币 万元

序号	固定资产名称	启用时间（年/月）	原值（千元）	折旧年限（年）	累计折旧（千元）	净值（千元）	预计现值（千元）	处置原因
1	固定资产出售							
1.1								
1.2								
1.3								
2	固定资产毁损、报废							
2.1								
2.2								
2.3								
3	固定资产捐赠							
3.1								
3.2								
3.3								
3.4								
4	固定资产出租、出借							
4.1								
4.2								
4.3								
4.4								
5	固定资产盘亏							
5.1								
5.2								
5.3								
5.4								
6	固定资产处置总计							

制表人：　　　　　　审核人：　　　　　　审批人：

编制表样 41　　　　　年折旧预算

单位：元

序号	部门名称	原值	年 月 累计折旧	净值	新增原值	原值	年 月 年折旧	累计折旧	净值	备注
1	车间1									
2	车间2									
3	…									
	小计									
1	部门1									
2	部门2									
3	停用资产（部门…）									
4	停用资产（部门…）									
5	…									
	小计									
	制造费用合计									
1	部门1									
2	部门2									
3	…									
4	停用资产（部门…）									
5	停用资产（部门…）									
	管理费用小计									
1	销售部									
1	部门1									
2	部门2									
	…									
	销售费用小计									
	营业外支出合计									
	合计									
	总计									

编制表样 42

预算利润表

项目	上年实际	本年预算	第一季度				...	第四季度				合计
			1月	2月	3月	合计		10月	11月	12月	合计	
一、营业总收入							...					
其中：营业收入							...					
利息净收入							...					
保费净收入							...					
手续费及佣金收入							...					
二、营业总成本							...					
其中：营业成本							...					
利息支出							...					
手续费及佣金支出							...					
退保金							...					
赔付支出净额							...					
提取保险责任准备金净额							...					
保单红利支出							...					
分保费用							...					
营业税金及附加							...					
销售费用							...					
管理费用							...					
财务费用							...					
资产减值损失							...					
加：公允价值变动收益（损失以"－"填列）							...					
投资收益（损失以"－"填列）							...					
其中：对联营企业和合营企业的投资收益							...					
汇兑收益（损失以"－"填列）							...					
三、营业利润（亏损以"－"填列）							...					
加：营业外收入							...					
减：营业外支出							...					
其中：非流动资产处置损失							...					
四、利润总额（亏损以"－"填列）							...					
减：所得税费用							...					
五、净利润（净亏损以"－"填列）							...					
六、每股收益												
（一）基本每股收益							...					
（二）稀释每股收益							...					

制表人： 审核人： 审批人：

编制表样 43

预算资产负债表

项目	上年实际	本年预算	第一季度				…	第四季度				合计
			1月	2月	3月	合计		10月	11月	12月	合计	
资产：												
流动资产：							…					
货币资金							…					
结算备付金							…					
拆出资金							…					
交易性金融资产							…					
应收票据							…					
应收账款							…					
预付账款							…					
应收保费							…					
应收分保账款							…					
应收分保合同准备金							…					
应收利息							…					
其他应收账款							…					
买入返售金融资产							…					
应收补贴款							…					
存货							…					
待摊费用							…					
一年内到期的非流动资产							…					
其他流动资产							…					
流动资产合计							…					
非流动资产：							…					
长期投资							…					
发放贷款及垫款							…					
可供出售金融资产							…					
持有至到期投资							…					
长期应收款							…					
长期股权投资							…					
投资性房地产							…					
固定资产							…					
固定资产原值							…					

续表

项 目	上年实际	本年预算	第一季度					第四季度			
			1月	2月	3月	合计	…	10月	11月	12月	合计
在建工程							…				
工程物资							…				
固定资产清理							…				
生产性生物资产							…				
油气资产							…				
固定资产净额							…				
无形资产							…				
开发支出							…				
长期待摊费用							…				
递延所得税资产							…				
其他非流动资产							…				
非流动资产合计							…				
资产总计							…				
无形资产及其他资产合计							…				
递延税项							…				
递延税项借款							…				
资产合计							…				
负债和所有者权益:											
流动负债							…				
短期借款							…				
向中央银行借款							…				
吸收存款及同业存放							…				
拆入资金							…				
交易性金融负债							…				
应付票据							…				
预收股利							…				
应付账款							…				
卖出回购金融资产款							…				
应付手续费及佣金							…				
应付职工薪酬							…				
应交税费							…				

续表

项 目	上年实际	本年预算	第一季度				…	第四季度			
			1月	2月	3月	合计		10月	11月	12月	合计
应付利息							…				
应付分保账款							…				
其他应付款							…				
保险合同准备金							…				
代理买卖证券款							…				
代理承销证券款							…				
预提费用							…				
预计负债							…				
一年内到期的非流动资产							…				
其他流动负债							…				
流动负债合计							…				
非流动负债：							…				
长期借款							…				
应付债券							…				
长期应付款							…				
专项应付款							…				
预计负债							…				
递延所得税负债							…				
其他非流动负债							…				
非流动负债合计							…				
负债合计							…				
所有者权益（或股东权益）							…				
实收资本（或股本）							…				
资本公积							…				
减：库存股							…				
盈余公积							…				
一般风险准备							…				
未分配利润							…				
所有者权益合计							…				
负债和所有者权益合计							…				

制表人：　　　　　　　　　　　审核人：　　　　　　　　　　　审批人：

编制表样 44   ____年____公司关键业务营运预算表

单位：万元人民币

项目		上年实际	本年预算	一季度	二季度	三季度	四季度	全年合计
销售	产品线1销量（单位）							
	销售均价（元/单位）							
	产品线2销量（单位）							
	销售均价（元/单位）							
	产品线3销量（单位）							
	销售均价（元/单位）							
生产	单位产品1生产加工成本（不含折旧）							
	单位产品2生产加工成本（不含折旧）							
	单位产品3生产加工成本（不含折旧）							
损益	主营业务收入							
	毛利率（%）							
	可控营业费用							
	可控管理费用							
	财务费用							
	净利润							
	加：折旧费用							
	摊销							
	其他							
营运现金流量	营运现金流量							
	银行及股东借款							
	投资现金流							
运营状况	存货合计——金额							
	——天数							
	流动应收账款——金额							
	——天数							
	现金净流量							
资产状况	资产负债率（%）							
	流动比率（%）							
	投资资本回报率							

编制表样 45　　　　　　　　　××年度财务指标预算表

编制单位：
编制人：

项　目	上年实际数	本年预算数	预计差异率（％）
一、效益指标：			
1. 净资产收益率（％）			
2. 总资产报酬率（％）			
3. 销售（营业）增长率（％）			
4. 可比类别产品销售增长率（％）			
5. 新产品销售比率（％）			
6. 产销率（％）			
7. 利润增长率（％）			
8. 主营业务利润率（％）			
9. 成本费用利润率（％）			
10. 成本费用占主营业务收入比率（％）			
11. 人工成本占成本费用的比重（％）			
12. 研发经费投入率（％）			
13. 工业总产值（现价）			
14. 工业增加值			
15. 出口创汇			
二、资产运行状况指标：			
1. 资产增长率（％）			
2. 应收账款周转率（次）			
3. 存货周转率（次）			
4. 流动资产周转率（次）			
5. 总资产周转率（次）			
6. 应付账款周转率（次）			
7. 现金周期（天）			
8. 经营周期（天）			
9. 盈余现金保障倍数			
三、偿债能力及资本结构指标			
1. 速动比率（％）			
2. 流动比率（％）			
3. 资产负债率（％）			
4. 股东权益与固定资产比率（％）			
四、现金指标			
1. 净资产现金回收率（％）			
2. 当年现金满足资本性投资比率（％）			
3. 销售现金比率（％）			
五、人均指标：			
1. 人均利润（元/人）			
2. 人均工资（元/人）			
3. 人均人工成本（元/人）			
4. 全员劳动生产率（元/人）			
5. 人工成本占主营业务收入比率（％）			
6. 人工成本利润率（％）			

第四章 预算执行和业务过程控制

除对经营活动与结果的事前规划外,对经营决策过程的控制也是预算管理的重要使命,从某种意义上看,预算编制仅仅是控制的第一步。缺少了过程指导与控制环节,很容易导致预算管理流于形式或"退化"为财务预算。

一、预算控制点和控制流程

(一)预算控制点选取

经多个企业实践经验总结,企业至少设置两个预算控制点:控制物流的仓库和控制现金流的财务[①]。

1. 仓库控制点的作用是:

(1)控制采购的依据。库房提供的库存信息可以作为判断采购申请合理性的事实和数据依据。

(2)控制投入产出效率。通过限额发料、精确统计完工产品和部件入库信息可以按照事先设定的投入产出率控制制造过程业务活动。

(3)跟踪货款回收。通过统计发出商品数量和时间,可以方便销售部门和财务部门进行应收账款到期日管理,确定货款回收时间。

2. 资金控制点的作用是:如果企业的资金预算真正建立在业务预算的基础之上,资金控制点可以控制所有与资金相关的业务活动和决策。重点内容如:

(1)直接控制和预警销售预算执行。通过对销售收回现金的统计控制销售业务按照预算执行,当销售收到现金明显减少时,及时提出预警。当销售收到的资金种类(收入和票据比例)与预算比差异较大时。

(2)控制管理部门的管理活动。未纳入预算范围的管理业务活动因通不过资金预算审批而很难开展。

(3)投资活动监控。通过资金控制,可以监控投资性资金流出的项目和额度。

(二)预算控制流程

1. 预算事前控制流程[②],见图1-4-1。
2. 预算事中控制流程[③],见图1-4-2。

[①] 章显中:《企业预算控制》,中国人民大学出版社2009年版。
[②] 吴昌秀:《企业全面预算管理》,机械工业出版社2009年版。
[③] 同上。

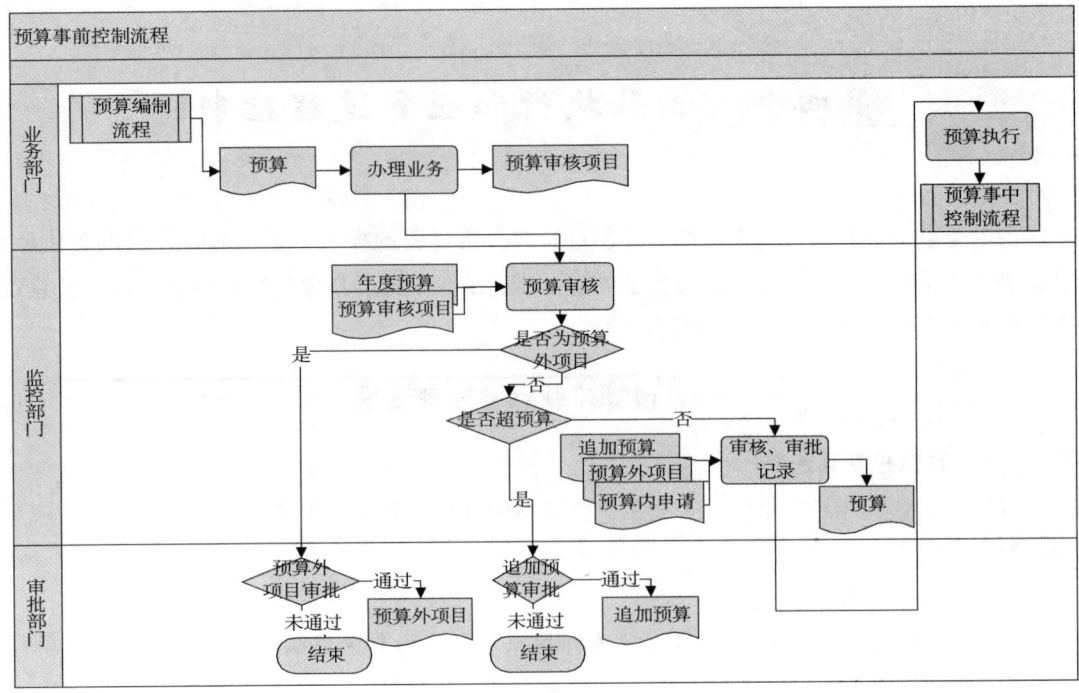

图 1-4-1 预算事前控制流程图

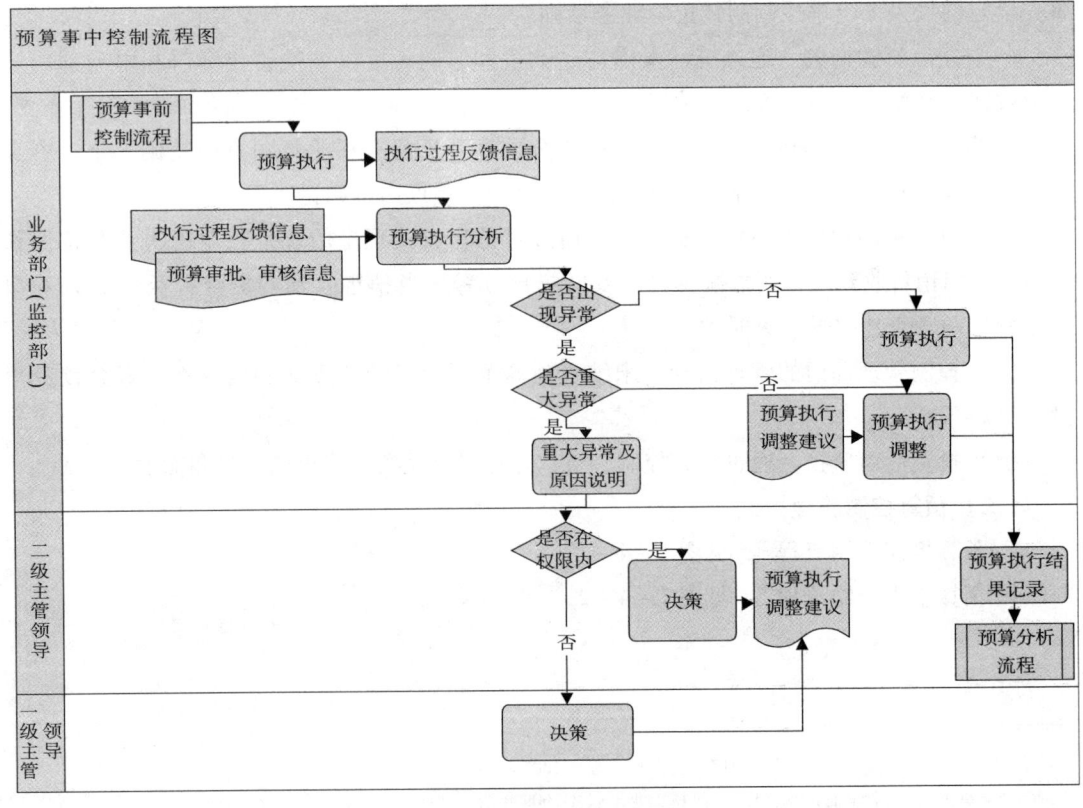

图 1-4-2 预算事中控制流程图

二、预算执行申请与审批

现代全面预算管理和传统的预算管理之间的本质区别之一,就是传统预算管理一经编制纳入预算事项,管理部门就不再进行审批,无论条件如何变化,业务部门都可以执行预算,占有相应的资源;现代全面预算即使业务纳入预算框架,在实际执行时还需要根据实际经营条件的变化进行申请和审批,即:有预算不一定允许执行。

(一) 预算执行申请与审批流程

预算内事项具体申请审批流程如图 1-4-3。

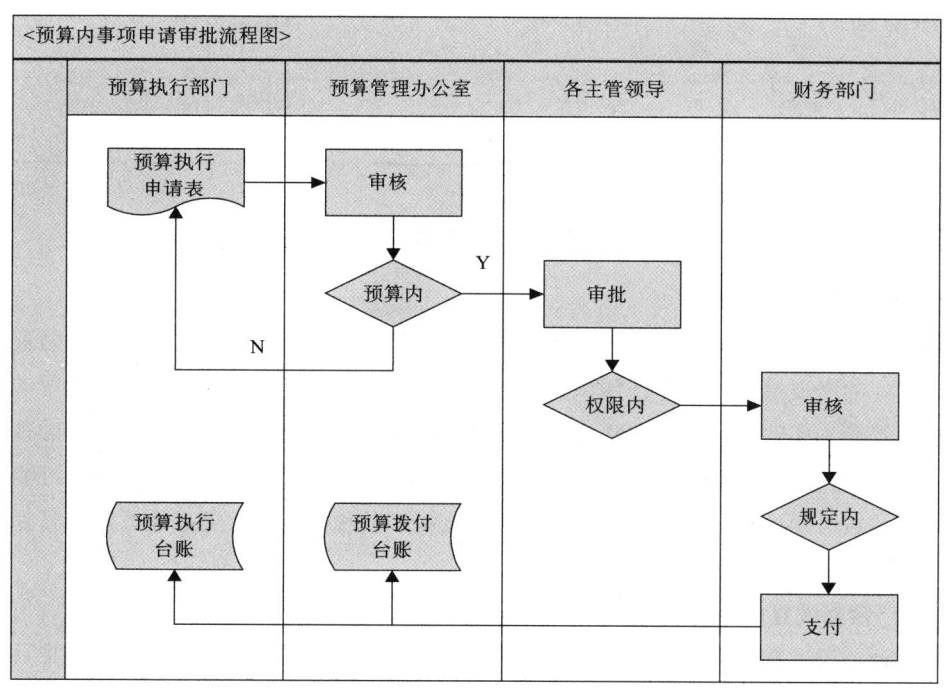

图 1-4-3 预算内事项申请审批流程图

审批流程说明:

(1) 预算执行申请与审批主要针对费用、采购性支出和资本性支出等涉及资源耗费的预算项目。

(2) 实践证明,如果所有预算项目都要执行申请和审批,决策效率将非常低下。在实际预算管理中,预算办公室应把所有业务进行分类,年度重点业务计划范围内的或与年度经营目标相关度最强的业务为必须开展业务,如必须完成的产品制造计划,必须维护大修的重要设备,必须完成的关键产品(工艺)研发任务等,必须开展业务可以直接执行,不必进行申请审批;与年度经营目标相关度较弱的,辅助性业务或视经营情况开展的业务为可选择开展业务,如非强制性培训或研讨会议,非必须的职工业余文化活动等,可选择开展业务可以采取季度预算委员会集中申请审批的方式决定是否执行;需要资源较多的可选择业务为专项审批业务,在每次执行前进行申请和审批。

（二）预算执行申请表样

见表 1-4-1。

表 1-4-1　　　　　　　　　预算项目执行申请表

申请责任单位：			编号：
预算项目名称：			预算项目执行时间
预算总额度：	已执行额度		本次申请额度：
预算项目执行内容描述：			
执行责任部门负责人：	预算办公室：		总经理：
执行责任部门分管领导：	总会计师：		预算委员会主任：

三、预算调整机制

（一）预算调整的分类

再精确的预算也不可能百分之百准确，预算调整是保持预算活力，使其更加贴近经营决策活动实际的必要措施。既允许预算调整又不造成预算松弛的关键在于机制和流程的设计。

在预算管理实践中，预算调整可分为预算调整和调剂，预算调整是需突破总的预算目标（通常是总成本或总费用）的调整，预算调剂是指随经营形式的变化，业务部门可能会变更部分业务项目，导致与之相匹配的预算资源的变更，此种调整不会突破预算总体目标，但需要变更业务目标。

（二）预算调整的原则

预算调整通常都要涉及预算目标的变动，从实践统计来看，在所有预算调整项目中，要求增加各类资源的调整项目占很大部分，因此预算调整往往会导致初始设置的预算目标难以实现或出现偏差。预算调整是整个预算执行控制环节中最需要重视的问题之一。

1. 保持刚性原则。通常情况下年度预算方案一经批准，需要保持较高的刚性，特别是涉及到可能更改预算目标的调整，不能随意，一定要非常慎重，必须通过很严格的程序方可调整。

2. 内部挖潜原则。当不利于预算执行的重大因素出现时，应首先通过内部挖潜或采取其他措施弥补，只有在实在无法弥补的情况下，才能提出预算调整申请[①]。

3. 积极调整原则。预算管理部门应坚持预算调整应朝着更有利于完成既定预算目标的方向进行，而不是相反。

（三）预算调整的程序

预算调整程序可以分为自上而下调整和自下而上调整。自上而下调整的发起对象是董事

[①] 陈栋梁：《例析 P-D-C-A 循环在计划管理和预算中的运用》，载《财经界（学术版）》2009 年第 10 期。

会或企业高层管理人员，主要是当外部环境和内部环境等客观因素导致公司全局性重大变化时进行，调整流程见图 1-4-4。

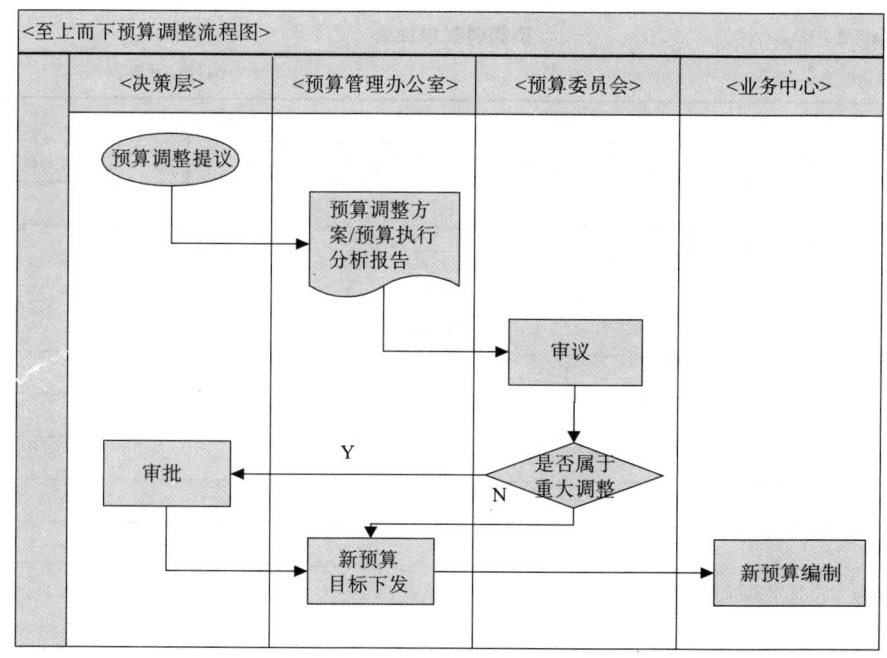

图 1-4-4 预算调整流程图

自下而上的预算调整发起对象为各责任中心，主要在当外部环境与内部条件等客观因素导致公司局部重大变化时进行，调整流程见图 1-4-5。

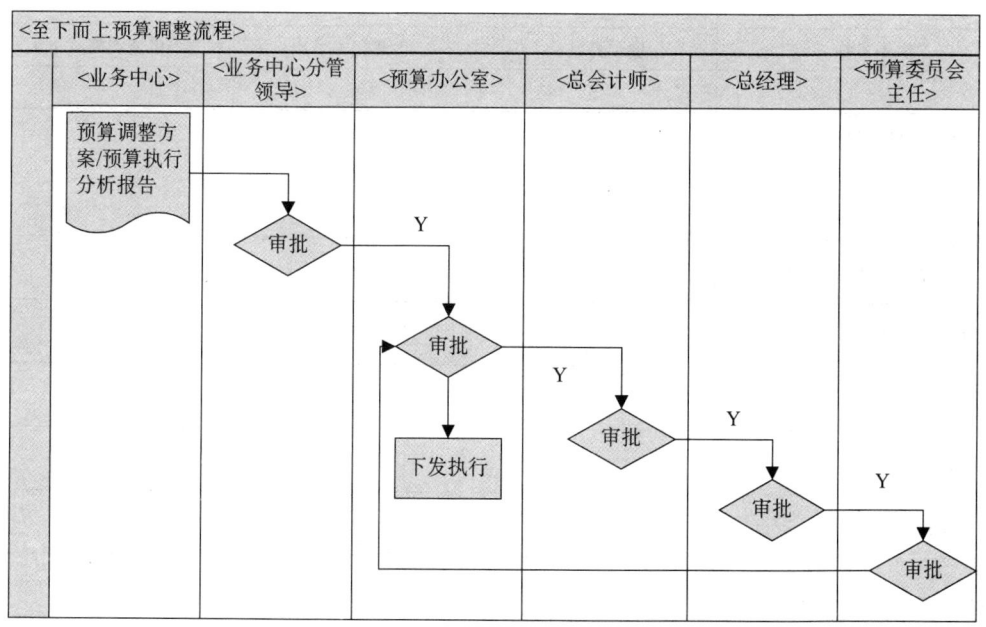

图 1-4-5 预算调整流程图

(四) 预算调整表样

预算调整申请表样见表1-4-2。

表1-4-2　　　　　　　　　预算调剂审批表

编号：预算调剂 [　] 号

申请单位：		单位负责人：		经办人：	
原预算项目	预算金额（元）	调剂到预算项目		申请调剂金额（元）	

调剂事由：（可在附件中详细说明）	
附件一：	附件二：
附件三：	附件四：

业务主管部门审核	
预算管理办公室	
分管领导审批	
总会计师审批	
总经理审批	
预算管理委员会主任审批（调剂金额≥10万元）	

预算调整审批表见表1-4-3。

表1-4-3　　　　　　　　　预算调整审批表

编号：预算调整 [　] 号

申请单位：		单位负责人：		经办人：	
预算名称	年度预算（元）		已使用（元）		申请调整（元）

调整事由：（可在附件中详细说明）	
附件一：	附件二：
附件三：	附件四：

业务主管部门审核	
预算办公室审核	
分管领导审批	
总会计师审批	
总经理审批	
预算管理委员会主任审批	

四、滚 动 预 测

（一）滚动预测概述

滚动预测的主要任务是使事前预计更接近业务实际，它最大的特点就是反映了预算管理系统的动态性，预测是随时可变的，外界环境变了，预测立即就会跟着变，它是在动态中修正预测数据，使其对实际业务更具指导性。滚动预测的周期一般根据企业管理者的实际需要定义，不受会计准则约束，通常情况短于一年。

通常情况下，滚动预测更多地用作控制预算执行过程的工具，即在既定预算目标的总体范围内通过预测不断调整、纠正业务行为，最后实现原定目标。因此滚动预测的结果通常不作为考核评价的依据，这也是滚动预测预算最大的特点。

（二）滚动预测的分类

滚动预策按时间分类为：

1. 年度滚动预测，即未来的数据只滚动到当年末，不预测以后年度，整个预测体系呈现：已发生月度实际数据 +（12 - 已发生月度）预测数据的状态。

2. 12 个月滚动预测。即向后滚动 12 个月的预测方式，无论哪个月进行滚动预测，最终预测数据始终是 12 个月。

3. 多年度滚动预测。即滚动周期为一年以上的滚动预测，通常由管理者自行设计向前滚动的时间。长周期的滚动预测通常服务于战略制定和修正。

4. 周度滚动预测。以周为单位的滚动预测，是对于月度滚动预测的有效补充。周度预测在管理上比较精细，对资源的运用效率有较高要求的指标（如资金）适宜采用周度预测。

（三）滚动预测的优缺点

1. 滚动预测的优点。滚动预算的最大优点就是适时性和相关性强，它处在不停地更新和修正的动态过程中，能够最及时地向决策层提供关于未来业务经营业绩的画面，使各级管理者始终保持对未来一定时期的生产经营活动进行统筹谋划，实现资源的前瞻配置以保证企业的各项工作始终不偏离战略目标。

2. 滚动预测的缺点。常态化的滚动预测工作量较大，且保证数据的及时性难度较大，需要企业有较好的基础管理水平和较高的信息化水平，同时需要财务人员对业务有较高的敏感度；滚动预测由于期限较短还容易使决策者过于关注眼前业务和利益，在长期决策时误入歧途。

3. 滚动预测不等于调整预算。滚动预测仅是在一定期间的预算总目标范围内的过程预测，实施滚动预测绝不等于可以任意调整预算目标。本书坚决反对在滚动预测过程中将完成预算目标的压力向后传递或不经相关程序以滚动预测的名义调整预算目标。

（四）实施滚动预测要点说明

1. 滚动预测表样。见本章附件滚动预测表样1—滚动预测表样6。
2. 滚动预测实施要点。

（1）进行滚动预测时应以年度预算为基础，根据当年新发生而预算中没有的实际情况进行预测，必要时也要参照以前年度的实际数据。在参照以前年度数据时，要将以前年度发生的一次性事项调整出来，比如，要把突然收到的政府补贴从其他业务收入中调出；把关闭生产线对折旧的影响从折旧费用中调整回来，否则参照的基数不准确，会影响滚动预测的质量。

（2）滚动预测与实际对比时，应使用绝对数计算差异，不能相互抵消后分析原因。如：某项业务的预测数与实际数对比，积极的影响是 300 万元，消极的影响是 350 万元，最终差异 50 万元，则不能按照 50 万元分析差异原因，应按照 650 万元的差异分析其具体原因。

（3）由于滚动预测耗时耗力，且为保证预测数据的及时有用，建议预测应有重点，宜选择变动性较大且频繁或内控风险较大的指标进行预测，在基础管理达不到时不宜开展全面的滚动预测。

（4）应根据业务和产业的不同特点及管理的需求合理选择预测期。

附件：

滚动预测表样1

主要指标表滚动预测表

编制单位：　　　　　　　　　　　　　　　　　　　　　　　　　　　　　　　　　金额单位：万元

项目名称		单位	全年预算金额	1月	2月	3月	4月	5月	6月	7月	8月	9月	10月	11月	12月	合计
销量	产品1															
	产品2															
	……															
营业收入																
利润总额																
销售净利率																
经营活动产生的现金流量净额																
存货净额																
其中：原材料																
其中：在产品																
其中：产成品																
应收账款净额																
其中：外部应收账款																
成本费用占营业收入比																

滚动预测表样 2

分产品预测

编制单位： 金额单位：万元

产品×× (汇总)	单位	全年预算	1月	2月	3月	4月	5月	6月	7月	8月	9月	10月	11月	12月	合计
销量															
单价	万元														
一、营业收入	万元														
减：材料成本	万元														
直接人工	万元														
燃料动力	万元														
专用费用	万元														
废品损失	万元														
税金及附加	万元														
变动制造费用	万元														
其中：水电费	万元														
运输费	万元														
外部加工费	万元														
试验检验费	万元														
其他变动制造费用	万元														
变动销售费	万元														
其中：装卸费	万元														
运输费	万元														
保险费	万元														
仓储保管费	万元														
委托代销手续费	万元														
销售服务费	万元														
包装费	万元														
其他变动销售费用	万元														
二、边际利润	万元														

续表

产品×× (汇总)	单位	全年预算	1月	2月	3月	4月	5月	6月	7月	8月	9月	10月	11月	12月	合计
边际利润率%															
一、营业收入	万元														
减：材料成本	万元														
直接人工	万元														
燃料动力	万元														
专用费用	万元														
废品损失	万元														
税金及附加	万元														
变动制造费用	万元														
其中：水电费	万元														
运输费	万元														
外部加工费	万元														
试验检验费	万元														
其他变动制造费用	万元														
变动销售费用	万元														
其中：装卸费	万元														
运输费	万元														
保险费	万元														
仓储保管费	万元														
委托代销手续费	万元														
销售服务费	万元														
包装费	万元														
其他变动销售费用	万元														
二、边际利润	万元														
边际利润率%															

滚动预测表样 3

滚动预测表——销售预算表

编制单位:　　　　　　　　　　　　　　　　　　　　　　　　　　　　　　　　　金额单位：万元

项目名称	单位	全年预算	1月	2月	3月	4月	5月	6月	7月	8月	9月	10月	11月	12月	合计
销量															
产品 1															
产品 2															
……															
单价															
产品 1															
产品 2															
……															
收入															
产品 1															
产品 2															
……															
主营业务收入合计															
其他业务收入合计															

滚动预测表样 4

产销存预测表

编制单位：

项目名称	单位	全年预算	1月	2月	3月	4月	5月	6月	7月	8月	9月	10月	11月	12月	合计
产品 1															
预计销量															
加：期末产成品存货量															
减：期初产成品存货量															
预计生产量															
其中：外协或外购															
产品 2															
预计销量															
加：期末产成品存货量															
减：期初产成品存货量															
预计生产量															
其中：外协或外购															
……															

滚动预测表样 5

滚动预测表——期间费用预算表

编制单位：　　　　　　　　　　　费用类型：销售费用　　　　　　　　　　　金额单位：万元

项目名称	全年预算金额	1月	2月	3月	4月	5月	6月	7月	8月	9月	10月	11月	12月	合计
1. 职工薪酬														
其中：工资														
附加														
2. 折旧费														
3. 办公费														
4. 展览费														
5. 广告费														
6. 差旅费														
7. 样品及产品损耗														
8. 修理费														
9. 其他														
固定销售费用合计														
1. 装卸费														
2. 运输费														
3. 保险费														
4. 仓储保管费														
5. 委托代销手续费														
6. 销售服务费														
7. 包装费														
8. 其他														
变动销售费用合计														
合计														

滚动预测表样 6

滚动预测表——利润表

编制单位：
金额单位：万元

项目名称	全年预算金额	1月	2月	3月	4月	5月	6月	7月	8月	9月	10月	11月	12月	合计
一、营业收入														
减：材料成本														
直接人工														
燃料动力														
专用费用														
废品损失														
税金及附加														
其他变动费用														
其中：变动制造费用														
其中：变动销售费用														
二、边际利润														
边际利润率%														
减：折旧费														
其中：计入成本折旧														
其中：计入期间费用折旧														
固定人工														
其中：计入成本人工														
其中：计入期间费用人工														
固定制造费用（剔除职工薪酬和折旧）														

续表

项目名称	全年预算金额	1月	2月	3月	4月	5月	6月	7月	8月	9月	10月	11月	12月	合计
固定销售费用（剔除职工薪酬和折旧）														
管理费用（剔除职工薪酬和折旧）														
财务费用														
三、经营利润														
减：资产减值损失														
加：公允价值变动损益														
投资收益														
营业外收支净额														
四、利润总额														
减：所得税费用														
五、净利润														
减：少数股东损益														
六、归属于母公司所有者的净利润														
补充指标：														
对某公司外营业务收入														
其中：主营业务收入														
其他业务收入														

第五章 预算执行分析与监控

一、概述

预算执行分析是一种事后控制的方法,与预算的事前和事中控制相比,预算控制的严格程度和及时性稍差,但反映预算执行的情况比较全面综合,有利于下一个预算管理循环的改进,因此预算执行分析也是预算过程控制必不可少的环节。

二、预算执行分析的一般流程[①]

见图 1-5-1。

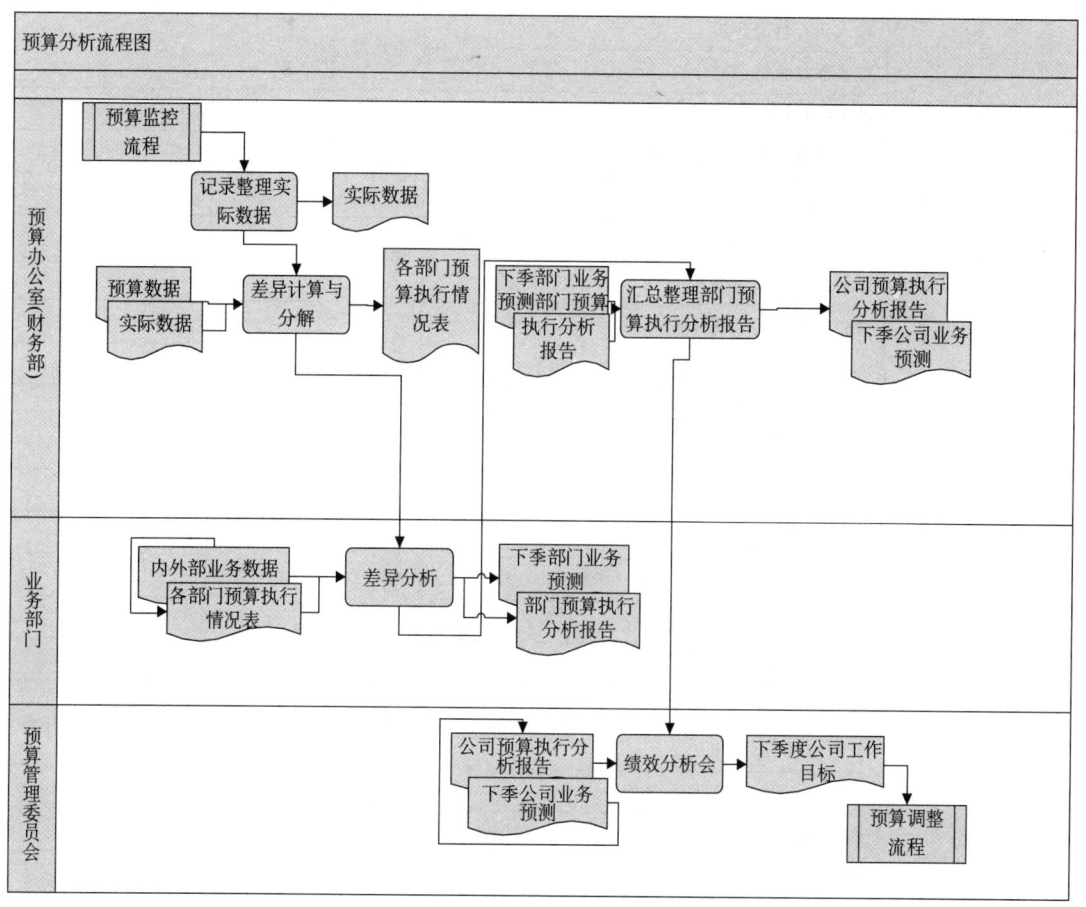

图 1-5-1 预算执行分析流程图

---

① 吴昌秀:《企业全面预算管理》,机械工业出版社 2009 年版。

三、预算执行分析机制建立

（一）三级预算执行分析监控机制

预算执行应建立"快速－阶段－全面"三级分析监控机制。快速分析应以财务指标监控为主，应追求效率，能够在预算执行完的第一时间向决策层提供主要运行数据情况及与预算的差异；阶段分析应详尽，以业务分析为基础，分析预算执行的各方面情况且开展对下一季度数据的预测；全面分析应以评判是否达到企业战略目标为主，重点分析预算总体执行情况和重点业务计划完成情况，且概述次年预算编制情况。

（二）预算执行分析表样

三级预算执行表格体系如表 1-5-1 所示。

表 1-5-1　　　　　　　　预算执行分析监控表格目录

层次	项目	分析表名称	责任单位	备注
快速分析	财务分析	主要财务指标月度预算执行情况监控表	财务部门	
阶段分析	业务分析	收入执行情况分析	市场部门	
		应收账款执行情况分析		
		产量执行情况分析	制造部门及制造管理部门	
		制造单元成本执行情况分析		
		在制品库存情况分析		
		物料采购执行情况分析	采购部门	
		原材料库存情况分析		
		投资预算执行情况分析	投资管理部门	
		在建工程预算执行情况分析		
	财务分析	财务指标预算执行情况分析	财务部门	
		企业成本预算执行情况分析		
		费用执行情况分析		
		资金预算执行情况分析		
		存货执行情况分析		
		研发投入预算执行情况分析		
全面分析	业务分析	收入完成情况分析	市场部门	
		应收账款执行情况分析		
		产量执行情况分析	制造部门及制造管理部门	
		制造单元成本执行情况分析		
		在制品库存情况分析		
		设备大修预算完成情况分析		
		研发预算执行情况分析	研发质量部门	
		质量预算执行情况分析		

续表

层次	项目	分析表名称	责任单位	备注
全面分析	业务分析	物料采购执行情况分析	采购部门	
		原材料库存情况分析		
		投资预算执行情况分析	投资管理部门	
		在建工程预算执行情况分析		
		重点业务计划完成情况分析		
		人力资源预算执行分析	人力资源部门	
	财务分析	财务指标预算执行情况分析	财务部门	
		企业成本预算执行情况分析		
		费用执行情况分析		
		资金预算执行情况分析		
		资产负债结构预算执行情况分析		
		EVA执行分析		
内控评价		内部控制情况分析	内控管理部门	

四、预算执行分析要点

（一）月度监控财务指标表（本章附件中的分析表样1）

监控表由财务部门负责填写，应尽量在第一时间报送企业决策者，若通过主要监控表发现有严重偏离预算的指标，财务部门应责成相应责任部门尽快进行专题分析，查找原因。

（二）季度分析（分析表样2—分析表样15）

1. 销售分析表（分析表样2）的公司名称一栏企业可以根据自身管理实际划分，可以是客户，销售片区、销售员等。销售部门应重点分析每个客户的实际销售产品结构和预算产品结构的差异以及价格的差异，并详细说明原因。同时应对照分析每个客户的欠款情况和收款情况。

2. 每个制造单元除分析各自的产量预算完成情况和成本完成情况（分析表样3—分析表样5）外，应重点分析本单元制造过程的投入产出情况。

3. 采购部门应重点分析采购预算执行的实际价格与预算价格的差异，并详细说明原因，作为价格滚动调整的差异（分析表样6）。

4. 投资管理部门应重点分析投资进度是否按照预算执行，若有进度滞后，应说明原因（分析表样7）。

5. 财务部门应在每季度对主要财务指标、期间费用、毛利情况、现金收支情况等进行分析（分析表样5、分析表样8—分析表样15）。其中资金收支和期间费用分析必须分部门分项目进行；产品成本、毛利、本量利分析必须分产品品种进行；研发预算分析必须分项目执行。对于与预算偏离太大的项目或部门，预算管理办公室应责成相应责任部门对预算委员会作专题分析陈述。

6. 财务部门在进行存货和应收账款分析的时候应列出从本年一月至季末每月情况，分析变化趋势，最好绘出趋势图供决策者参考。

（三）年度分析（分析表样16—分析表样21）

1. 每个部门都应做好年度预算执行分析，大部分季度分析用表可以用于做年度分析。

2. 人力部门必须做年度人力资源预算执行分析，主要应对照预算检查薪酬开支情况（特别是各项奖励发放情况）和各项效率指标作出详细分析和说明。

3. 财务部门应对企业的资产负债变动情况对照预算进行分析，同时分析EVA驱动路径。

4. 内部控制部门每年至少进行一次有关预算管理循环的内部控制有效性测试，并对预算委员会作出相应报告。

附件：

分析表样 1

_____月度财务指标预算分析表

编制单位：
编制人：

项目	本月			上月			本年累计			上年同期			上年累计		
	实际	预算	差距(%)	实际	预算	差距(%)	实际	预算	差距(%)	实际	预算	差距(%)	实际	预算	差距(%)
1. 营业收入															
2. 营业成本															
3. 毛利															
4. 经营利润															
5. 利润总额															
6. 应收账款额															
7. 存货额															
其中：原材料															
在制品															
产成品															
8. 经营现金流量															

分析表样 2

销售预算执行分析表

编制单位：　　　　　　　　　　　　　　　　　　　　　　　　　　　　日期：
编制人：　　　　　　　　　　　　　　　　　　　　　　　　　　　　　　货币单位：

项目		销售数量							销售金额							销售收入							收款情况							原因分析
		本季			累计				本季			累计				本季			累计				到期应收账款			本期收款情况				
公司名称	产品大类	实际	预算	差异额	差异率(%)	实际	预算	差异额	差异率(%)	实际	预算	差异额	差异率(%)	实际	预算	差异额	差异率(%)	实际	预算	差异额	差异率(%)	实际	预算	差异额	差异率(%)	实际	预算	差异额	差异率(%)	
客户1	产品1																													
	产品2																													
	…																													
客户2	产品1																													
	产品2																													
	…																													
客户…																														
合计																														

1 全面预算管理

分析表样 3

产量预算执行情况分析

编制单位：
编制人：

产品类别	产量								去年同期	去年累计	备注
	本季				累计						
	实际	预算	差额	差异率（%）	实际	预算	差额	差异率（%）			
部件1											
部件2											
…											
…											
…											
…											
…											
…											
合计											

分析表样 4

单位产品制造成本预算执行分析表（按产品及成本项目别）

____年____月

填报单位：

序号	成本项目		产品 1	产品 2	产品…	…	备注
1	原材料	实际					
		预算					
		差额					
		差异率（%）					
		去年数					
2	燃料及动力	实际					
		预算					
		差额					
		差异率（%）					
		去年数					
3	工资及福利费	实际					
		预算					
		差额					
		差异率（%）					
		去年数					
4	专用费用	实际					
		预算					
		差额					
		差异率（%）					
		去年数					
5	废品损失	实际					
		预算					
		差额					
		差异率（%）					
		去年数					
6	制造费用	实际					
		预算					
		差额					
		差异率（%）					
		去年数					

分析表样 5

产品总制造成本预算执行分析表（按产品及成本项目别）

____年____月

填报单位：

序号	成本项目		产品 1	产品 2	产品…	…	…	备注
1	原材料	实际						
		预算						
		差额						
		差异率（%）						
		去年数						
2	燃料及动力	实际						
		预算						
		差额						
		差异率（%）						
		去年数						
3	工资及福利费	实际						
		预算						
		差额						
		差异率（%）						
		去年数						
4	专用费用	实际						
		预算						
		差额						
		差异率（%）						
		去年数						
5	废品损失	实际						
		预算						
		差额						
		差异率（%）						
		去年数						
6	制造费用	实际						
		预算						
		差额						
		差异率（%）						
		去年数						

分析表样6

采购预算执行情况分析表

填报单位：　　　　　　　　　　　　　　　　　　　　　　　　　　　　　　　　　　　　　月

项　目	客户1						物料…			客户…			备注
	物料1			物料…						物料…			
	采购量	采购单位成本	库存量	采购单位成本	采购量	库存量	采购量	采购单位成本	库存量	采购量	采购单位成本	库存量	
实际													
预算													
差额													
差异率（%）													
去年数													
约定预付/应付账额													
实际预付/应付账额													

注：1. 材料采购单位成本包括材料采购单价、运费、上下车费、检验费等。
　　2. 约定预付/应付账款额和实际预付/应付账款额两栏负数表示预付账款，正数表示应付账款。

分析表样 7

投资预算执行分析表

编制单位：
编制人：

项目		总投资额	累计实际						累计预算	累计差额	累计差异率（%）
投资类型	支出项目类型		本期增加		本期减少			期末余额			
			合计	其中：现金	小计	其中：现金	其中：国有资产收益收缴				
								预计当期投资收益			
一、固定资产投资	新建项目								……	……	……
	改扩建项目										
	技术改造项目								……	……	……
	外购项目										
	融资租入项目								……	……	……
	其他支出项目										
二、长期股权投资	—		—	—	—	—	—		……	……	……
三、长期债权投资	—		—	—	—	—	—		……	……	……
四、其他长期投资	—		—	—	—	—	—		……	……	……

备注：1. 项目：反映控股公司要求下属企业填报的重大投资项目，具体填报项目由控股公司在编制预算前统一下发。
2. 预算依据：依照国资委要求填列该项目预算实施的主要批准依据，如有关部门的批准文件、董事会决议、投资意向等。
3. 表内关系：总投资额＝自有资金＋国家投入＋其他。
4. 股权投资的"本期新增"反映新增投资（本金）和按权益法核算预计确认的投资收益，"本期减少"反映减少投资（本金）和按权益法核算预计将收到的投资收益（分红）。
5. 对于长期股权投资、长期债权投资和其他长期投资，投资总额＝原始投资成本。
6. 如无特殊情况，投资总额在年度内保持不变。

分析表样 8

期间费用预算分析表

编制单位：　　日期：
编制人：　　　货币单位：

项目		部门 1						部门…						合计					
		本月				累计		本月				累计		本月				累计	
		实际	预算	差额	差异率（%）	实际	预算	差额	差异率（%）	实际	预算	差额	差异率（%）	实际	预算	差额	差异率（%）	实际	预算	差额	差异率（%）
营业费用	包装费																			
	运输费																			
	装卸费																			
	仓储保管费																			
	保险费																			
	展览费																			
	广告费																			
	销售服务费																			
	工资																			
	福利费																			
	业务经费																			
	委托代销手续费																			
	折旧费																			
	修理费																			
	样品及产品损耗																			
	促销费																			
	其他																			
	小计：																			
管理费用	工资																			
	福利费																			
	失业保险																			
	住房公积金																			
	工会经费																			
	职工教育经费																			
	劳动保护费																			
	保险费																			
	折旧费																			

续表

项目	部门1							部门…	合计						
	本月			累计					本月			累计		
	实际	预算	差额	差异率（%）	实际	预算	差额	差异率（%）	……	实际	预算	差额	差异率（%）	实际	预算	差额	差异率（%）
管理费用	修理费								……								
	无形资产摊销								……								
	长期待摊费用摊销								……								
	低值易耗品摊销								……								
	存货盘亏及毁损								……								
	业务招待费								……								
	差旅费								……								
	办公费								……								
	水电费								……								
	税金								……								
	租赁费								……								
	诉讼费								……								
	聘请中介机构费用								……								
	咨询费								……								
	研究与开发费								……								
	技术转让费								……								
	董事会会费								……								
	排污费								……								
	其他								……								
	小计：								……								
财务费用	利息支出								……								
	利息收入								……								
	手续费								……								
	汇兑净损失（收益以"-"列示）								……								
	现金折扣								……								
	其他								……								
	小计：								……								
总　计：									……								

分析表样 9

季度财务指标预算分析表

编制单位:
编制人:

项 目	本季			上季			本年累计			上年同期			上年累计		
	实际	预算	差距(%)	实际	预算	差距(%)	实际	预算	差距(%)	实际	预算	差距(%)	实际	预算	差距(%)
1. 营业收入															
2. 营业成本															
3. 毛利率															
4. 经营利润															
5. 利润总额															
6. 应收账款周转率															
7. 存货额周转率															
其中：原材料															
在制品															
产成品															
8. 经营现金净流量															
9. EVA															
10. 成本费用占销售收入的比重															
11. 销售现金比率															
12. 工业增加值															

分析表样 10

主要业务预算分析表

编制单位：　　　　　　　　　　　　　　　　　　　　　　　　　　　　　　日期：
编制人：　　　　　　　　　　　　　　　　　　　　　　　　　　　　　　　　货币单位：

项目		销售数量						销售金额					
		本月				累计		本月				累计	
公司名称	产品大类	实际	预算	差额	差异率（%）	实际	预算	差额	差异率（%）	实际	预算	差额	差异率（%）
产品类别1	产品1												
	产品2												
	…												
产品类别2	产品3												
	产品4												
	…												
产品类别…													
合　计													

分析表样 11

____年____月本量利及收入分析

编制单位：　　　　　　　　　　　　　　　　　　　　　　　　　　　　　　　　　金额单位：万元

项　目	计量单位	产品 1	产品 2	……
销售数量	预算数			
	本年实际			
	实际与预算的销量差异			
销售价格	预算售价			
	实际售价			
	实际与预算的价格差异			
销售收入	预算收入			
	实际收入			
	实际与预算的收入差异			
销售成本	预算销售成本			
	实际销售成本			
	实际与预算的成本差异			
销售毛利/边利	预算数			
	实际数			
	预算和实际差异			
销量影响利润				
价格影响利润				
成本影响利润				
利润总影响数				

分析表样 12

公司存货预算分析表

编制单位:　　　　　　　　　　　　　　　　　　　　　　　　　　　　　　　　　　　　　　　日期:
编制人:　　　货币单位:

项目	1月				2月				3月				…	12月			
	实际	预算	差额	差异率（%）	实际	预算	差额	差异率（%）	实际	预算	差额	差异率（%）		实际	预算	差额	差异率（%）
原材料													…				
其中: 主材1													…				
主材2													…				
…													…				
在制品													…				
其中: 车间1													…				
车间2													…				
…													…				
产成品													…				
其中: 类别1													…				
类别2													…				
合计													…				
合计													…				
产品1													…				
产品2													…				
…													…				
…													…				
合计													…				

分析表样 13   现金收支预算分析表

编制单位：　　　　　　　　　　　　　　　　　　　　　　　　日期：
编制人：　　　　　　　　　　　　　　　　　　　　　　　　　货币单位：

项目	子公司1							
	本季				累计			
	实际	预算	差额	差异率（%）	实际	预算	差额	差异率（%）
收入项目								
一、经营活动产生的现金流入								
1. 销售收回的现金								
其中：现金								
票据								
2. 处置流动资产所收回的现金								
3. 其他								
二、投资活动产生的现金流入								
1. 收回投资所收到的现金								
2. 取得投资收益所收到的现金								
3. 处置长期资产所收到的现金								
4. 其他								
三、筹资活动产生的现金流入								
1. 吸收投资所收到的现金								
2. 借款								
3. 其他								
合　计								
支出项目								
一、经营活动产生的现金流出								
1. 材料采购支出现金								
其中：现金								
票据								
2. 人工成本支出现金								
3. 制造费用支出现金								
其中：现金								
票据								
4. 管理费用支出现金								
5. 营业费用支出现金								
6. 财务费用支出现金								
7. 各种税费支出现金								
8. 其他								
二、投资活动产生的现金流出								
1. 购置长期资产支出现金								
2. 对外投资支出现金								
3. 其他								
三、筹资活动产生的现金流出								
1. 偿还债务所支付的现金								
2. 支付股利红利的现金								
3. 支付利息								
4. 其他								
合　计								
经营活动产生的现金流量净额								
投资活动产生的现金流量净额								
筹资活动产生的现金流量净额								
现金流量净额								

分析表样 14

年资金收支平衡预算

编制单位：财务部　　　　　　　　　　　　　　　　　　　　　　　　　　　　　　　单位：万元

项目	资金收入	本季实际	本季预算	本年预算	差异	差异率	资金支出	本季实际	本季预算	本年预算	差异	差异率
经营活动	货款收入						采购部门					
	其中：市场部						其中：现金					
	其中：现金						票据					
	票据						人力资源保障部门					
	单位1						制造部门					
	单位2						…					
	…						科研部门					
	废料收入											
	租金收入											
	清欠收入											
	其他收入											
	小计						小计					
筹资活动	融资收入（贷款）						还贷款					
	存款利息						贷款利息					
	其他						其他					
	小计						小计					
投资活动	资产处置收入						项目1（部门…）					
	股权变更收入						项目2（部门…）					
	…						…					
	小计						小计					
专项资金	项目1（部门…）						项目1（部门…）					
	项目2（部门…）						项目2（部门…）					
	…						…					
	小计						小计					
合计		0	0				合计	0	0			0

注：计算差异和差异率使用本季实际－本季预算进行计算。

分析表样 15　　　　　　　　　　技术开发费用使用情况分析

填报单位：　　　　　　　　　　　　　　　　　　　　　　　　　　　　　　　金额单位：元

序号	研发项目	本年预算金额（元）	本年预算需达到目标	实际使用金额（元）	研发进度情况	实际使用金额占预算比例	已完成的研发进度比例	差异	原因分析
	项目 1								
	项目 2								
	…								
	…								
	…								

注：1. 依据××年下发的科技进步项目计划文件进行填报。
　　2. 研发进度为截至本月研发项目的进展情况；已完成的研发进度比例是截至本月研发项目完成进度百分比。

分析表样 16　　　　　　　　　**人工费用预算分析表**

编制单位：　　　　　　　　　　　　　　　　　　　　　　　　　　日期：
编制人：　　　　　　　　　　　　　　　　　　　　　　　　　　　　货币单位：

项　目	本年				上年			
	实际	预算	差额	差异率（%）	实际	预算	差额	差异率（%）
一、人工成本总额								
从业人员劳动报酬								
其中：在岗职工工资总额								
社会保险费用								
其中：养老保险								
其中：补充养老保险（月金）								
医疗保险								
失业保险								
工伤保险								
生育保险								
福利费用								
教育培训经费								
工会经费								
劳动保护费用								
住房费用								
其中：住房公积金								
一次性发放的住房补贴								
按月发放的住房补贴								
各种奖励								
其他人工成本								
二、平均人数								
全年平均从业人员人数（人）								
全年平均职工人数（人）								
三、人均指标								
人均利润（元/人）								
人均工资（元/人）								
人均人工成本（元/人）								
人工成本占主营业务收入比率（%）								
全员劳动生产率（元/人）								
人工成本利润率（%）								

备注：1. 全年平均从业人员人数（人）：包括固定职工、合同工、临时工等在岗人员，不包括离退休人员。

　　　2. 全年平均职工人数（人）：包括固定职工和合同工，不包括离退休人员和临时工。

　　　3. 指标计算方法见附表。

　　　4. 从业人员劳动报酬：工资、奖金、津贴。

　　　5. 全年平均从业人员人数：反映企业年初和年末从业人员的平均值，将平均值填入各月预算数，各月数值相同。

　　　6. 全年平均职工人数：反映企业年初和年末职工人数的平均值，将平均值填入各月预算数，各月数值相同。

　　　7. 技术奖酬金：反映企业按照国家规定，从技术开发、技术转让、技术咨询和技术服务的净收入中预计提取的奖励给重要贡献人员的奖金和报酬。

　　　8. 福利费用：反映企业在工资以外预计负担的给员工个人以及用于集体的福利费用，主要包括企业负担的从业人员的医疗卫生费、计划生育补贴、生活困难补助、问题宣传费、集体福利设施和集体福利事业补助等。

分析表样 17　　　　　　　　　　　　资产预算分析表

编制单位：　　　　　　　　　　　　　　　　　　　　　　　　　日期：
编制人：　　　　　　　　　　　　　　　　　　　　　　　　　　货币单位：

项　目	本年				上年			
	实际	预算	差额	差异率（％）	实际	预算	差额	差异率（％）
一、在建工程								
本期增加								
本期减少								
其中：在建工程转固定资产								
期末余额								
期末净额								
二、固定资产								
固定资产增加								
其中：在建工程转入								
固定资产减少								
期末余额								
期末净额								
折旧								
三、无形资产								
本期增加								
本期减少								
期末余额								
期末净额								
四、长期股权投资								
本期增加								
本期减少								
期末余额								
期末净额								
五、长期债权投资								
本期增加								
本期减少								
期末余额								
期末净额								
六、其他长期投资								
本期增加								
本期减少								
期末余额								
期末净额								
合　计								

分析表样 18 　　　　　　　　利润及利润分配预算分析表

编制单位：　　　　　　　　　　　　　　　　　　　　　　　日期：
编制人：　　　　　　　　　　　　　　　　　　　　　　　货币单位：

项　目	本年				上年			
	实际	预算	差额	差异率（%）	实际	预算	差额	差异率（%）
一、主营业务收入								
减：（一）主营业务成本								
（二）主营业务税金及附加								
（三）经营费用								
（四）其他								
加：（一）代购代销收入								
（二）其他								
二、主营业务利润（亏损以"－"号填列）								
加：其他业务利润（亏损以"－"号填列）								
减：（一）营业费用								
（二）管理费用								
（三）财务费用								
（四）其他								
三、营业利润（亏损以"－"号填列）								
加：（一）投资收益（损失以"－"号填列）								
（二）补贴收入								
（三）营业外收入								
（四）其他								
减：（一）营业外支出								
（二）其他支出								
四、利润总额（亏损总额以"－"号填列）								
减：所得税								
少数股东损益								
加：未确认的投资损失								
五、净利润（净亏损以"－"号填列）								
加：（一）年初未分配利润								
（二）其他转入								
六、可供分配的利润								
减：（一）提取法定盈余公积								
（二）提取法定公益金								
（三）其他								
七、可供投资者分配的利润								
减：（一）应付优先股股利								
（二）提取任意盈余公积								
（三）应付普通股股利（应付利润）								
（四）转作资本（股本）的普通股股利								
其中：分配集团的股利								
（五）其他								
八、未分配利润								

分析表样 19　　　　　　　　　　资产负债预算分析表

编制单位：　　　　　　　　　　　　　　　　　　　　　日期：
编制人：　　　　　　　　　　　　　　　　　　　　　　货币单位：

项目	本年				上年			
	实际	预算	差额	差异率（%）	实际	预算	差额	差异率（%）
货币资金								
短期投资								
应收款项								
预付账款								
存货								
其中：原材料								
库存商品（产成品）								
待摊费用								
其他流动资产								
流动资产合计								
长期投资								
其中：长期股权投资								
长期债权投资								
合并价差								
长期投资合计								
固定资产原价								
减：累计折旧								
固定资产净值								
减：固定资产减值准备								
固定资产净额								
工程物资								
在建工程								
固定资产清理								
固定资产合计								
无形资产								
长期待摊费用（递延资产）								
其他长期资产								
无形及其他资产合计								
递延税款借项								

续表

项 目	本年				上年			
	实际	预算	差额	差异率（%）	实际	预算	差额	差异率（%）
资产总计								
短期借款								
应付款项								
预收账款								
应交款项								
预提费用								
其他流动负债								
流动负债合计								
长期借款								
应付债券								
长期应付款								
其他长期负债								
长期负债合计								
递延税款贷项								
负债合计								
少数股东权益								
实收资本（股本）								
国家资本								
集体资本								
法人资本								
个人资本								
外商资本								
资本公积								
盈余公积								
未确认的投资损失（以"-"号填列）								
未分配利润								
外币报表折算差额								
所有者权益小计								
减：未处理资产损失								
所有者权益合计（剔除未处理资产损失后的金额）								
负债及所有者权益合计								

分析表样 20　　　　　　　　　　现金流量预算分析表

编制单位：　　　　　　　　　　　　　　　　　　　　　　　　　日期：
编制人：　　　　　　　　　　　　　　　　　　　　　　　　　　货币单位：

项目	本年				上年			
	实际	预算	差额	差异率（%）	实际	预算	差额	差异率（%）
一、经营活动产生的现金流量：								
销售商品、提供劳务收到的现金								
收到的税费返还								
收到的其他与经营活动有关的现金								
现金流入小计								
购买商品、接受劳务支付的现金								
支付给职工以及为职工支付的现金								
支付的各项税费								
支付的其他与经营活动有关的现金								
现金流出小计								
经营活动产生的现金流量净额								
二、投资活动产生的现金流量：								
收回投资所收到的现金								
取得投资收益所收到的现金								
处置固定资产、无形资产和其他长期资产所收回的现金净额								
收到的其他与投资活动有关的现金								
现金流入小计								
购建固定资产、无形资产和其他长期资产所支付的现金								
投资所支付的现金								
支付的其他与投资活动有关的现金								
现金流出小计								
投资活动产生的现金流量净额								
三、筹资活动产生的现金流量：								
吸收投资所收到的现金								
借款所收到的现金								
收到的其他与筹资活动有关的现金								
现金流入小计								
偿还债务所支付的现金								
分配股利、利润或偿付利息所支付的现金								
支付的其他与筹资活动有关的现金								
现金流出小计								
筹资活动产生的现金流量净额								
四、汇率变动对现金的影响								
五、现金及现金等价物净增加额								
现金及现金等价物的期初余额								
现金及现金等价物的期末余额								

分析表样 21　　　　　　　　　　　　**财务指标预算分析表**

编制单位：　　　　　　　　　　　　　　　　　　　　　　　　　　　　日期：
编制人：　　　　　　　　　　　　　　　　　　　　　　　　　　　　　货币单位：

项目	本年			上年		
	实际	预算	差额	实际	预算	差额
一、效益指标：						
1. 净资产收益率（%）						
2. 总资产报酬率（%）						
3. 销售（营业）增长率（%）						
4. 可比类别产品销售增长率（%）						
5. 新产品销售比率（%）						
6. 产销率（%）						
7. 利润增长率（%）						
8. 主营业务利润率（%）						
9. 成本费用利润率（%）						
10. 成本费用占主营业务收入比率（%）						
11. 人工成本占成本费用的比重（%）						
12. 研发经费投入率（%）						
13. 工业总产值（现价）						
14. 工业增加值						
15. EVA						
16. EVA 率（%）						
二、资产运行状况指标：						
1. 资产增长率（%）						
2. 应收账款周转率（次）						
3. 存货周转率（次）						
4. 流动资产周转率（次）						
5. 总资产周转率（次）						
6. 应付账款周转率（次）						
7. 现金周期（天）						
8. 经营周期（天）						
9. 盈余现金保障倍数						
三、偿债能力及资本结构指标：						
1. 速动比率（%）						
2. 流动比率（%）						
3. 资产负债率（%）						
4. 股东权益与固定资产比率（%）						
四、现金指标：						
1. 净资产现金回收率（%）						
2. 当年现金满足资本性投资比率（%）						
3. 销售现金比率（%）						
五、人均指标：						
1. 人均利润（元/人）						
2. 人均工资（元/人）						
3. 人均人工成本（元/人）						
4. 全员劳动生产率（元/人）						
5. 人工成本占主营业务收入比率（%）						
6. 人工成本利润率（%）						

第六章 预算执行情况反馈和改进

建立健全预算反馈机制对于预算控制发挥其应有的职能具有极其重要的作用,灵活有效的预算反馈机制应该与企业的具体组织架构和预算执行方式相适应。

一、预算反馈改进机制设计

有效的预算执行反馈与改进机制至少包括四个重要维度:偏差度、责任部门、监督部门和时间限制。四者关系如图1-6-1所示。

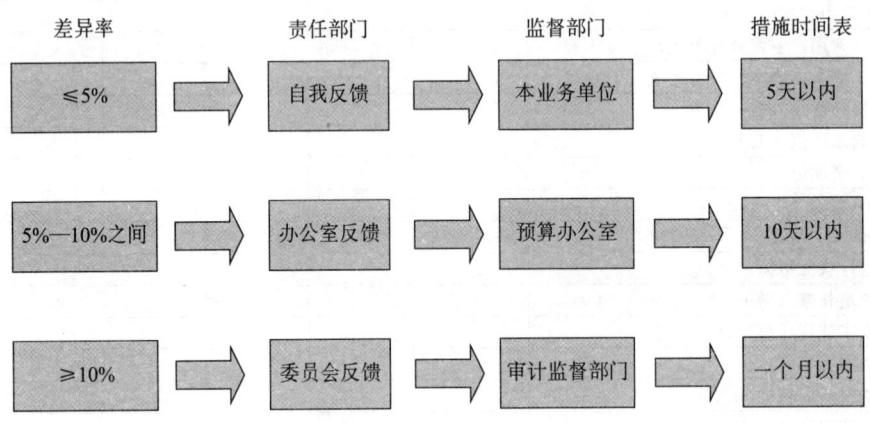

图1-6-1 反馈改进机制图

根据"80-20"原则,兼顾效率和效益的反馈和改进机制包括三个层次:实际与预算差异率在5%以内,属于一般差异,由责任业务单位在5天内自我分析并制定改进措施,及时执行,预算管理办公室对改进结果进行不定期抽查;差异在5%—10%区间,为较大差异,由预算管理办公室在10天内组织分析和制定差异修复措施,并监督责任业务部门落实措施;差异率超过10%的属于重大差异,预算办公室需在1个月内牵头分析差异并落实修复措施、报送预算委员会审批,预算委员会委托监督部门(如审计部门)对修复措施执行结果进行认定。

二、预算执行反馈改进一般流程

见图1-6-2。

三、预算执行反馈改进要点说明

预算执行反馈和监督机制最重要的是时间性,即必须按照规定时间反馈结果并制定分析改善计划,严格按照计划进行落实。第二重要的是复核和监督,必须要在机制里明确各种不同差异的复核和监督部门。改善报告应妥善存档,以利于下一预算循环的预算编制。

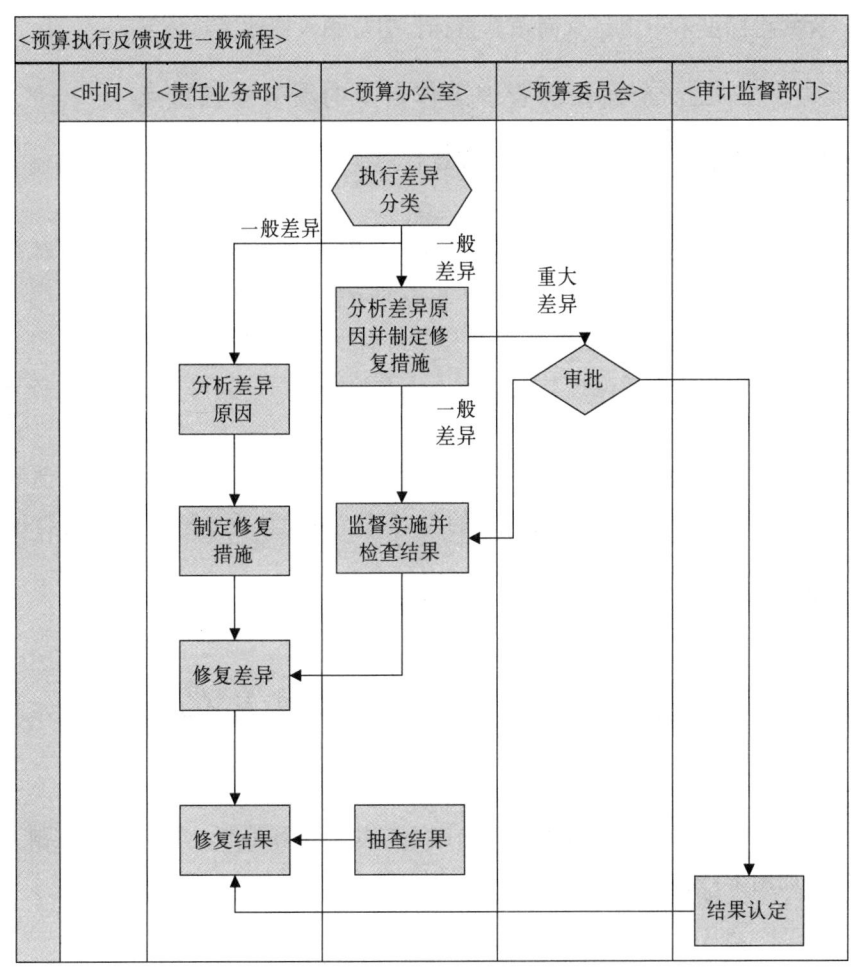

图 1-6-2 预算执行反馈流程图

第七章 预算执行结果评价和考核

一、预算指标必须作为绩效考核指标

鉴于全面预算指导战略落地的特性和在编制过程中反复平衡的工作机制,其绩效考核的终极目的和工作重点是一致的,这就决定了全面预算指标必须作为绩效考核指标,全面预算指标只有作为绩效考核指标才能够得到真正重视和执行,绩效考核只有依托于全面预算系统才能够真正发挥作用。

特别提醒的是,绩效考核体系不仅限于全面预算指标体系,全面预算重点关注的是与经济运营决策有关的业务活动,在此之外的重点业务工作体现并不充分,如骨干人员流失、职工稳定等,这些指标虽不一定是全面预算指标,但应纳入绩效考核体系。

二、全面预算管理工作自身的绩效考核重点

绩效考核体系中必须包括单独的全面预算管理模块,用以对全面预算的编制、执行和反馈进行督促。

1. 业务预算的编制质量。预算管理办公室应针对业务预算的编制质量和对全面预算体系的支持程度制定专门的实施细则,并设定相应的考核指标和考核值。

2. 预算调整幅度与频度。预算管理办公室应针对预算调整事务制定专门的考核细则,对于频繁调整预算,预算调整幅度较大,及本该在编制时预计到而未预计到业务导致预算调整的给予考核。

3. 预算执行反馈与改进的有效性。预算办公室应明确规定预算执行的反馈和改进的检查考核办法,考核指标应包括反馈与改进的及时性、可验证性、效果、分析与反馈资料存档等。

第八章 预算管理信息化

全面预算的信息系统的功能可以划分为四个模块:预算编制、预算执行控制、预算分析及预算管理,如图1-8-1所示。

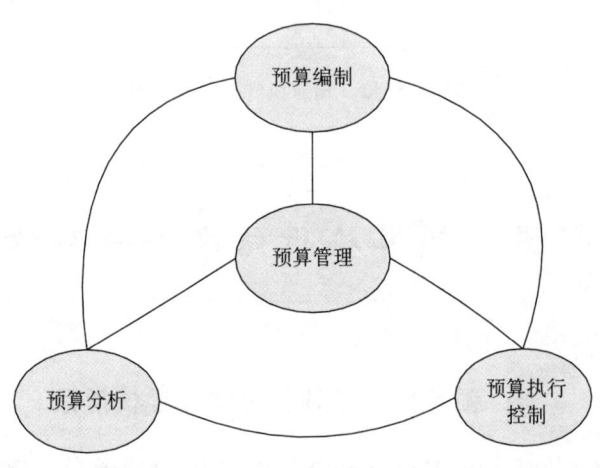

图1-8-1 预算信息系统功能图

全面预算信息系统至少应满足以下五个方面的要求:

1. 多维数据——多维预算的编制和分析。其本质上是从多个维度描述业务、财务数据,并进行分析的过程,其目的是满足快速变化的分析需求。

2. 灵活建模。即满足整个预算系统计算量大且计算公式经常变化的需求。

3. 高效协同。即业务部门间的沟通协调应快速准确。

4. 广泛接口。即能够很好地与核算、ERP、人力资源系统等接口，避免预算成为信息孤岛。

5. 在线监控。及对预算执行实施适时监控与反馈。

第二类

运营管理类

2 经 营 预 测

第一章 经营预测概述

一、经营预测体系

"凡事预则立,不预则废",市场经济中,企业若想立于不败之地,必须对企业现有的内部环境和外部环境有较好的把握,对未来将要发生的经济活动进行科学的预测。经营预测就是这样一种通过收集整理过去和现在发生的信息,通过一些科学的预测手段,对未来可能产生的经济效益以及发展趋势作出合理预判和推测的过程。其在企业的生产经营活动中起着至关重要的作用,是企业开展计划、预算、战略规划、产品定位、市场扩张、筹融资、新产品开发等经营活动的基础和依据。经营预测就像一盏明灯,引导企业顺利前行,规避风险,让企业常青不衰。世界一流大企业都非常重视经营预测工作,有着自己专门的经营预测团队,或是与麦肯锡咨询公司、波士顿咨询公司、国际联合咨询公司等著名的国际咨询公司进行长期战略合作。

(一)经营预测的原理

经营预测的科学性是基于经营活动的内在发展规律,对未来进行正确的分析、预见和判断。经营预测主要是基于以下原理:

1. 连续性原理,是指事物的发展具有一定的连续性,过去和现在事物中存在某种共同规律,这种规律表现在两方面:一是时间序列规律,事物自身在较长时间内所呈现的数量变化特征保持相对的稳定;二是因果关系规律,事物的发展变化受到相关要素影响控制。

2. 可测性原理,是指经济活动发展都有一定的必然性和偶然性,将偶然性因素从样本中剔除后,在对数据进行科学的归纳和敏锐判断基础上,发现事物的发展趋势具有可预见性。比如某期的半导体价格受到日本东部大地震影响价格迅猛上涨。

3. 相关性原理,指各种经济活动总是与某些驱动因素紧密相关,通过分析相互之间的关系,建立数学模型来分析事物变化规律。比如:通过回归分析模型预测产品价格走势与原材料价格变化的因果关系。

4. 类推原理，经济活动在构成和发展模式上往往存在某种相似性，可以根据已知的构成和发展模式类推出未来的变化规律。比如：通过对国外的电子信息发展历程可以类推国内信息化的未来趋势。

（二）经营预测的作用

经营预测的作用表现在企业内外部管理的方方面面，科学准确的经营预测为企业的各项经营管理工作提供重要的支撑作用，为企业的各项经营管理工作保驾护航。主要表现在：一是企业做出决策的依据和基础；二是企业提高竞争力的有力手段；三是企业进行科学管理的基础；四是企业全面预算、目标成本管理、平衡计分卡等管理手段基础。图2-1-1显示了经营预测在企业经营管理中的地位。

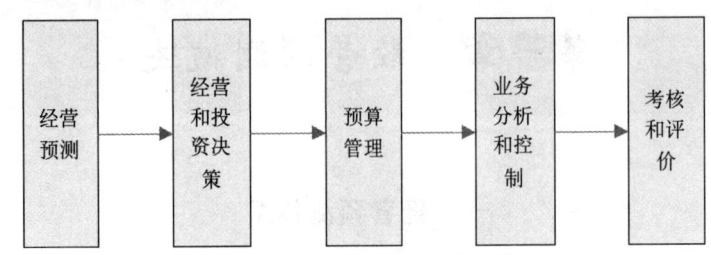

图2-1-1 经营预测在企业经营管理中的地位示意图

二、经营预测方法和步骤

（一）经营预测的方法体系

经营预测广泛吸收应用数学、管理科学、数理统计、信息科学等领域的成果，大致可分为定性预测法和定量预测法两大类，见图2-1-2。

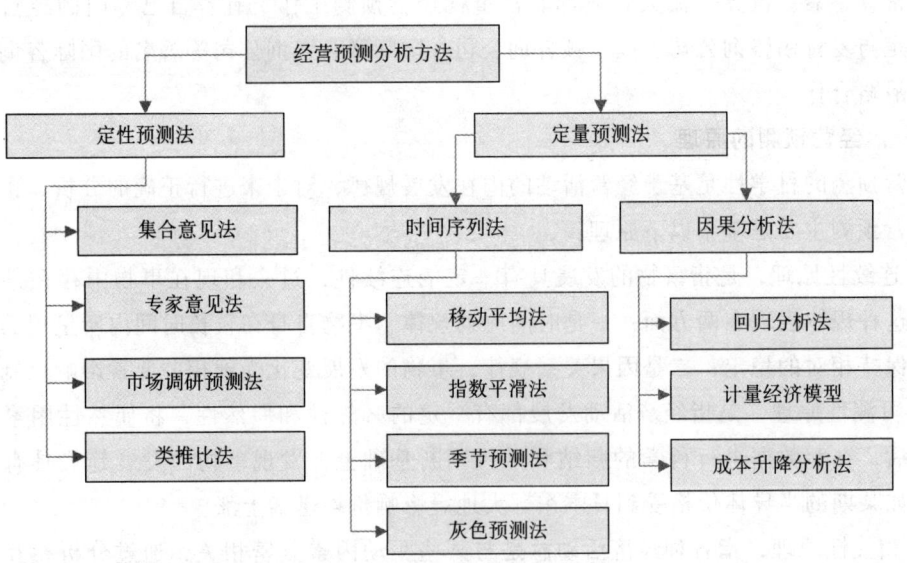

图2-1-2 经营预测方法分类示意图

定性预测法也称判断分析法，是一种直观的预测方法，主要是凭借预测人员的经验和判断分析能力得出预测结果。定量预测法又称数量分析法，主要是应用数学方法，对各种经济数据进行科学加工处理，建立数学模型得出预测结果。

在实际应用中，定量分析法比较精确，但无法顾及某些非计量因素，需运用定性分析法将其考虑进去，但定性分析法又受制于主观因素的影响，因此，两种分析方法不是完全独立，而是相辅相成、取长补短的。以上这些方法会结合市场预测、成本利润预测和资金预测详细介绍。

（二）经营预测的主要步骤

经营预测是一项系统性和复杂性很高的工作，应通过编制、审核和批准三级审批管理制度来保证预测结论的科学严谨性，一般的预测步骤如下：

1. 明确预测目标值。企业的预测目标一般是围绕市场、成本、利润和资金四项指标来进行的。指标要达到的目的确定了，下一步就是运用科学的方法进行预测。

2. 收集、整理和分析资料。预测目标确定后，要对搜集的有关技术、经济、市场的资料进行加工、整理、归集、鉴别、去粗取精，找出各因素之间的内在关系，从中找出事物发展的规律及趋势，作为预测的根据。

3. 选择预测方法。每一种预测方法起到的效果不同，所以对不同的对象和内容要采用不同的预测方法，充分发挥各种预测方法的作用。

4. 实施预测。根据收集整理的资料信息，选择科学的预测方法进行定性、定量的分析和判断，揭示事物的发展规律及变化趋势，得出切合实际的预测值，为企业经营决策提供可靠信息。

5. 检查、验证。将实际值与预测值进行比对，验证预测的结果是否科学、准确，找出偏差的具体原因，并及时修正原选定的预测方法。对预测的信息数据多次进行反复的验证，以便得出正确的预测结果。

6. 根据企业战略目标修正预测结果。经营预测要与企业的战略目标相结合，找出战略目标与预测之间的差距，实现战略目标的可能性和努力的方向，制定相应的措施，指导企业经营管理。

7. 提供预测结论报告。向企业领导提供包括预测目标、预测过程、修正补充过程、经营目标和措施计划等内容的经营预测报告。

经营预测流程见图 2-1-3。

三、集团公司经营预测环境和基础条件

（一）目前集团公司各成员单位经营预测开展情况

社会上很多企业或多或少开展了一些经营预测工作，主要表现在进行年度预算、项目投资或其他情况下进行过市场、成本、利润和资金的预测分析，但是在实际运用中经营预测存在以下问题：

一是预测的广度和深度不够，预测的逻辑性不够严谨，主观性随意性较强，生搬硬套指标情况普遍，预测结果缺乏说服力，对企业的生产经营工作指导性不够。

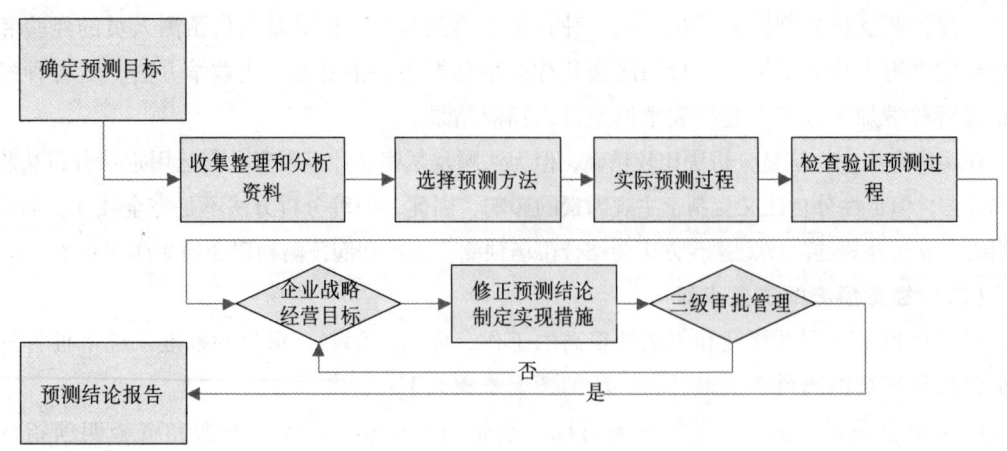

图 2-1-3　经营预测流程示意图

二是企业对经营预测工作不够重视，没有建立长效机制，职责不明确，往往是以领导拍脑袋来代替科学的预测或是以简单的数据和表格敷衍了事，没有形成依据充分、逻辑严密、具有说服力和指导价值的专门预测报告。

三是各相关业务口缺乏专门经营预测人才，不熟悉预测方法，不会运用科学的预测工具，需要加强培训和学习。

（二）目前集团成员单位实施经营预测运用的基础条件基本具备

一是各成员单位的基础管理水平在不断提升，内部数据的统计、收集基本建立。

二是各成员单位的信息化工作得到有效推进，财务信息化已经基本完成，大部分单位都在进行或已经完成 ERP 体系建设，实现财务、业务信息一体化管理。

三是成员单位具备一定的人才储备或者具备引入相应专业人才的能力。

四是成员单位具备设置经营预测机构和责任职能的条件。

第二章　市场预测

市场预测是指在未来特定时间内，对全部产品或特定产品销售数量与销售金额的估计，是在充分考虑未来各种影响因素基础上，经过问卷调查、客户走访、行业研究报告等搜集数据过程，结合本企业的销售业绩，通过一定的预测分析方法提出切实的销售目标，并就为了完成销售目标制定可行的工作措施和工作目标。

一、市场预测工作机制和流程

（一）市场预测工作机制

1. 市场预测的组织保障。市场预测要在分管经营副总经理的领导下，由市场部门牵头，组织技术和质量等相关部门，在市场调查的基础上对企业未来销售数量和价格进行预测，市场部门应建立市场预测机制和流程,设立专门职责负责市场预测相关事项,设立编制、审核、批准三级审查管理制度,确保预测的严谨性和准确性。

2. 市场预测的时间要求。企业制定战略规划时应对中长期市场进行预测;企业在进行年度预算时应对预算年度进行市场预测;企业在进行月度生产计划编制时应进行T+3(未来三期)市场预测;企业在进行重大投资活动时须进行市场预测;企业认为有必要的其他情况下,也应进行市场预测。

(二)市场预测的工作流程

市场预测的工作流程见图2-2-1。

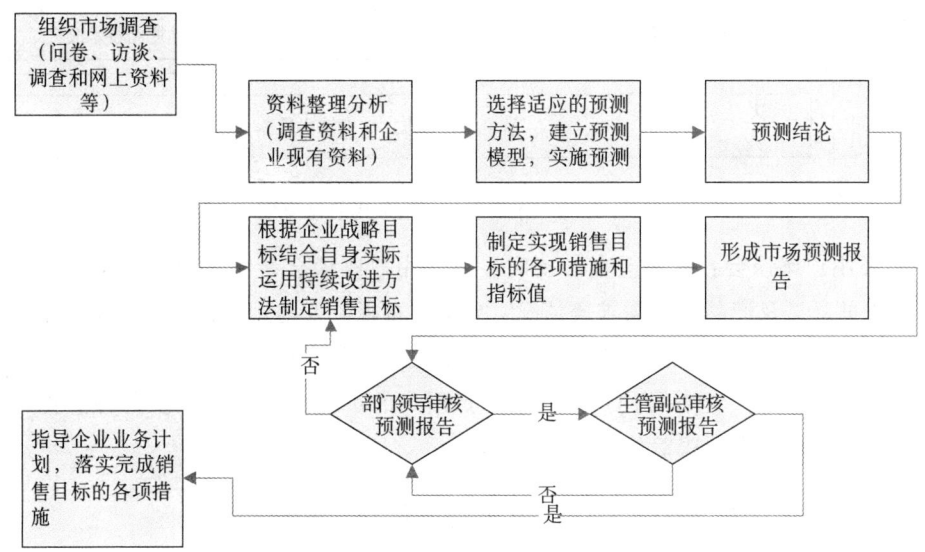

图2-2-1 市场预测流程示意图

二、市 场 调 查

市场调查是销售预测的前提和基础,通过市场调查可以获取产品销量和价格变化趋势等第一手资料。市场调查应在市场部门的统一组织下,以销售人员为主,由质量、技术等人员共同参与,企业进行市场调查的内容和方法见图2-2-2。

调查的方法:

1. 抽样调查:征询各类型用户对本企业产品的质量、性能以及售后服务等各方面的意见,根据调查资料形成抽样调查书面分析报告。

2. 用户访问:企业主管领导、研发设计人员、销售人员每年至少需对用户进行一次访问,填写用户访问登记表同时形成书面调查汇报。

3. 征询用户意见:销售人员应利用与用户接触的各种机会,比如订货会等,广泛征询用户意见,形成书面汇报资料。

4. 整理、反馈问题:日常工作中要做好用户来函来电反映的各种问题,对其进行分类整理,及时反馈需要处理的问题。

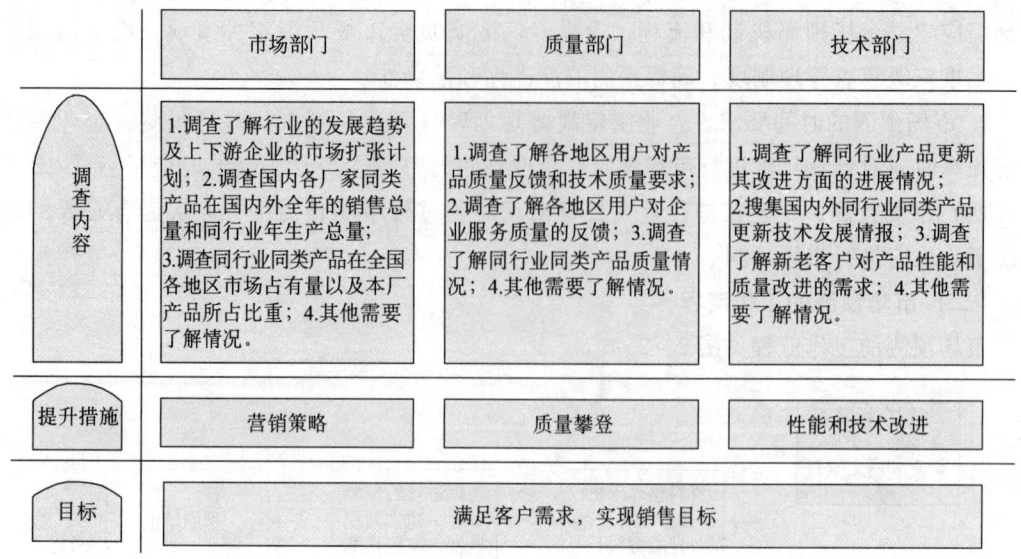

图 2-2-2 市场调查方法和内容示意图

5. 召开用户座谈会：企业应在必要时，召开用户座谈会，尤其要关注重点用户，对用户反映的质量意见及产品性能需求等情况，要加以重视。要与用户共同交流市场信息，进一步巩固供需关系，形成互赢合作伙伴，不断增加企业产品市场竞争力。

6. 建立用户档案：把各种用户尤其是重点用户的市场需求变化以及各种意见与要求记录在案，归集存档，以便跟踪处理解决。

三、市场预测方法和过程

在市场调查和企业历史销售数据的基础上，预测人员要对数据进行整理分析，找出数据之间的内在规律，运用不同的预测方法对未来市场变化作出科学的估计和判断。市场预测方法有定性分析法与定量分析法两种，可见图 2-2-3。企业应根据实际情况选择适合的预测方法。

（一）判断分析法

判断分析法是指销售人员根据经验判断进行估计，然后由销售主管人员进行汇总、整理、分析，得出企业整体销售量预测值的一种方法。进行判断分析法时要注重自下而上的预测和自上而下的预测相结合，要充分听取销售人员的意见，更要注重企业的销售目标的实现。这方法适用于不便直接向客户调查的公司，对于近期的预测效果较好，时间越长预测效果越差。

影响市场预测的因素很多，彼此之间的关系也很复杂，应对它们进行仔细分析，综合考虑它们的影响。预测人员在自身的经验和知识的基础上要考虑以下外部和内部因素。外部因素如：(1) 当前市场的状况；(2) 企业过去的销售业绩；(3) 经济发展趋势；(4) 竞争对手情况；(5) 客户的变化；(6) 一般商业环境与市场的变化等。内部的因素有：(1) 产品的价格；(2) 产品的功能和质量；(3) 企业提供的配套服务；(4) 企业的生产能力；(5) 各

	方法	基本原理	预测期限范围	优点	缺点
定性分析法	判断分析法	将企业内部经营管理、销售业务人员的意见量化，通过预测概率和权重得出预测结果	近中期，近期预测效果较好	方法简单易用，在市场受到政策影响时可能较好地预测	主观人为性强，要求销售人员经验丰富，权重不好把握
	调查分析法	依据调查数据判断后得出预测结果	短近中期，短近期效果较好	直观实用，调查对象目标性强，适合于工业企业预测	调查数据不一定准确，受制于商业秘密，需要主观判断。
	类推预测法	由已知情况推出类比对象的发展规律。	中长期，长期效果较好	简单适用，操作性强	没有考虑不同的市场环境下的消费者喜好
定量分析法	时间序列分析法	根据市场的周期性规律来预测季节的市场变化	近中期，中期效果较好	预测精确，逻辑性强，与定性预测法结合，效果好	时间规律不好把握，数据分析难度大
	因果预测分析法	研究两个或两个以上变量间的相关关系，通过回归模型进行预测	近中长期，效果较好	预测精确，逻辑性强，与定性预测法结合，效果好	相关因素不好把握，数据分析难度大

图 2-2-3 市场预测方法比较

种营销手段的应用；（6）推销的方法等。

【例】某公司需对某地区的销售情况进行预测，本地区有一位销售经理和两位销售代表，他们就自己了解的情况，分别进行了销售预测，具体数据见表 2-2-1。

表 2-2-1　　　　　　　　　销 售 预 测 表

预测数	最高		最可能		最低		期望值	
	销售量（百件）	概率	销售量（百件）	概率	销售量（百件）	概率	销售量（百件）	权数
甲销售代表	600	0.2	500	0.6	400	0.2	500	1
乙销售代表	550	0.2	450	0.5	350	0.3	440	1
销售经理	500	0.3	450	0.5	300	0.2	435	2
综合预测销售量（百件）							452.5	

（二）调查分析法

通过对有代表性顾客消费意向的调查，了解市场需求的变化趋势，是进行市场预测的一种方法。这种方法直接面向客户了解市场需求具有较强的针对性，短近期预测效果较好。

调查分析法是根据二手资料数据（指常见于报纸、行业期刊和互联网上的经济统计年鉴、行业发展研究、细分行业研究和竞争对手市场份额等二手研究分析资料）和市场抽样调查数据（通常有实地调查法、问卷调查法、电话调查法和小组访谈法等），在分析研究的基础上预测判断销售份额。

【例】某销售员调查所管片区内的客户预计销量表（表2-2-2）。

表2-2-2　　　　　　　　　　　销售员

类型	客户名称	产品名称	上期订货量	预计订货量	订货概率（%）	订货量
			1	2	3	4=2×3
现有客户	客户一					
	…					
潜在客户	客户一					
	…					
合计						

【例】某公司是一家摩托车生产企业，根据某地区调查资料可测算出市场潜量和该公司销售量（见表2-2-3）。

表2-2-3

家庭组别	家庭户数	每户年均购买额（元，按市场调查结果）	市场潜力（万元）	本公司市场占有份额	本公司销售潜量（万元）
年收入10万元以下	80000	100	800	30%	240
年收入10万元至20万元	20000	200	400	20%	80
年收入20万元至30万元	5000	300	150	20%	30
年收入30万元以上	1000	400	40	10%	4
小计	106000		1390		354

（三）类推预测法

在缺乏预测对象资料的情况下，可以通过寻找类似事物，利用类似事物的发展变化规律来研究对象未来的状态。

类比法的主要形式有：点类推到面、局部类推整体、类似产品类推新产品、相似国外市场类推国内市场等。企业在开拓新产品市场时一般运用类推法，主要预测潜在的市场购买力和需求量等，适用于中长期预测。

【例】彩色电视机与黑白电视机的功能相似，因此可以根据黑白电视机的市场发展过程类推彩色电视机的市场需求变化趋势。如"萌芽——成长——成熟——衰退"的生命周期研究。据调查，黑白电视机在5%以下家庭使用时，处在萌芽期；在15%以下家庭使用时，处在成长期；在30%以下家庭使用时，就进入成熟期；在70%以下家庭使用时，就进入衰退期。通过黑白电视机的生命周期可以预测彩色电视机、家用计算机和笔记本电脑等的市场需求预测。

(四) 时间序列分析预测法

根据企业历史时间发生的一系列销售数据，按时间先后顺序排列，运用相应的数学方法，找出销售数列随时间发展呈现出的变化趋势，据此推断其未来发展趋势。影响时间序列的因素主要有以下四类：长期趋势、季节变动趋势、循环变动和不规则变动。

对于季节性变动趋势，一般是农产品的变动大于工业品，消费品大于生产资料，非耐用消费品大于耐用消费品。下面就季节变动趋势举例如下：

【例】某公司 2001—2002 年的某产品销量如表 2-2-4 所示。预测 2003 年各月的销量。

表 2-2-4

时序 (t)	时间 (2001 年每月)	销售量 (Y_t)	时序 (t)	时间 (2002 年每月)	销售量 (Y_t)
1	1	121	13	1	116
2	2	118	14	2	118
3	3	115	15	3	99
4	4	100	16	4	93
5	5	94	17	5	76
6	6	82	18	6	77
7	7	74	19	7	71
8	8	77	20	8	69
9	9	80	21	9	62
10	10	79	22	10	72
11	11	88	23	11	72
12	12	97	24	12	90

确定预测模型，散点描绘图（见图 2-2-4）。

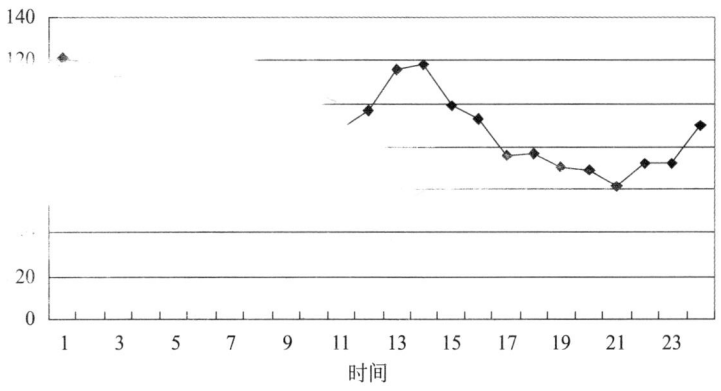

图 2-2-4 季节预测散点图

从散点描绘图可以看出，该产品销量呈下降趋势，且有明显的季节变动，上半年是销量下降，至 7 月份见底，下半年销量逐月增加。时序的波动幅度变化不大，可以考虑建季度型叠加趋势模型。

F（销量） = a + b × T（时序） + d_t（季节增加）

第一步通过经验法得出直线趋势方程：

F（销量） = a + b × T（时序）

$\overline{F}_1$（2001年平均销量） = $\sum Y_1 \div 12 = 93.83$

$\overline{F}_2$（2002年平均销量） = $\sum Y_2 \div 12 = 84.58$

则 b = $(\overline{F}_2 - \overline{F}_1) \div (24 - 12)$ = -0.77

a = 93.83 - 6.5 × (-0.77) = 98.83（注：6.5为93.83的时间序）

则时序的趋势直线方程为：F = 98.83 - 0.77 × T

第二步确定季节增量 d_t，见表2-2-5。

表2-2-5

时序 (t)	时间 (2001年每月)	销售量 (Y_1)	F_1 = 98.83 - 0.77 × T	d_1 = $Y_1 - F_1$	时序 (t)	时间 (2002年每月)	销售量 (Y_2)	F_2 = 98.83 - 0.77 × T	d_2 = $Y_2 - F_2$	d_t = (d_1 + d_2) ÷ 2
1	1	121	98.06	22.94	13	1	116	88.82	27.18	25.06
2	2	118	97.29	20.71	14	2	118	88.05	29.95	25.33
3	3	115	96.52	18.48	15	3	99	87.28	11.72	15.1
4	4	100	95.75	4.25	16	4	93	86.51	6.49	5.37
5	5	94	94.98	-0.98	17	5	76	85.74	-9.74	-5.36
6	6	82	94.21	-12.21	18	6	77	84.97	-7.97	-10.09
7	7	74	93.44	-19.44	19	7	71	84.2	-13.2	-16.32
8	8	77	92.67	-15.67	20	8	69	83.43	-14.43	-15.05
9	9	80	91.9	-11.9	21	9	62	82.66	-20.66	-16.28
10	10	79	91.13	-12.13	22	10	72	81.89	-9.89	-11.01
11	11	88	90.36	-2.36	23	11	72	81.12	-9.12	-5.74
12	12	97	89.59	7.41	24	12	90	80.35	9.65	8.53

第三步预测2003年各月销售量，见表2-2-6。

表2-2-6

时序 (t)	时间 (2003年每月)	F_3 = 98.83 - 0.77 × T	d_t	预测销售量 y = F_3 + d_t
25	1	79.58	25.06	104.64
26	2	78.81	25.33	104.14
27	3	78.04	15.1	93.14
28	4	77.27	5.37	82.64
29	5	76.5	-5.36	71.14
30	6	75.73	-10.09	65.64
31	7	74.96	-16.32	58.64

续表

时序（t）	时间（2003年每月）	$F_3 = 98.83 - 0.77 \times T$	d_t	预测销售量 $y = F_3 + d_t$
32	8	74.19	-15.05	59.14
33	9	73.42	-16.28	57.14
34	10	72.65	-11.01	61.64
35	11	71.88	-5.74	66.14
36	12	71.11	8.53	79.64

（五）因果预测分析预测法

影响产品销售的因素很多，在诸多因素中，有的因素对产品销售起着决定性的作用，有的因素与产品销售存在某种函数关系，如果找出与产品销售相关的因素，即因变量与自变量之间的函数关系，就可以根据这种函数关系预测产品的销售量。因果预测分析法中最常用的是回归分析法。回归分析可以根据因变量和自变量的个数分为一元回归分析和多元回归分析，多元回归分析模型如下：

$$Y = a + b \times X_1 + c \times X_2 + d \times X_3 + \cdots$$

下面通过 EXCEL 模型对一元回归分析举例。

【例】 某公司历年的销售宣传费用与销售量的统计资料如表 2-2-7 所示。

表 2-2-7

年份	2002	2003	2004	2005	2006	2007	2008	2009	2010	2011
销售宣传费用（百万元）	2.8	2.9	3.2	3.2	3.4	3.2	3.3	3.7	3.9	4.2
销售量（万台）	25	27	29	32	34	36	35	39	42	45

销售宣传费用与销售量关系如图 2-2-5 所示。

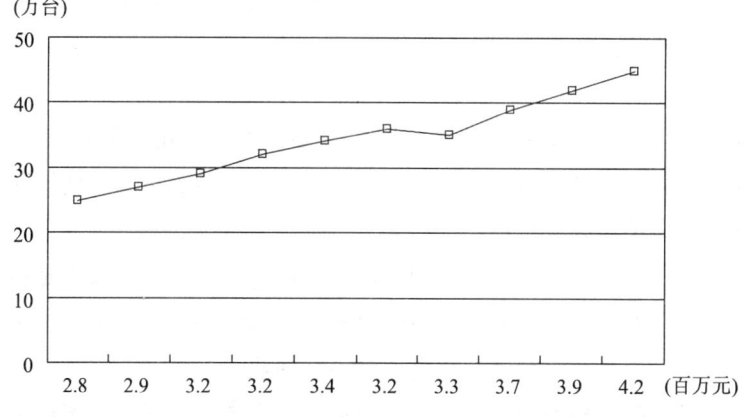

图 2-2-5　销量与宣传费关系散点图

销售量的增长与销售宣传费用之间存在着因果关系，通过图 2-2-5 可以看出，两者间可以通过一元线性回归建立函数模型来预测 2012 年的销售量的情况。

$$Y = a + b \cdot X$$

Y 为销量，X 为销售宣传费用，a 为直线在 Y 轴上的截距，b 为直线的斜率。

我们可以通过 EXCEL 表进行回归分析计算，见图 2-2-6。

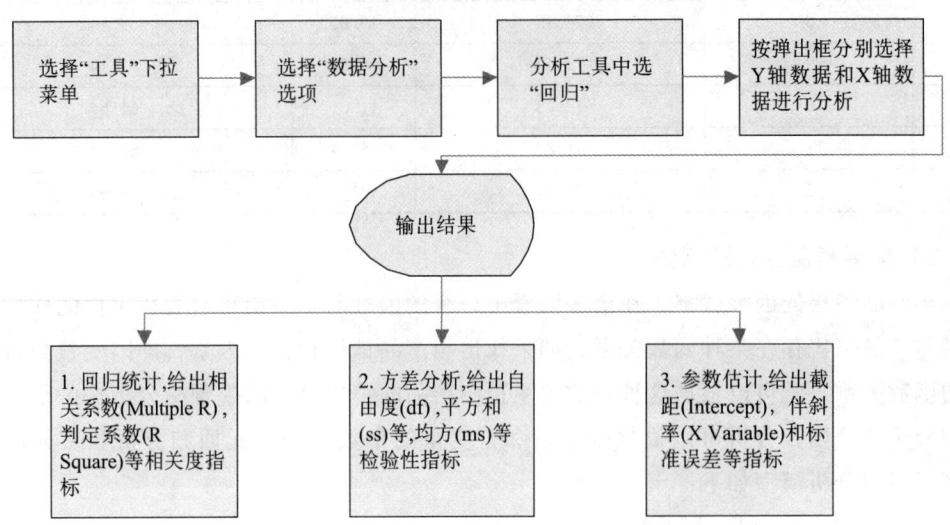

图 2-2-6　EXCEL 中回归分析步骤示意图

相关度指标 R 表示自变量 X 和因变量 Y 因果线性相关的程度，当 R 绝对值越接近 1 时表示线性相关程度越大，标准误差表示截距和斜率的相对误差值范围。

按上述计算得出市场预测模型函数如下：

$Y = -13.227272 + 14.090909 \cdot X$

R 为 0.956517276，表示销售宣传费和销售量之间的线性相关程度很高。

多元线性回归分析也可以按照上述方法得出模型函数，在运用回归分析时要注意：一是分析前绘制图形，查看是否具有线性关系及是否存在异常数据；二是回归分析假设因变量与一个或多个自变量之间存在线性关系；三是回归分析预测时，自变量尽量不要超出先前确立回归线性分析所使用的数据搜集范围。

6. 产品价格的预测

产品价格预测有很多的不确定性，影响因素较多，可以运用各种定性和定量的预测方法，充分考虑到产品成本、市场需求和竞争优势，综合企业的资金和利润情况等进行合理的估计。在具体预测时要关注以下事项：

一是产品定价的底限不能低于产品的变动成本加税金。产品变动成本是指生产产品直接消耗的各种付现生产资源，不含企业的各项固定费用，若价格低于变动成本则产品非但不能为企业提供边际贡献，而且产品自身的现金流都不能回收。

二是成本推动对产品价格预测的影响，在产业链的上游原材料价格普遍上涨或用工成本上升等情况下，行业的成本上升、价格上涨也能让客户所接受。

三是客户价值法价格策略，企业产品在客户眼中与同类产品的价值比较，比如：质量、品牌、性能和服务等，决定着客户愿意以什么价格购买企业的产品。一般企业应紧跟行业同类的先进产品确定自身产品的价格定位。

四是产品价格要与企业的资本实力相结合。在进行价格预测时要充分考虑到企业的战略目标和资金流的相互兼顾,当市场环境恶化、销售不景气时,资本实力弱的企业抗风险能力差,进行价格预测时应着重考虑企业的资金流安全。

四、销售目标与市场预测

企业的销售目标要在市场预测的基础上,结合战略目标综合考虑制定,销售目标应高于市场预测值。在确定销售目标时要制定销售保障措施,主要从内、外部考虑以下方面。

从内部来说,一是提升企业产品质量和服务,针对市场调查客户反映的产品质量和服务问题按照"二八"原则,布置质量和服务改进计划和目标;二是产品性能的提升,针对市场调查客户反映的产品性能改进意见,由技术和研发部门制订相关的目标和措施;三是根据销售目标生产管理部门要进行合理的生产组织安排,满足市场的供应以及其他方面。

从外部来看,一是要加强促销,通过广告、宣传、走访等方式增强客户的影响力和认同度;二是积极挖掘潜在客户或开发新客户拓展销售市场;三是关注大客户,点对点沟通服务,不断扩大业务量以及其他方面。

五、市场预测报告

市场预测报告一般由题目、目录、正文、附件等组成。

1. 题目。一般是把市场预测的单位、时间、内容、编制、审核和批准等简明信息列示于报告的封面。

2. 目录。提交的市场预测报告内容较多,需要有一个目录能明晰地显示整篇报告的结构,如:

一、市场预测的范围和组织实施 …………………………………………………( )页
二、行业市场变化的主要影响因素分析 …………………………………………( )页
三、企业 SWOT(内部优势和劣势,外部机遇和威胁)…………………………( )页
四、市场预测数据的搜集和预测模型的选择 ……………………………………( )页
五、预测过程和综合分析 …………………………………………………………( )页
六、预测结论和销售目标 …………………………………………………………( )页
七、完成销售目标的建议和工作目标 ……………………………………………( )页
八、附件 ……………………………………………………………………………( )页

3. 正文。按照目录内容要求完成销售预测报告,正文要求简明扼要,逻辑严谨,数据准确,实事求是,尽量用表格和图表呈现。正文需要关注的要点是:市场预测要和销售目标相结合,找出市场预测和销售目标之间的差距,分析存在差距的原因,找出提升市场的关键点。报告中完成销售目标的建议要从产品质量提升、产品性能改善和营销策略制订等方面着手,使企业生产经营真正以销售为龙头,服务于客户的需求,实现既定的销售目标。

市场预测要具体到客户和产品,如表 2-2-8 所示的例子。

表 2－2－8　　　××××年××月至××××年××＋3 月销售目标表

片区名称	客户名称	产品 1						...						合计		
		销量			单价			销量			单价					
时间 T＋2		t	t＋1	t＋2	t	t＋1	t＋2	t	t＋1	t＋2	t	t＋1	t＋2	t	t＋1	t＋2
华东	客户 1															
	客户 2				-											
	...															
华北	客户 1															
	客户 2															
	...															
...	...															
合计																

4. 附件。主要是指正文没有提及，但又与正文相关必须说明的部分，它是对正文进行的详细补充。

第三章　成本利润预测

成本利润预测是指在市场预测的基础上运用一定的科学方法，对未来成本水平和利润变化趋势作出科学的估计。进行成本利润预测，有助于提高决策的准确性，使经营管理者易于选择最优方案，作出正确决策。成本利润预测为降低产品成本和增加利润空间指明了方向和奋斗目标。

一、成本利润预测工作机制和流程

（一）成本利润预测的工作机制

1. 成本利润预测的组织保障。成本利润预测要在总会计师的指导下，由财务部门牵头，组织市场、生产和技术等相关部门对企业未来一段时期内的成本利润变动趋势进行预测。财务部门要建立预测的工作机制，设立预测责任岗位，通过编制、审核和批准三级审批制度来确保预测结果的严谨和准确。

2. 成本利润预测的时间要求。企业战略规划时应对中长期成本利润进行预测；企业在进行年度预算时应对预算年度进行成本利润预测；在编制滚动预算时要进行成本利润预测；当企业生产经营发生重大波动时要进行成本利润预测（非季节性波动超过 20%）；企业认为有必要进行成本利润预测的其他时点。

（二）成本利润预测的工作流程

见图 2－3－1。

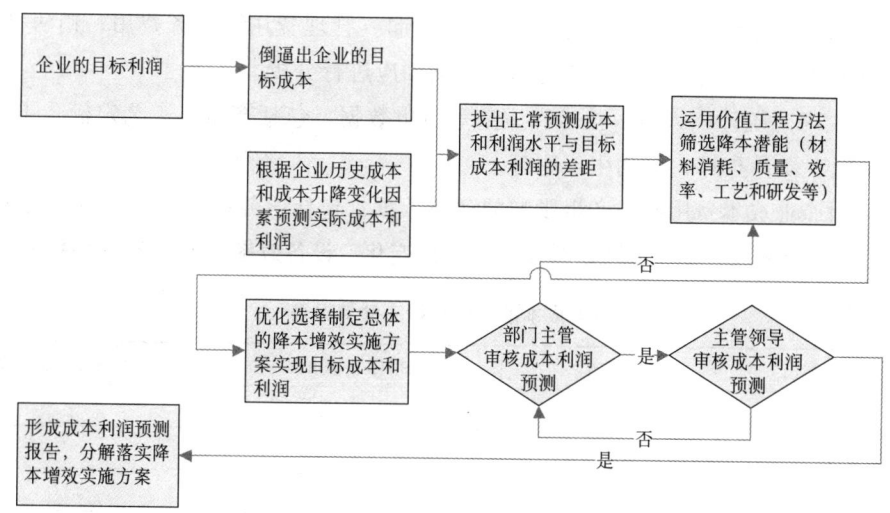

图 2-3-1 成本利润预测流程示意图

二、成本利润预测数据搜集

要做好成本利润预测工作，历史财务数据的搜集和成本动因的分析工作非常重要。可由财务部门牵头，组织生产、技术、质量和人劳等部门对以下数据进行整理和归集。

1. 对历年的成本数据进行整理。见表 2-3-1。

表 2-3-1

序号	成本费用项目			产品1						产品…					
				××年度			…年度			××年度			…年度		
				产量：			产量：			产量：			产量：		
				总成本	单位成本		总成本	单位成本		总成本	单位成本		总成本	单位成本	
					固定成本	变动成本		固定成本	变动成本		固定成本	变动成本		固定成本	变动成本
1	直接材料成本														
其中	材料名称	单位消耗	单价	—	—	—	—	—	—	—	—	—	—	—	—
	材料1				—	—		—	—		—	—		—	—
	…														
2	燃料动力														
其中	材料名称	单位消耗	单价	—	—	—	—	—	—	—	—	—	—	—	—
	电				—	—		—	—		—	—		—	—
	…														
3	直接酬薪														
4	专用费用														
5	废品损失														
6	制造费用														
7	合计														

2. 财务历史数据的搜集整理,包括收入、利润、管理费用、财务费用、销售费用、研究开发费和税金等。并对影响费用变化的成本动因应进行分析。

3. 整理生产、统计、人劳、技术和质量等历史数据,包括产量、工艺定额、工时定额、能源消耗定额、质量指标,劳动生产率等。

4. 整理对企业成本费用变动产生影响的各类数据,包括:劳动生产提高率、采购价格上涨率、动力费用上涨额、职工薪酬增长率、利率的变化、设备效率的提升等,见表2-3-2。

表2-3-2　　　　　　　　影响成本的部门指标变动情况表

序号	部门	指标	同比指标变动情况	变动情况简要说明
1	生产部门	产量		
2		低值易耗消耗		
3		工装模具效能		
4	技术部门	工艺流程		
		工艺定额		
5	质量部门	质量指标		
6	采购部门	材料价格		
7	设备管理部门	设备效率		
8		设备维护成本		
9		设备能耗		
10	劳资部门	劳动效率		
11		人工成本		
12		工时定额		
13	能源管理部门	能源价格		
14		节能减排		
15	财务部门	利率		
16		借款规模		
17	销售部门	运输单价		
18	各业务部门	部门经费		

三、成本利润预测方法

预测成本利润时,要对搜集到的各项数据进行成本性态划分,并结合目标成本法、本量利分析法和成本升降变化预测等方法来预测未来的成本和利润。

(一) 目标成本法

目标成本法是一种以市场为导向 (Market-driven),对有独立制造过程的产品进行利润计划和成本管理的方法。目标成本法是在测定目标利润的基础上,运用倒算来测定目标成本和费用。

生产单一产品下的产品目标成本 = 预计销售收入 - 应缴税金 - 目标利润

生产多品种条件下的全部产品目标成本 = Σ预计销售收入 - Σ应缴税金 - 总体目标利润

【例】某公司生产甲产品,假定产销平衡,预计甲产品的销售量为5000件,单价为600元(不含税),同行业先进的销售利润率为20%。则要求预测该企业的目标成本如下:

目标利润 = 5000 × 600 × 20% = 600000(元)

目标成本 = 5000 × 600 - 600000 = 2400000(元)

如果该公司在生产甲产品的同时还生产乙产品,预计乙产品的销售量为3000件,单价为400元(不含税),同行业先进的销售利润率15%,在这种情况下预测企业总体的目标成本如下:

总体的目标利润 = 5000 × 600 × 20% + 3000 × 400 × 15% = 780000(元)

总体的目标成本 = 4200000 - 780000 = 3420000(元)

确定总体目标成本后,公司需要通过价值链分析工具和作业基础管理将目标成本进行分解到各分厂(车间)、工序和班组,制订目标成本考核,通过轻罚重奖来确保目标成本的责任落实到位。

(二)成本性态的划分

企业成本性态也称成本习性,就是对成本的变动与业务量之间的依存关系进行分析,通常划分为固定成本、变动成本。固定成本是指发生额在相关业务量范围内不直接受业务量水平的影响,在一定期间内发生的成本总额固定不变。变动成本是指在特定的业务量范围内,其总额会随业务量的变动而变动的成本。成本性态划分可以分为直接法和回归分析法。

1. 直接法就是对每一个成本动因进行固定和变动的区分,如表2-3-3例示。

表2-3-3

序号	成本费用项目		产品1			…			合计
			产量			产量			
			成本费用总额		单位变动成本	成本费用总额		单位变动成本	
			固定成本	变动成本		固定成本	变动成本		
1	制造成本	直接材料							
2		直接职工薪酬							
3		燃料动力							
4		其中:水电气							
5		燃油							
6		…							
7		专用工装							
8		废品损失							
9		制造费用							
10		其中:职工薪酬							
11		办公							
12		机物料消耗							
13		折旧							
14		…							

续表

序号	成本费用项目		产品1			...			合计
			产量			产量			
			成本费用总额		单位变动成本	成本费用总额		单位变动成本	
			固定成本	变动成本		固定成本	变动成本		
15	管理费用								
16		其中：职工薪酬							
17		办公							
18		税金							
19		保险							
20		…							
21	期间费用	财务费用							
22		其中：利息支出							
23		手续费							
24		…							
25		销售费用							
26		其中：差旅费							
27		宣传费							
28		运输费							
29	合计								

2. 使用回归分析法可以将成本性态划分为变动成本和固定成本。运用回归分析法可以将单位成本、人工成本、燃料动力费用、销售费用及小时维修费等项目的成本性态进行分析和预测。

【例】某公司上半年的A产品成本和产量如表2-3-4及图2-3-2。

表2-3-4

月份	1月	2月	3月	4月	5月	6月
成本（万元）	1600	1700	1500	1300	1750	1200
产量（台）	1000	1100	900	800	1200	700

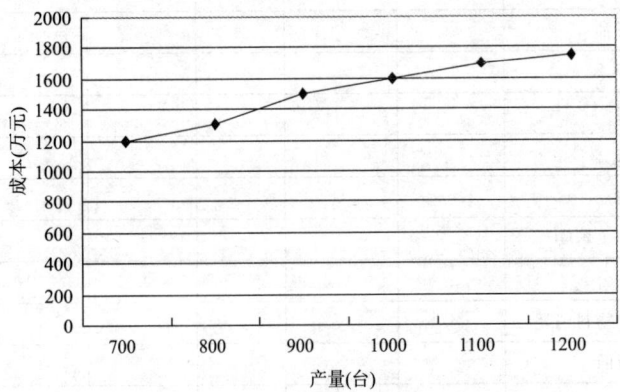

图2-3-2 成本产量关系散点示图

通过前例的 EXCEL 分析可以得出模型函数如下：

$Y = 409.047619 + 1.157142857 \cdot X$

R 为 0.983837921，表示销售宣传费和销售量之间的线性相关程度很高。

通过上述模型，在成本动因假设不变的情况下可以进行不同的产量下成本预测。

（三）本量利分析法

本量利分析是成本、业务量和利润三者依存关系分析的简称，它是指在成本习性分析的基础上，运用数学模型和图式，对成本、利润、业务量与单价等因素之间的依存关系进行具体的分析，研究其变动的规律性，可以用来预测企业在保证目标利润实现时的保利变动成本、保利固定成本和保利销量。

本量利公式如下：

利润 = 销量 × 销售单价 − 销量 × 单位变动成本 − 固定成本

【例】接上例，假设 A 产品当前销量为 1100 台，售价 2 万元/台（不含税），到下半年售价下跌至 1.95 万元/台（不含税），要保持原来的利润，固定成本、变动成本和销量上应如何进行成本预测？

一是减少固定成本开支：$1100 \times (2 - 1.95) = 55$（万元）；

降低固定成本可以通过减少辅助生产工人、控制公用燃动费开支、降低非生产用机物料消耗和减少设备的维修成本等方式实现。

二是减少变动成本支出：

单位变动成本的期望降低值 = 销售单价降低额 = $2 - 1.95 = 0.05$（万元/台）

变动成本的降低可以由将降价损失转嫁到材料供应商、改进工艺降低材料消耗、加强考核减少材料浪费和再利用、提高生产效率降低人工成本、通过环保节能降低燃动费、提高质量减少废品损失等方式实现。

三是增加销量弥补降价损失：

降价前利润 = $(2 - 1.157142857) \times 1100 - 409.047619$
　　　　　　= 518.0952383（万元）

降价后销量 = $(518.0952383 + 409.047619) \div (1.95 - 1.157142857)$
　　　　　　= 1169.369369（台）

即增加销量 70 台可以弥补降价损失。

（四）成本升降分析预测法

成本升降分析预测法是根据历史的成本要素占总成本的比例和各成本要素的增加或减少的百分比来计算总成本变化的一种成本分析预测方法。

【例】某公司某产品上年历史成本构成和本年成本升降变化如表 2 − 3 − 5 所示。

（五）不可比产品成本预测法：

不可比产品是指以前年度没有正式生产或以前年度仅有小批量试制的产品。不可比产品可以按定额计算分析法和类推比法来进行成本预测。可以根据技术、劳资和质量等部门提供的材料消耗定额、工时定额和质量指标等对不可比产品的部分成本项目进行预测计算，可以

表 2-3-5

成本项目	材料成本			人工成本			燃料动力	废品损失	制造费用	成本合计
	材料消耗	材料单价	材料成本	数量	计件工资	人工成本				
单位	公斤	元/公斤	元	件	元/件	元	元	元	元	元
上年单位成本	2.5	3	7.5	1	4.8	4.8	2.4	1.5	2.9	19.1
成本项目占比			39.30%			25.10%	12.60%	7.90%	15.10%	100%
本年预计变动	消耗降低10%	价格上升8%		效率提升15%	工资增加10%		降低6%	质量提升7%	产量提高2%	
预计变动对总成本的影响百分比			降低 39.3%× [1-(1-10%) ×(1+8%)]			降低 25.1%× [1-(1÷ (1+15%)) ×(1+10%)]	降低 12.6%× [1- (1-6%)]	降低 7.9%× [1- (1-7%)]	降低 15.1%× [1-1÷ (1+2%)]	
降低额			0.21			0.21	0.14	0.11	0.06	0.73

根据与不可比产品相似的可比产品类推出不可比产品的其他成本项目，如单位燃料动力费用、制造费用等。将整个预测结果与相似产品成本和目标成本进行比较分析，确保预测成本的合理性。

（六）直接法进行利润的预测

在市场预测和成本预测的基础上，利用直接预测法可以很好地预测出利润。以表2-3-6所示为例。

表 2-3-6　　　　　　　××年××月利润预测表

序号	项目名称	上期实际	本期预测值
一	营业收入		
	其中：主营业务收入		
	其他业务收入		
二	营业成本		
	其中：主营业务成本		
	其他业务成本		
三	营业税金及附加		
四	管理费用		
五	销售费用		
六	财务费用		
	营业利润		
七	投资收益		
八	营业外收支净额		
九	其他		
	利润总额		
十	所得税		
	净利润		

四、目标成本费用指标控制

目标成本制定后要建立起全企业的成本指标控制体系,将目标成本和目标利润分解落实到各个责任主体,形成"人人肩上有指标,千斤重担人人挑"的全员控制成本的降本增效格局。

1. 生产管理部门负责产品的生产数量、规格品种和完工期等指标的控制。
2. 物资采购部门负责原料、燃料、外协配套件等消耗指标和材料利用率指标的控制。
3. 设备动力部门负责水、电、汽能源消耗指标、设备维修保养指标以及设备完好率指标的控制。
4. 技术研发部门负责新产品研制和老产品技术改造的目标成本,以及负责归口技术革新、技术改造、设计图纸等费用指标的控制。
5. 人力资源管理部门负责劳动生产率、人工成本、和工时利用率等指标的控制。
6. 质量管理部门负责废品损失率、废品损失限额以及检验费等指标控制。
7. 行政管理部门负责行政管理费用指标控制。
8. 工具管理部门负责自制工具和工具消耗成本等指标控制。
9. 销售部门负责销售费用指标的控制。
10. 财务部门负责折旧费、利息等指标的控制。
11. 车间(分厂)负责归口目标成本指标。

分厂目标利润 = $\sum$ 分厂转移收入 − $\sum$ 产量 × 单位目标成本

分厂实际利润 = $\sum$ 分厂转移收入 − $\sum$ 产量 × 单位实际成本

五、成本利润预测报告

成本利润预测报告一般由题目、目录、正文、附件等组成。

1. 题目。一般是把成本利润预测的单位、时间、内容、编制和批准等简明信息列示于报告的封面。
2. 目录。提交的成本利润预测报告内容较多,需要有一个目录能明晰地显示整篇报告的结构,如:

一、成本利润预测的目的和组织实施 ………………………………………( )页
二、成本利润预测的历史数据 ………………………………………………( )页
三、成本利润动因的未来的变动趋势 ………………………………………( )页
四、预测过程和综合分析 ……………………………………………………( )页
五、预测结论和成本利润目标值 ……………………………………………( )页
六、完成目标的措施和目标成本的分解 ……………………………………( )页
七、附件 ………………………………………………………………………( )页

3. 正文。按照目录内容要求进行成本利润预测。正文要求简明扼要,逻辑严谨,数据准确,实事求是,尽量用表格和图表呈现。

成本利润预测重点要对历史数据进行搜集整理，包括，材料定额、工时定额、历年的单位成本数据和产量等，并要充分地预测未来各成本动因的变化趋势：工资增长比例，燃动费用的价格上涨，产量的增长，劳动生产率的提高和材料价格的变化等。在确保目标利润情况下综合分析后，制定各项目标成本控制指标，定时对各种偏差进行分析，以发现问题、提出措施、解决问题，保证目标成本和利润的实现。以表 2-3-7 为例，说明目标预测的应用。

表 2-3-7　　　　　　　　　　目标成本费用表

单位名称	产品名称	产量	目标单位成本							目标成本费用
			材料成本	直接人工	动力费用	专用工装	废品损失	制造费用	成本小计	
一分厂	产品一									
	产品二									
	…									
…	产品一									
	产品二									
	…									
费用目标	管理费用									
	财务费用									
	销售费用									

4. 附件。主要是指正文没有提及，但又与正文相关必须说明的部分，它是对正文的详细补充。

第四章　资金预测

资金预测是指企业对将来进行生产经营活动所需资金，以及扩展业务所需追加资金的估计和测算，是企业制订筹融资计划的重要依据，是企业编制资金预算的前提。

一、资金预测工作机制和流程

（一）资金预测工作机制

1. 资金预测的组织保障。资金预测要在分管财务副总经理的指导下，由财务部门牵头，组织计划、生产、采购和销售等相关部门对企业未来一段时期内的资金变动趋势进行预测。财务部门要建立预测的工作机制，设立预测责任岗位，通过编制、审核和批准三级审批制度来确保预测结果的严谨和准确。

2. 资金预测的时间要求。企业在编制年度预算时要对预算年度的资金情况进行预测；企业应编制每个月的资金预测；当企业生产经营出现重大波动时要进行资金预测（非季节性波动超过 20%）；企业认为有必要的其他情况下进行资金预测。

(二) 资金预测的职责和流程

企业资金预测一般分为固定资产资金预测和流动资金需求预测。对固定资产资金需要量的预测一般是通过投资决策、编制资本预算完成的。资金预测流程见图 2-4-1。

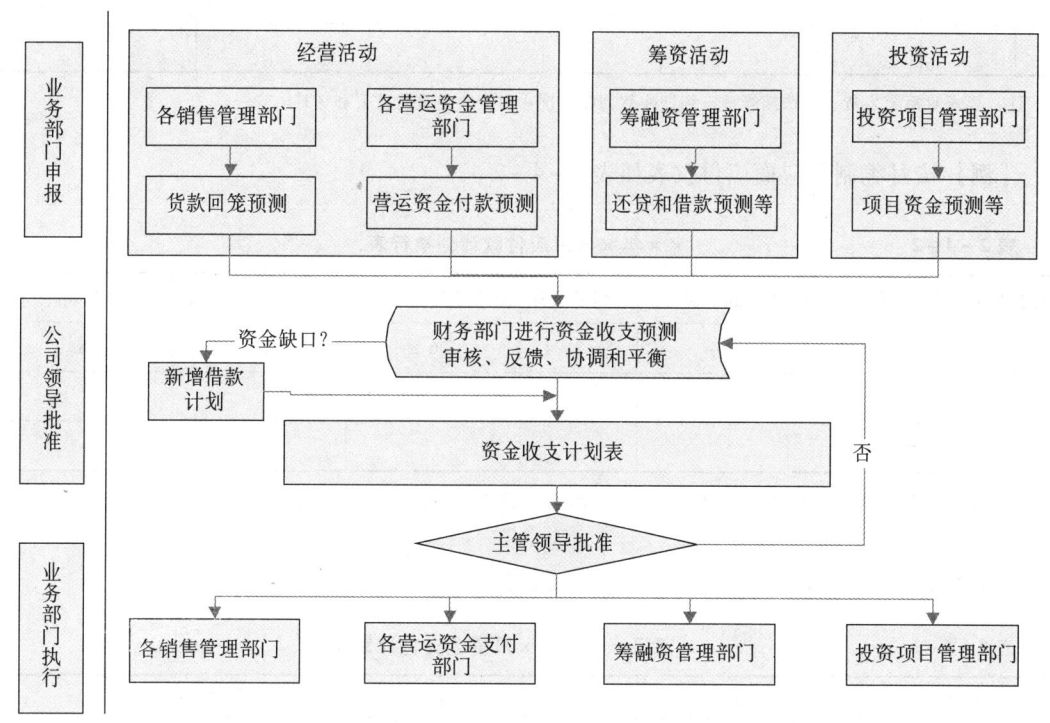

图 2-4-1 资金预测流程示意图

二、资金预测方法

(一) 因素直接分析法

按照资金的来源项目和支出项目来预测未来资金的盈余情况。这种方法一般适宜于短期的资金预测，在企业的日常生产经营活动中大都用到这种方法。

资金的来源和支出项目分为经营活动、筹融资活动和投资活动。经营活动的资金来源是企业能否健康周转的关健，担负着企业的造血功能，应逐笔对客户的应收账款进行账期管理，落实收款责任人，跟踪监督检查款项回收情况。经营活动的资金支出项目要考虑到客户的账期情况后进行供应商账期信用管理，形成"量入为出，目标盈余"的良性资金循环。在进行收支预测时各相关的责任单位应提供各种收支的支撑表格和相关的资料。

【例】按月编制客户应收款表如表 2-4-1。

表 2-4-1　　　　　　　××年××月应收款计划执行表

片区	客户名称	逾期未回款	本期到期应收款	应收款合计	预计回款时间计划	本期实际回款金额	催收责任人	责任领导
1	2	3	4	5=3+4	6	7	8	6

注：要求对每笔发货进行账期管理，到期账款回收情况由财务人员进行监督和考核。

【例】按月编制供应商应付款表如表 2-4-2。

表 2-4-2　　　　　　　××年××月应付款计划执行表

类别	供应商名称	逾期未付款	本期到期应付款	应付款合计	预计付款时间计划	本期实际付款金额	责任领导
1	2	3	4	5=3+4	6	7	8

注：应付账款的付款按照合同约定账期，合同约定的账期要与应收账款账期相匹配。

【例】业务部门资金支付预测表如表 2-4-3。

表 2-4-3　　　　　　　××部门××年××月资金支付计划表

序号	项目	金额	明细项目
1	差旅		差旅费开支具体说明
2	办公		办公费开支具体说明
3	业务招待费		业务招待费开支具体明细
4	…		…
	合计		

注：部门业务费用要列细具体的明细项目。

【例】滚动月度资金预测表（表 2-4-4）。

表 2-4-4　　　　　　　××年××月资金收支预测表（T+2）

责任部门	项目	××年××月	××年××+1月	××年××+2月	备注
	期初余额				
	一、经营活动现金项目				
市场部	1. 主营业务收入				
…	2. 其他业务收入				
…	3. 其他收入				
	（一）经营收入合计：				
材料部	1. 主要材料支出				

续表

责任部门	项目	××年××月	××年××+1月	××年××+2月	备 注
…	2. 辅助材料及零配件支出				
…	3. 工资及工资性支出				
…	4. 动力费用支出				
…	5. 办公费用支出				
…	6. 税金				
…	7. ……				
	(二)经营支出合计:				
	(三)经营性现金净流入:				
	二、投资活动现金项目				
…	1. 投资收益				
…	2. 处置固定资产				
…	3. 其他				
	(一)投资活动收入合计:				
…	1. 项目建设支出				
…	2. 购买设备支出				
…	3. 其他				
	(二)投资活动支出合计:				
	(三)投资活动现金净流入:				
	三、筹资活动现金项目				
…	1. 借款				
…	2. 其他				
	(一)筹资活动收入合计:				
…	1. 还贷			✓	
…	2. 利息支出				
	(二)筹资活动支出合计:				
	(三)筹资活动现金净流入:				
	四、期末现金余额				

(二)销售百分比法预测增量资金

销售百分比法主要是预测销售额的增加对资金的需求量,销售百分比法主要假设资产、负债额与销售额之间存在稳定的百分比关系,根据预计销售额和相应的百分比预计资产、负债和所有者权益额,然后利用会计等式确定融资需求。这种方法适合预计中长期的资金需求量。进行预测时要注意区分随销售收入变动而变动的敏感项目和不随销售收入变动的非敏感项目。

1. 经营性现金、经营性应收项目、经营性存货和经营性应付项目是随销售收入变动的敏感项目。

2. 固定资产主要是看销售收入增长后企业的固有生产能力的满足程度，可以通过产能估算及设备增添明细对固定资产增加额进行预计。

3. 借款及各种长期负债应逐一分析还款期限，根据不同情况分析填列增减额。

4. 权益性资本，应充分考虑股利分配和当期利润增加的盈余。

【例】某公司2001年资产负债表（经过适当调整后的报表，剔除了经营偶然因素）、销售收入见表2-4-5。2002年预计销售收入增长30%，公司生产能力有富余，预测新增资金2340万元。如表第25行所示。

表2-4-5

A	B	C	D	E	F
	项目名称	2001年	敏感性	百分比	2002年预测
1	流动资产				
2	货币资金	5500	Y	7.86%	7150
3	应收账款	12500	Y	17.86%	16250
4	预付账款	500	Y	0.71%	650
5	其他应收款	15000	N		15000
6	存货	5200	Y	7.43%	6760
7	非流动资产				
8	长期股权投资	24000	N		24000
9	固定资产	35000	N		35000
10	在建工程	3700	N		3700
11	一、资产总计：	101400			108510
12	流动负债：				
13	短期借款	21500	N		21500
14	应付账款	4500	Y	6.43%	5850
15	应付职工薪酬	2100	Y	3.00%	2730
16	应交税费	200	Y	0.29%	260
17	非流动负债：				
18	长期借款	10000	N		10000
19	二、负债合计	38300			40340
20	所有者权益				
21	实收资本	17400	N		17400
22	资本公积	27700	N		27700
23	未分配利润	18000	Y		20730
24	三、所有者权益合计：	63100			65830
25	融资资金需求量				2340
26	负债和所有者权益总计	101400			108510
27		0.00			0.00
29	销售收入	70000			91000

新增的资金总量减去当年的留存盈余为当年需求资金量。

(四) 资金增长趋势预测法

资金增长趋势预测是运用回归分析法原理对过去若干期的营业收入及资金总额的历史资料进行分析、计量后,确定营业收入与资金需用量的线性回归模型,并据此推算未来期间的资金量的方法。这种方法适合于长期的资金需求预测。

【例】某公司2001—2005年营业收入与资金总量的资料如表2-4-6所示。若2006年的营业收入预测为12000万元,预测2006年的资金总量。

表2-4-6

项目	2001年	2002年	2003年	2004年	2005年	2006年
营业收入	6000	7000	8000	10000	11000	12000
资金总额	4780	6932	7330	8000	8467	?

线性关系图见图2-4-2。

通过前例的EXCEL分析可以得出模型函数如下:

$Y = 1873.58139 + 0.6224069 \cdot X$

R为0.904623,表示销售宣传费和销售量之间的线性相关程度较高。

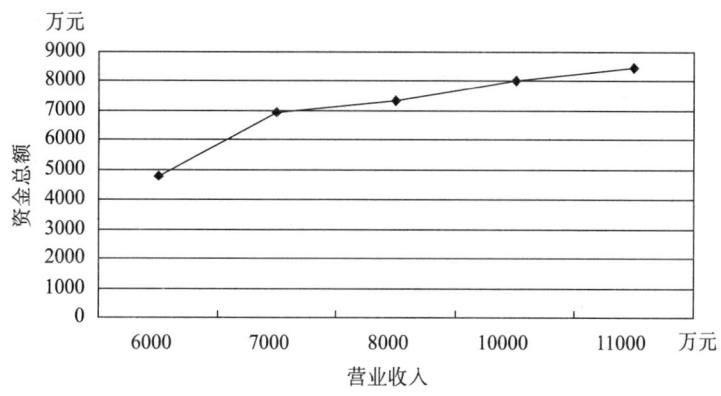

图2-4-2 营业收入资金总额关系散点示图

则2006年资金总量为:

$Y = 1873.58139 + 0.6224069 \times 12000$

$= 9342.46$ 万元

三、资金预测报告

资金预测报告一般由题目、目录、正文、附件等组成。

1. 题目。一般是把资金预测的单位、时间、内容、编制、审核和批准等简明信息列示于报告的封面。

2. 目录。提交的资金预测报告内容较多，需要有一个目录能明晰地了解整篇报告的结构，例如：

一、资金预测的范围和组织实施 …………………………………………（　）页

二、资金预测的历史数据搜集 ……………………………………………（　）页

三、资金预测的方法选择 …………………………………………………（　）页

四、资金预测过程和综合分析 ……………………………………………（　）页

五、预测结论和建议 ………………………………………………………（　）页

六、附件 ……………………………………………………………………（　）页

3. 正文。按照目录内容要求进行资金预测，形成正文。要求正文简明扼要，逻辑严谨，数据准确，实事求是，尽量用表格和图表呈现。

资金是企业的血液，企业资金流的安全健康是企业得以生存的基础，资金预测报告要对近期资金变化趋势和中长期资金盈余和短缺进行预测。

短期资金预测后形成的资金收支平衡计划表具有刚性约束力，没有计划的项目不允许列支，而且支付的情况还要看资金收入计划的落实和执行情况，按照量入为出的原则，保证计划的有效。

4. 附件。主要是指正文没有提及，但又与正文相关必须说明的内容，它是对正文进行的详细补充。

3 企业现金流管理

第一章 现金流管理简介

一、现金流管理的概念

企业现金流管理坚持以"现金为王"为理念,是企业管理的重心,主要围绕企业经营、投资和筹资三大活动,配比和优化当前和未来一定时期内企业的现金,从而对企业现金流进行全面预测与计划、执行与控制、监督与分析、评价与考核,保证企业现金流管理的持续和稳定、满足企业可持续发展需求。对现金流管理的理解应该包括以下几点:

1. 现金流管理不仅是财务管理的手段,更是一种体系;
2. 现金流管理不是静态管理,而是动态管理;
3. 现金流管理既是企业经营活动的起点,又是终点,更是现金流运动全过程;
4. 现金流管理是企业各部门,全层级的共同参与,而不单是财务部门参与。

现金有广义和狭义之分。广义的现金是指库存现金、银行存款、其他货币资金等满足流动性特征的票证,狭义的现金仅指库存现金,包括人民币现金和外币现金。

二、现金流管理的作用

1. 增强企业决策实效性。现金流管理是按照收付实现制进行管理,与企业资金流动轨迹一致,而收入和利润等会计要素是按照权责发生制核算,存在一定的主观性。
2. 加强企业财务管控力度。企业的经营活动过程,始于现金终于现金,加强对现金流动的监控,有利于资金风险防范,有助于资金成本降低。
3. 体现企业持续经营能力。现金流的科学管理特别是经营性现金流的管理水平,直接决定了企业的扩大再生产的顺利进行,有利于规避债务逾期风险,实现企业可持续发展。

三、现金流管理的原则

1. 系统性原则。现金流管理贯穿企业整体战略,反映企业经济运行的综合质量和效益,参与和引领企业的全面管理活动,涉及资金的使用、筹集、投入、收益和分配等方面,由组织系统、运行系统和监督系统三大系统构成。

2. 价值导向原则。现金流管理以追求企业价值最大化为目标,服务于企业整体战略,对企业经营运行质量和效益进行过程控制和引领,实现现金流增量最大化和资金存量最优化。

3. 平衡性原则。资金的流入和流出应实现其在比例、数量和时间上的平衡。企业战略的实施,除做到资金在流转过程中的增值,还应满足企业在资金收入和资金流出的动态平衡,确保企业持续有效健康发展。

4. 成本效益原则。资金是有成本的,结合价值导向原则和平衡性原则,资金除需在其流入和流出的比例、数量、时间上保持平衡外,还应考虑资金流转成本和投资收益的平衡,实现最大程度的增值。

5. 谨慎性原则。资金的流入和流出受企业经营状况和市场情况的影响,存在很大的不确定性。企业现金流管理不仅要重视现金流量的数量,还要考虑现金流量的时间价值和风险管理,应留有一定数量的资金应对无法预见的情况发生。

四、现金流量管理的特征

现金流管理是企业战略制定的开始,也是企业战略落地的终点,企业应关注现金流的特征,关注影响现金流的重要因素和指标,建立企业现金流管理的全面管控体系。现金流管理的特征包括以下三个方面:

1. 现金流管理必须以企业价值最大化为导向。企业价值是对企业整体盈利能力的有效评价,是企业当期和未来创造现金流量的能力。请见图 3-1-1。

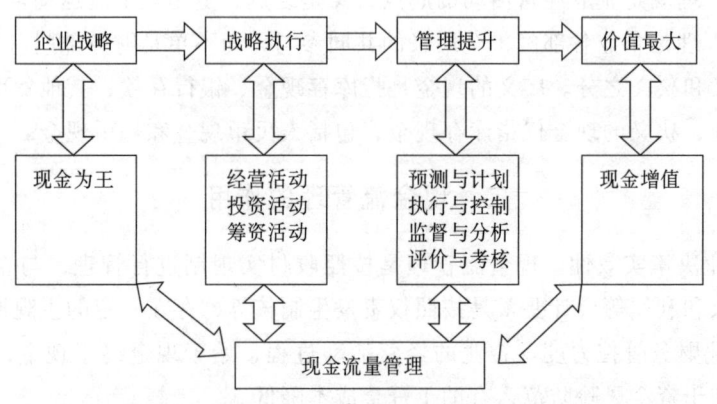

图 3-1-1 企业战略与现金流管理

2. 现金流管理必须与企业的发展周期相匹配。企业在不同的发展周期因其经营方式不同,资金需求不同,现金流管理侧重点也不同。如表 3-1-1 所示。

表 3-1-1　　　　　　　　企业发展周期现金流管理策略

发展阶段 表现特征	创业期	成长期	成熟期	衰退期
竞争对手	较少	增加	稳定	减少
经营风险	规模小，需求少，管理水平薄弱，财务风险高，经营风险大	规模增加，需求增加，管理水平提升，财务风险增大，经营风险减少	规模增长放缓，需求稳定，财务风险和经营风险降低	市场萎缩，需求过剩，竞争加剧，财务风险和经营风险加剧
销售收入	较少	增长	饱和	增长有限或负增长
资金需求	较大	较大	较小	较大
现金流量	流入有限，流出加大	流入增加，投资支出加大	现金流量大且稳定，投资支出减少	现金流量下降，现金流动性不足

3. 现金流管理必须做好现金流入、现金流出和现金净流量的动态分析。现金流入主要体现为流动性，即企业为偿还债务持有现金或通过资产转化为现金的能力。现金流出主要体现为收益性，即企业将所持有现金投放到能为企业带来预期收益的资产或项目中实现的增值活动。现金净流量主要体现为增长性，即企业通过资金的良性循坏为企业提供价值的持续创造。

第二章　现金流管理的应用条件

一、现金流管理的制度保障

建立和健全现金流管理制度，是企业现金流管理制度化的前提，是对企业资金活动进行固化和量化的过程。通过制定企业现金流管理的相关制度，构建资金活动的管控框架，明确资金活动的管理流程，落实资金活动的工作机制，最终形成有效的现金流内部管理体系。

二、现金流管理的管控框架

企业现金流管理应严格按照公司章程进行授权管控，分为股东大会——董事会——企业经营班子三个管控层级，各层级管控内容、权限如图 3-2-1 所示。

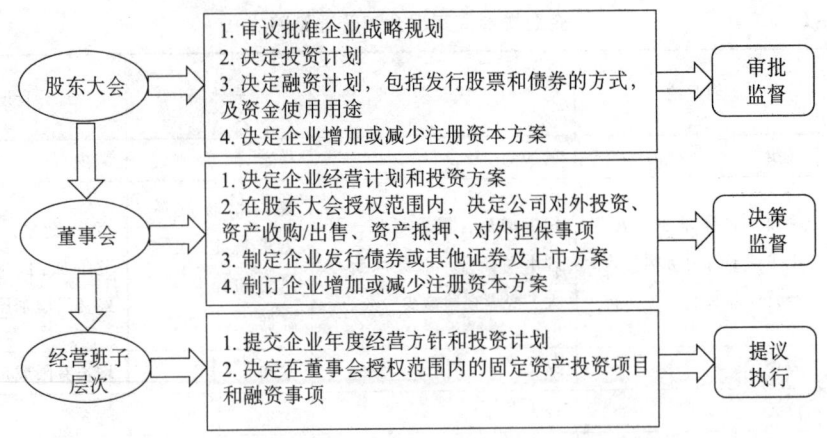

图 3-2-1 现金流管控框架

三、现金流管理的管理流程

现金流管理的管理流程分为三个层级：一是企业的现金流管理总体围绕企业的经营活动、投资活动和筹资活动开展；二是根据经营活动、投资活动和筹资活动下沉到各个业务单元，包括营运、销售、采购、生产、研发、投资、融资等业务；三是根据各业务单元落实到各责任部门，见图 3-2-2。

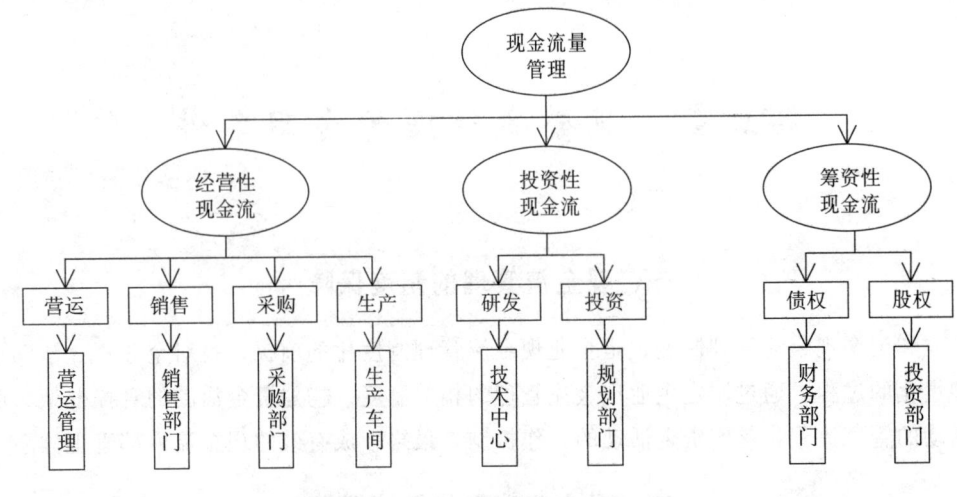

图 3-2-2 现金流管理的流程

注：运营管理部门主要是指企业人力资源部、能源保障部、园区管理部、综合体系部、信息管理部、党群工作部、总经办等职能部门。

四、现金流管理的工作机制

现金流管理的工作机制一般是在企业分管财务的副总经理指导下，由财务部门牵头，围绕经营活动、投资活动和筹资活动对未来的资金变动情况进行的预测、决策、计划、实施和分析过程。

企业的现金流管理应实施"年度预测—季度分解—月度预算"三级管理,有条件的企业可以细分到每周,甚至每天。现金流管理的精细化有助于提高企业资金管理的时效性和准确性,最大程度发挥资金的效率。

第三章 现金流的预测

现金流的预测是以企业战略为起点,是对未来时期企业资金的流出与流入进行的预计和测算,旨在通过合理规划企业现金收支过程,协调现金收支与经营活动、投资活动、融资活动的关系,保持现金收支平衡,确保企业支付能力、偿债能力和营运能力,同时为企业决策控制提供依据的过程。

一、现金流预测的方法

现金流预测的方法主要是现金收支法和净收益调整法等,其中以现金收支法的运用最为广泛。现金收支法,是将一段时间内可能发生的全部现金收支按来源项目和支出项目分类列出,分别测算,进而确定现金余缺的方法。其主要步骤如下:

1. 预测企业在一定时期内的现金流入量,如货款回收、投资收益、取得借款等;
2. 预测企业在一定时期内的现金流出量,如支付货款、项目投入、归还借款等;
3. 预测企业现金净流量,确定现金流量安排,编制资金流量表,见表 3-3-1。

表 3-3-1　　　　　　　　资金流预测表

编制部门：　　　　　　　编制期间：　　　　　　　　　　　　　　单位：

项目	上一年度	本年度			
		1月	2月	…	12月
一、期初现金余额					
二、经营活动资金流入					
其中：货款回收					
税收返还					
…					
三、可动用现金余额					
四、经营活动资金流出					
其中：材料采购					
工资性支出					
税金缴纳					
管理费用					

续表

项目	上一年度	本年度			
		1月	2月	…	12月
销售费用					
…					
五、投资活动资金收入					
其中:收到投资					
资产处置					
…					
六、投资活动资金支出					
其中:投资支出					
资产购买					
…					
七、筹资活动资金收入					
其中:取得借款					
…					
八、筹资活动资金支出					
其中:偿还债务					
…					
九、现金净流量					

二、现金流预测的职责

1. 经营活动相关的现金流预测的责任部门为:市场营销部门、生产制造部门、物资采购部门、营运管理部门等,在现金流预测中这些部门负责本部门职责范围内经营活动现金流的预测。

2. 投资活动相关的现金流预测的责任部门为:发展规划部门、技术研发部门等,在现金流预测中这些部门负责本部门职责范围内投资活动现金流的预测。

3. 筹资活动相关的现金流预测的责任部门为:筹资融资部门、投资部门等,在现金流预测中这些部门负责本部门职责范围内筹资活动现金流的预测。

三、现金流预测的流程

1. 各部门按照职责向财务部报送资金收支预测。
2. 财务部将资金收支预测进行汇总、审核、平衡,形成资金预测表。
3. 经营班子对资金预测表进行审批。
4. 对各事项进行调整后批准执行。
5. 下发各部门,按照审批后的资金预测表执行。见图3-3-1。

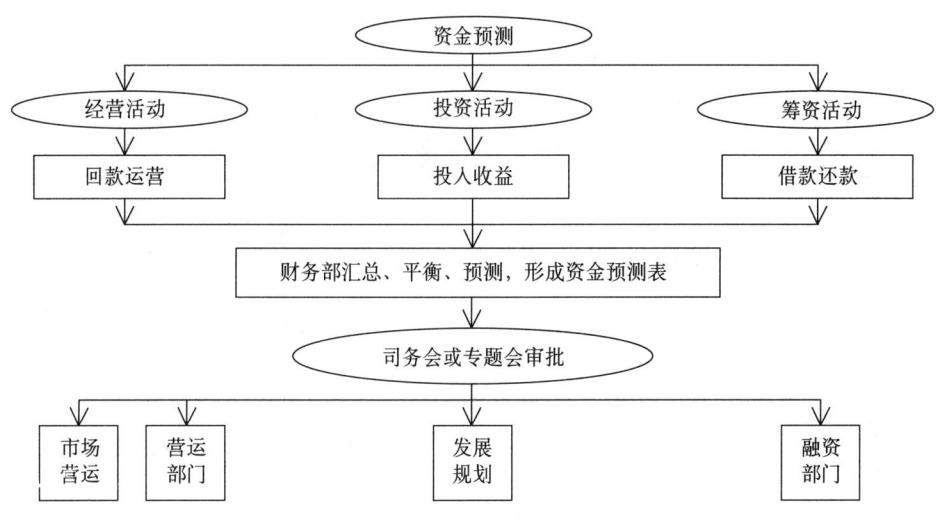

图 3-3-1 现金流预测的流程

四、现金流预测的要点

1. 企业经营性现金产生的能力。存货的占用、应收账款的占用和应付账款的占用是影响企业经营活动现金的关键因素。

2. 企业扩大再生产的资金来源。企业进入成长期后,投资活动的资金需求大幅增加,资金来源是企业存量资金或是依靠外部筹资。

3. 企业筹资方式和成本的选择和测算。筹资方式的选择和筹资成本的测算,对企业财务风险和经营风险存在重大影响。

第四章 现金流管理的决策

现金流决策管理贯穿企业经营活动、投资活动和筹资活动中。现金流管理的事前决策对事中监督控制和事后评价分析有相当重要的意义。图 3-4-1 显示了现金流管理的决策过程。以下分经营性现金流、权益性现金流和筹资性现金流。

一、经营性现金流的决策

经营性现金流是由企业生产和销售商品、提供和接受劳务等所引起的现金流量的变化,其来源为企业内部的经营活动,属于企业自身的造血功能,是企业投资活动和筹资活动的基础。

1. **涉及部门**:物资采购部门、生产制造部门、市场营销部门、运营管理部门
2. **实现流程**:资金支出,然后经历生产所需的原材料购买,逐步转化为半成品、产成

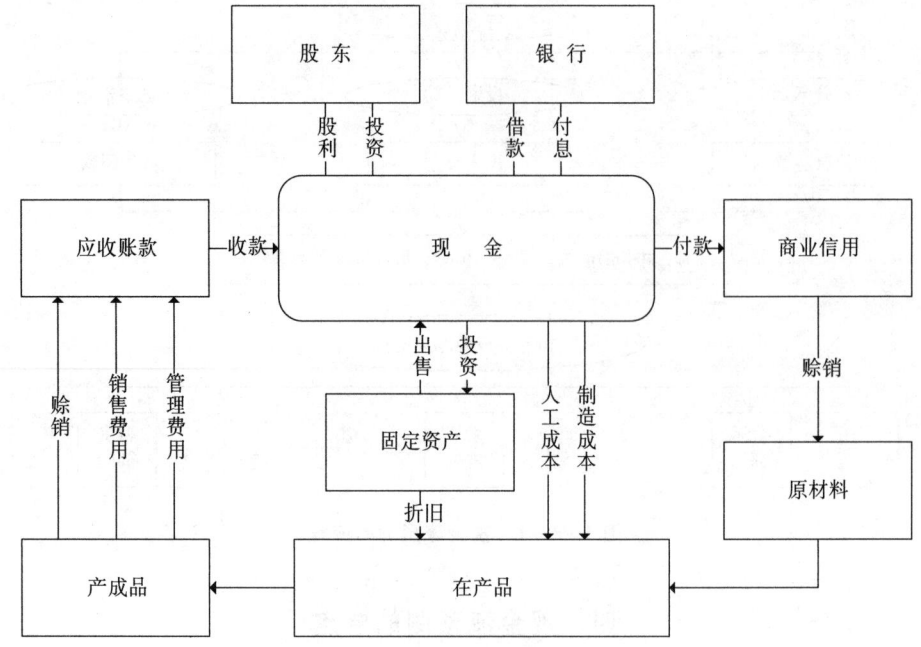

图 3-4-1 现金流管理的决策过程

品,再通过销售形成应收账款,收回应收账款最终实现资金流入的过程。

3. 决策核心:缩短资金循环周期,即加速存货周转、缩短现金回收周期,延迟付款周期,力争收支同步,避免时间错配。

4. 企业在收到银行承兑汇票的时候,还需要考虑银行承兑汇票的时间成本。

5. 有进出口经营权的企业,还应规避汇率风险。见图 3-4-2。

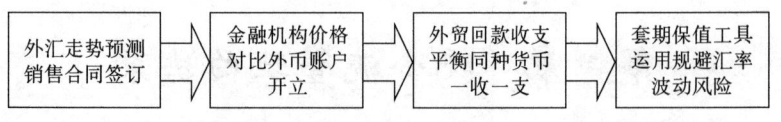

图 3-4-2 汇率风险规避流程

二、投资性现金流的决策

投资性现金流管理是指企业为实现其预期的投资目标,通过对投资的必要性、投资目标、投资规模、投资成本与投资收益活动中实现的现金流量的变化过程。

1. 涉及部门:发展规划部门、市场营销部门、技术研发部门、人力资源部门、物资采购部门、财务部门、资产管理部门。

2. 部门职责:见表 3-4-1。

表 3-4-1　　　　　　　　　　　部门职责

部门	职责
市场营运部门	负责预测经济形势、行业动态；预计售价和销量、应收账款水平和销售费用。
技术研发部门	负责预测产品的工艺流程、无形资产和材料消耗定额。
人力资源部门	负责预测投资项目的人员配置、人工成本和工时定额。
生产设备部门	负责预测项目的建设和设备投资、低值易耗费、设备修理费用、安全消防环保费用和能源消耗。
采购部门	负责预测材料采购价格、应付账款和存货。
财务部门	负责预测项目的资金筹措、流动资金、财务费用、管理费用、折旧摊销、税金和生产成本，并负责项目经济评价。

3. 决策流程。企业的投资决策一般要经过5个环节：确认投资目标，选择投资方向，拟定投资方案，评估投资方案，投资项目后评价，见图3-4-3。

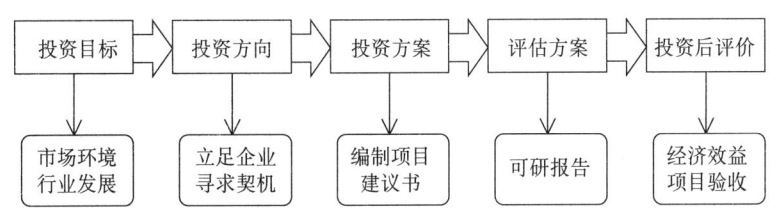

图 3-4-3　投资决策流程

4. 决策核心：在规避风险的前提下，预期的未来收益是否大于当前投入的成本，即估算投资风险，保障资金安全；评估投资风险，保证资金效益。

5. 投资性现金流测算流程。首先根据经营性现金流和项目总投资概算等情况，推算出铺底流动资金、税金，形成项目投资现金流量表，得出资金盈余/缺口金额，最后拟定筹资预算。

三、筹资性现金流的决策

筹资性现金流决策是指企业对各种筹资方式的资金成本进行比较分析，使企业资金达到最优结构的资金变动过程。

1. 筹资方式，分为股权筹资和债权筹资两种方式。其中，股权筹资又分为吸收直接投资、发行股票、企业留存收益；债券筹资分为银行借款、发行债券、融资租赁等。

2. 涉及部门：财务部门、证券事务部门

3. 筹资决策的要素。主要包括筹资的方式、筹资的数量、筹资的时间、筹资的成本、筹资风险和筹资方案。

4. 筹资决策的流程。

（1）根据投资需求，制定筹资预算。

（2）寻求筹资渠道，明确资金来源。

（3）确认各个筹资渠道的筹资成本费用。银行贷款的筹资成本主要是贷款利息，股票筹资主要是股票发行费用等。

（4）根据企业现有负债结构，明确还款时期。

（5）根据企业现金收入预测金额，明确未来不同时期的还贷能力。

（6）权衡还贷款风险和筹资成本，拟定筹资方案。

（7）选择筹资方案，在还贷款风险可承担的限度内，以最低成本取得资金。

见图3-4-4。

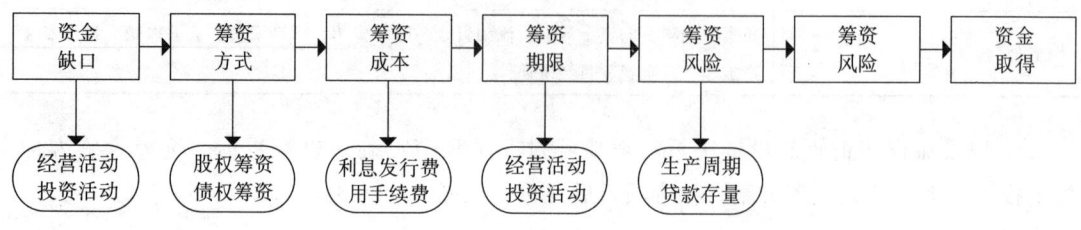

图3-4-4 筹资决策流程

第五章 现金流管理的预算

企业应结合"五年规划"和年度经营目标，根据经营预算、投资预算和筹资预算编制现金流量预算。落实和执行现金决策的有效方法就是编制现金收支预算，现金流预测是资金收支预算的分解，资金收支预算解决"做什么，如何做"的问题。

一、现金收支预算的概念

现金收支预算是对一定时期内现金的流入和流出以及余额做出的科学预测和具体安排。预算期通常为一年，并按月度或季度划分为若干较短时期。

二、现金收支预算的编制原则

现金收支预算的编制实施"战略引领，兼顾效益，资源优化，价值最大"的动态管理，按照"以收定支，略有盈余"的原则编制。

三、现金收支预算的编制保障

企业应根据自身实际情况，制订和完善资金收支预算管理办法，划分职责，明确流程，落实责任，并建立"编制—审核—审批"的三级管理流程，见图3-5-1。

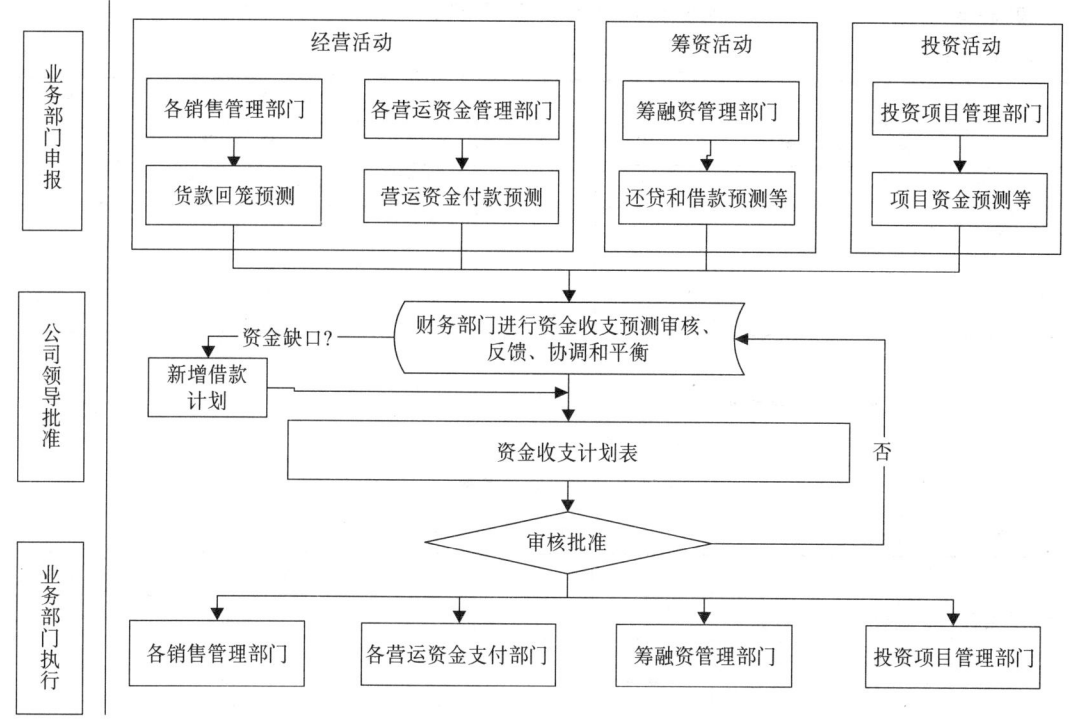

图 3-5-1 现金收支预算审批流程

四、现金收支预算的编制步骤

1. 根据本期销售预算以及应收账款、应收票据、资产处置、投资收益等情况,确定本期经营活动现金流入和投资活动现金流入。

2. 根据本期各项费用预算以及资产购置等情况,确定本期经营活动现金流出和投资活动现金流出。

3. 确定本期经营活动与投资活动的现金净流量,得出现金盈余和缺口,并做出相应决策。

4. 预算公式:

预算期期末现金余额 = 预算期期初现金余额 + 预算期现金流入量 - 预算期现金流出量 - 预算期现金盈余/缺口金额

五、现金收支预算的编制

1. 经营活动现金收支预算。

(1) 编制部门:市场营销部门、物资采购部门、营运管理部门。

(2) 编制内容:货款回收、税收返还等;材料采购、人工成本、管理费用、销售费用等。

(3) 相关表单。表 3-5-1 到表 3-5-4 是经营活动现金收支预算所涉及的表单。

表 3-5-1　　　　　　　　××年××月销售回款预算表—明细

编制部门：　　　　　　　　　　　编制期间：　　　　　　　　　　　　　　　　　　单位：

客户名称	客户性质		到期应收	逾期应收	回款金额			回款时间
	内贸客户	外贸客户			银行汇票	现金回款		
						人民币	外币	
××客户								
××客户								
…								
合计								

审批：　　　　　　　　　　　审核：　　　　　　　　　　　编制：

注：回款金额 = 到期应收 + 逾期应收

表 3-5-2　　　　　　　　××年××月付款预算表——明细

编制部门：　　　　　　　　　　　编制期间：　　　　　　　　　　　　　　　　　　单位：

客户　名称	客户性质		到期应付	逾期未付	付款金额			付款时间
	内贸客户	外贸客户			银行汇票	现金回款		
						人民币	外币	
××客户								
××客户								
…								
合计								

审批：　　　　　　　　　　　审核：　　　　　　　　　　　编制：

注：付款金额 = 到期应付 + 逾期未付

表 3-5-3　　　　　　　　××年××月××部门收支预算表——明细

编制部门：　　　　　　　　　　　编制期间：　　　　　　　　　　　　　　　　　　单位：

预算项目/科目	预算数	收入/付款依据	收入/付款时间	收款单位	项目令号	款项性质
…						
…						
合计						

审批：　　　　　　　　　　　审核：　　　　　　　　　　　编制：

注：收支预算表明确收入预算和支出预算的原则、内容、金额、时间、依据及报送的时间等。

表 3-5-4　　　　　　××年××月经营活动现金收支预算表——汇总

编制部门：　　　　　　　　　　　编制期间：　　　　　　　　　　　　　　单位：

项目名称	预算数	收/付款依据	收/付款时间	款项内容
经营性现金流入				
其中：…				
…				
经营性现金流出				
其中：…				
…				
经营性现金净流量				

2. 投资活动现金收支预算。

（1）编制部门：发展规划部门、资产管理部门。

（2）编制内容：资产购买、投资支付等；资产处置、投资收益等。

（3）相关表单，见表3-5-5、表3-5-6。

表 3-5-5　　　　　　××年××月投资活动现金收支预算表——明细

编制部门：　　　　　　　　　　　编制期间：　　　　　　　　　　　　　　单位：

预算项目	预算数	收入/付款依据	付款时间	收款单位	项目令号	款项性质
合计						

审批：　　　　　　　　　　　　　审核：　　　　　　　　　　　　　　　　编制：

表 3-5-6　　　　　　××年××月投资活动现金收支预算表——汇总

编制部门：　　　　　　　　　　　编制期间：　　　　　　　　　　　　　　单位：

项目名称	预算数	收/付款依据	收/付款时间	款项内容
投资性现金流入				
其中：…				
…				
投资性现金流出				
其中：…				
…				
投资性现金净流量				

3. 筹资活动现金收支预算。

（1）编制部门：筹资融资部门、证券事务部门。

（2）编制内容：贷款归还、利息支付等；贷款取得、利息收入等。

（3）相关表单，见表3-5-7、表3-5-8。

表 3-5-7　　　　　　　××年××月筹资活动现金收支预算表——明细

编制部门：　　　　　　　　　　编制期间：　　　　　　　　　　　　　　　　　单位：

预算项目	预算数	收/付款依据	收/付款时间	款项性质
合计				

审批：　　　　　　　　　　　　审核：　　　　　　　　　　　　　　　　　　　编制：

表 3-5-8　　　　　　　××年××月筹资活动现金收支预算表——汇总

编制部门：　　　　　　　　　　编制期间：　　　　　　　　　　　　　　　　　单位：

项目名称	预算数	收/付款依据	收/付款时间	款项内容
筹资性现金流入				取得筹资性资金的方式、金额、成本、期限
其中：…				
…				
筹资性现金流出				
其中：…				
…				
筹资性现金净流量				

5. 现金收支预算的调整。企业的资金收支预算具有刚性约束力，原则上一经批准后不得调整。但事实上，因为企业内、外部环境的变换，经常会对平衡后的资金收支预算进行调整，包括超出预算和预算外事项。在保证刚性支出且资金结余的情况下，按照图 3-5-2 所示流程进行调整，并填写相应审批表（见表 3-5-9）。

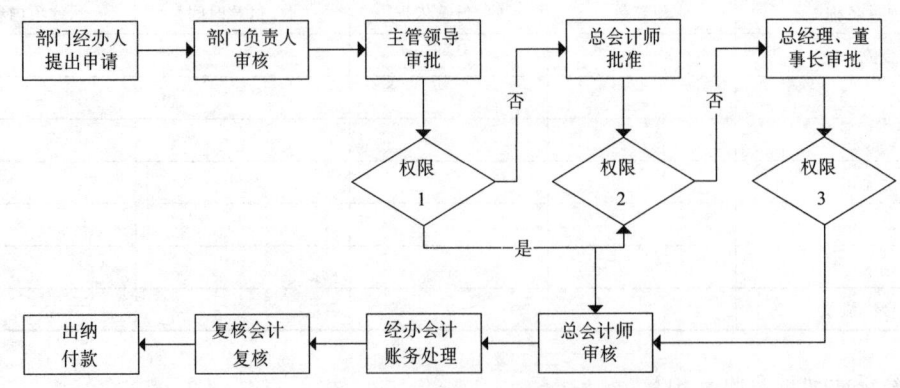

图 3-5-2　现金收支预算调整流程

注：预算外和超出预算内核定金额 M≤X 万元的各项支出，由财务部负责人审批；预算外和超出预算内核定金额 X 万元＜M≤N 万元的各项支出，由总会计师审批；预算外和超出预算内核定金额 M＞N 万元的各项支出，由总会计师、总经理、董事长联签。

表 3-5-9　　　　　　　　　　　资金收支预算调整表

项目		审批金额				
		分管领导	总会计师	总经理	董事长	联签
经营活动	销售回款					
	款项支付					
	能源费					
	工资性费用					
	…					
投资活动	资产处置					
	置产购置					
	对外投资					
	投资收益					
	…					
筹资活动	贷款取得					
	贷款归还					
	支付利息					
	融资租赁					
	…					

六、现金收支预算的差异分析

企业资金收支预算编制完成后,要对预算情况和实际执行情况进行差异分析,通过召开专题会议或司务会的方式,进行总结、分析。对资金收支预算执行存在差异部门的收支项目查找问题、提出建议、落实整改。

1. 涉及部门:企业全体部门。
2. 涉及表样,见表3-5-10。

表3-5-10　　　　　××年××月××部门资金收支预算执行差异——汇总

填报单位:　　　　　　　　编制期间:　　　　　　　　　　　　　　单位:万元

项目名称	计划数	平衡数	执行数	执行差异	差异率

审批:　　　　　　　　　　　审核:　　　　　　　　　　　　　　　　编制:

3. 资金收支计划执行差异率一般分为三个部分:
(1) 差异率小于5%,属于一般范畴,建议各部门自行整改;
(2) 差异率介于5%—10%,属于较大偏差,对差异项目形成书面报告,明确差异形成的原因，提出整改的措施，落实整改的期限；

（3）差异率大于10%，属于重大偏差，除提供（2）项内容外，通过扣减部门当月绩效予以警示。

4. 形成资金收支预算执行差异报告，如表3-5-11所示。

表3-5-11　　　　　　　　资金收支预算执行差异报告

项目	内容
标题	资金收支预算执行差异报告
编制单位	财务部门
编制期间	年　月
报告内容	编制范围
	编制原则
	编制流程
	编制方法
	执行情况
	差异分析
	整改时间
	整改措施
	整改监督

七、资金收支预算日常管理

从管控角度来看，现金收支预算的执行需要反馈，现金流量的日常控制需要报告。通过对经营活动、投资活动、筹资活动的现金预算形成现金流量表之外，还可以通过日常资金管理报告，直接明了地向企业决策层和管理层报送企业资金的变动情况，包含期初余额、本期增减以及期末结存数量，反映每天资金存量和现金增减变动情况。

报告内容：一是资金存量情况和存在的形式，二是现金的来源和支出等变动情况，三是当前实际可动用的现金存量。具体如表3-5-12所示：

表3-5-12　　　　　　　　现金变动情况表

编报部门：　　　　　　　　编制期间：　　　　　　　　单位：

项目	现金	银行存款			其他货币资金		
		账户1	账户2	…	银行本票	银行汇票	…
上期余额							
当期增加金额							
其中：销售收入							
投资收入							
筹资收入							
其他收入							
……							

续表

项目	现金	银行存款			其他货币资金		
		账户1	账户2	…	银行本票	银行汇票	…
当期减少金额							
其中：货款支付							
投资支出							
贷款归还							
其他支出							
……							
当期余额							

审批：　　　　　　　　审核：　　　　　　　　编制：

第六章　现金流分析

现金流的分析可以从经营活动、投资活动、筹资活动的内部构成占比进行纵向比较，也可以将现金流量表及其内部项目与利润表、资产负债表进行横向比较分析。

一、经营活动现金流分析

1. 将销售商品、提供劳务收到的现金与购进商品、接受劳务付出的现金进行比较。比率大，说明企业的销售利润大，销售回款良好，支付能力强。

2. 将销售商品、提供劳务收到的现金与经营活动流入的现金总额比较，可大致说明企业产品销售现款占经营活动流入的现金的比重。比重大，说明企业主营业务突出，营销状况良好。

3. 将本期经营活动现金净流量与上期比较，增长率越高，说明企业成长性越好。

二、投资活动现金流分析

当企业扩大规模或开发新的利润增长点时，需要大量的现金投入，投资活动产生的现金流入量补偿不了流出量，投资活动现金净流量为负数。但如果企业投资有效，将会在未来产生现金净流入用于偿还债务，创造收益，企业不会有偿债困难。因此，分析投资活动现金流量，应结合企业的投资项目进行分析。

三、筹资活动现金流分析

筹资活动产生的现金净流量越大，企业面临的偿债压力也越大，但如果现金净流入量主要来自于企业吸收的权益性资本，则不仅不会面临偿债压力，资金实力反而增强。因此，在分析时，可将吸收权益性资本收到的现金与筹资活动现金总流入比较，所占比重大，说明企业资金实力增强，财务风险降低。

四、现金流构成分析

1. 计算经营活动现金流入、投资活动现金流入和筹资活动现金流入占现金总流入的比重，了解现金的主要来源。一般来说，经营活动现金流入占现金总流入比重大的企业，经营状况较好，财务风险较低，现金流入结构较为合理。

2. 分别计算经营活动现金支出、投资活动现金支出和筹资活动现金支出占现金总流出的比重，它能具体反映企业的现金变动。一般来说，经营活动现金支出比重大的企业，其生产经营状况正常，现金支出结构较为合理。

五、利用财务报表分析现金流

现金流量表是企业现金流分析的重要工具，是企业在预算期内现金的增减变动情况，反映了企业资产和负债对现金流量的影响，通过分析现金流量及其结构可以了解企业现金的变动情况和现金收支构成，有效评价企业经营能力、支付能力、盈利能力和筹资能力。

1. 现金流量表与利润表比较分析。利润表是反映企业一定期间经营成果的重要报表，它揭示了企业利润的计算过程和利润的形成过程。结合现金流量表所提供的现金流量信息，特别是经营活动现金净流量的信息进行分析，可以较客观全面评价企业利润的质量。

（1）经营活动现金净流量与净利润比较，反映企业利润的质量，比率越高，利润质量越高。为了与经营活动现金净流量计算口径一致，净利润指标应剔除投资收益和筹资费用。

（2）销售商品、提供劳务收到的现金与主营业务收入比较，可以说明企业销售回收现金的情况及企业销售的质量。收现数占比重大，说明销售收入实现后增加的资产转换现金速度快、质量高。

（3）分得股利或利润及取得债券利息收入所得到的现金与投资收益比较，可反映企业账面投资收益的质量。

2. 现金流量表与资产负债表比较分析。资产负债表是反映企业期末资产和负债状况的报表，运用现金流量表的有关指标与资产负债表有关指标比较，可以更为客观地评价企业的偿债能力、盈利能力及支付能力。

（1）偿债能力分析。流动比率是流动资产与流动负债之比，而流动资产体现的是能在一年内或一个营业周期内变现的资产，虽然具有资产的性质，但事实上却不能再转变为现金，不再具有偿付债务的能力。而且，不同企业的流动资产结构差异较大，资产质量各不相同，因此，仅用流动比率等指标来分析企业的偿债能力，往往有失偏颇。可运用经营活动现金净流量与资产负债表相关指标进行对比分析，作为流动比率等指标的补充。

经营活动现金净流量与流动负债之比。这指标可以反映企业经营活动获得现金偿还短期债务的能力，比率越高，说明偿债能力越强。

经营活动现金净流量与全部债务之比。该比率可以反映企业用经营活动中所获现金偿还全部债务的能力，这个比率越大，说明企业承担债务的能力越强。

现金及现金等价物期末余额与流动负债之比。这一比率反映企业直接支付债务的能力，比率越高，说明企业偿债能力越大。但由于现金收益性差，这一比率也并非越大越好。

（2）盈利能力分析。将现金净流量与资产负债表相关指标进行对比分析，作为每股收益、净资产收益率等盈利指标的补充。

经营活动现金净流量与总股本之比。这一比率反映每股资本获取现金净流量的能力，比率越高，说明企业支付股利的能力越强。

经营活动现金净流量与净资产之比。这一比率反映投资者投入资本创造现金的能力，比率越高，创现能力越强。

3. 现金流量补充表。企业除编制现金流量表外，还需要编制现金流量补充表。现金流量补充表是对现金流量表的补充，解释了"有现金流不等于有利润"的原因，其意义在于：

（1）分析了净利润与现金流的差异，并解释差异形成的原因。

（2）对现金流量分类的需要。

第七章 现金流管理的信息化

当前，大型企业集团逐步探索了资金集中管理，通过财务公司，或采用资金结算中心等方式，通过集团内资金的合理配置和统一调配力度，建立了高效安全的资金集中结算和业务集中管理模式，提高资金集约化管理水平，实现集团内资金业务的集中管控，并都取得了很好的管理效果。

司库管理是集团资金管理的拓展和延伸，侧重于与成员单位的经营协同、与集团公司的战略协同、与金融产品的创新协同，已经逐步成为未来集团企业资金管理的趋势。目前，通过和软件公司合作，部分企业集团推进了集团信息化建设，搭建了司库管理系统，以现金流量为抓手，实现生产经营、投融资决策一体化应用，最终实现企业资源的整合和战略的实施。见图3-7-1。

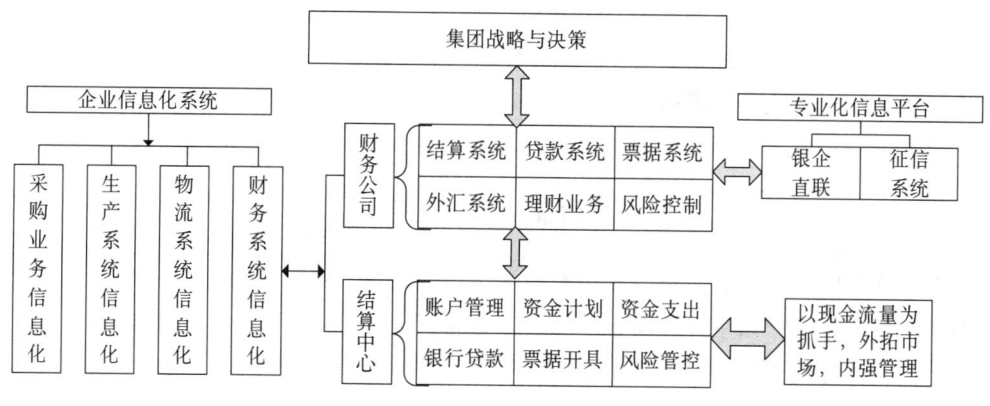

图3-7-1 现金流管理的信息化

4 客户盈利能力管理

第一章 客户盈利能力管理理论介绍

一、客户盈利能力管理的定义

客户盈利能力管理是指企业通过研究客户希望拥有某种产品的意愿、支付能力以及购买机会，吸引新客户、保留老客户以及将已有客户转为忠实客户，最终实现客户对产品的购买以及后期的售后服务，增加市场份额，从而实现客户持续为企业创造价值的管理工具。客户盈利能力管理既实现了满足客户对产品性能、服务等个性化差异需求，又实现了企业经营客户、创造价值的目的，是实现企业与客户互利共赢的有效管理工具。

二、客户的定义

1. 客户。是指用金钱或某种有价值的物品来换取接受财产、服务、产品或某种创意的自然人或公司，客户是商业服务或产品的采购者，包括经销商和终端客户。

2. 经销商。顾名思义，是指从企业进货的商人，经销商购买商品的目的不是自己用，而是转手卖给终端客户群，是企业与终端客户的桥梁，关注的是利差。经销商一般是企业，或者是从企业拿钱进货的商业单位。经销商作为从企业一直到终端客户的销售渠道链里的一个重要的环节，在市场中的作用是十分巨大的。

3. 终端客户。是指最后一个消费者，持有产品的目的是为了利用产品自身的功能。

三、客户盈利能力管理的目的及意义

在市场竞争中，对企业而言，经销商和消费者都是客户。如果经销商不能通过产品销售带来盈利，那么它将难以生存，而企业的收入和利润也得不到保障；如果不能使消费者对产品满意，企业在终端市场就会缺乏竞争力，逐步失去市场和生存空间。企业、经销商客户、终端客户的关系以及企业的追求目标如图 4-1-1 所示。

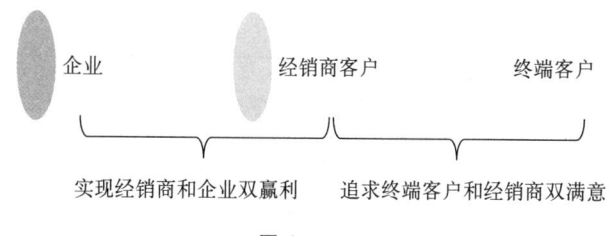

图 4-1-1

1. 经销商盈利能力管理。是指通过制定合理的商务政策,加强对经销商的销售运营、市场推广、渠道运营、技术服务、备件运营、技能培训等方面的管理,提高经销商的运营管理水平、经营质量和盈利能力,提升营销渠道的竞争力和生存力,进而促进企业的快速发展,实现企业与经销商的共赢。

2. 终端客户盈利能力管理。是指依托于客户管理系统,对终端客户的消费方式、习惯、偏好等进行分析,为其提供优质的产品和服务,从而获取竞争优势,提升市场占有率和盈利能力。

本部分手册内容以某车企为例介绍工具的全貌。

第二章 客户盈利能力管理制度建设和组织机构

一、客户盈利能力管理制度建设

客户盈利能力管理是以日常管理为基础,结合企业发展的目标规划,从经销商和终端客户两个方面进行管理,制定出产品销售、市场推广、渠道管理、技术服务、备件管理、技能培训、客户管理等方面的管理办法、细则,并定期进行修订和完善,在客户盈利能力的制度中,至少应包括表4-2-1里的项目和主要内容。

表 4-2-1　　　　　　　　　客户盈利能力管理制度内容一览表

类别	项目	主要内容
经销商盈利能力管理	销售运营管理	《销售管理细则》
		《其他业务支持管理细则》
		《大客户支持管理细则》
	市场推广管理	《市场推广支持细则》
		《展会支持管理办法》
		《其他管理办法》
	渠道运营管理	《营销网点建设支持管理办法》
		《运营质量管理办法》
		《认证管理办法》

续表

类别	项目	主要内容
经销商盈利能力管理	技术服务管理	《售后服务技术基础支持实施细则》
		《评价支持管理实施细则》
		《技术能力达标考核政策管理实施细则》
	备件运营管理	《备件拓展率评价管理细则》
		《特殊事项管理细则》
	技能培训管理	《销售单店辅导管理办法》
		《培训学习管理办法》
		《培训效果管理办法》
终端客户盈利能力管理	客户关系管理	《客户投诉管理实施细则》
		《客户满意度管理实施细则》
		《客户信息管理细则》
		《客户关怀活动管理实施细则》
		《会员管理实施细则》

二、客户盈利能力管理组织责任体系

1. 组织架构。以经销商经营活动和终端市场为根本，搭建相应的组织架构，管理和服务于经销商、终端客户，为客户盈利能力的管理提供组织保障机构，可参照图4-2-1设置相应的组织机构部门。

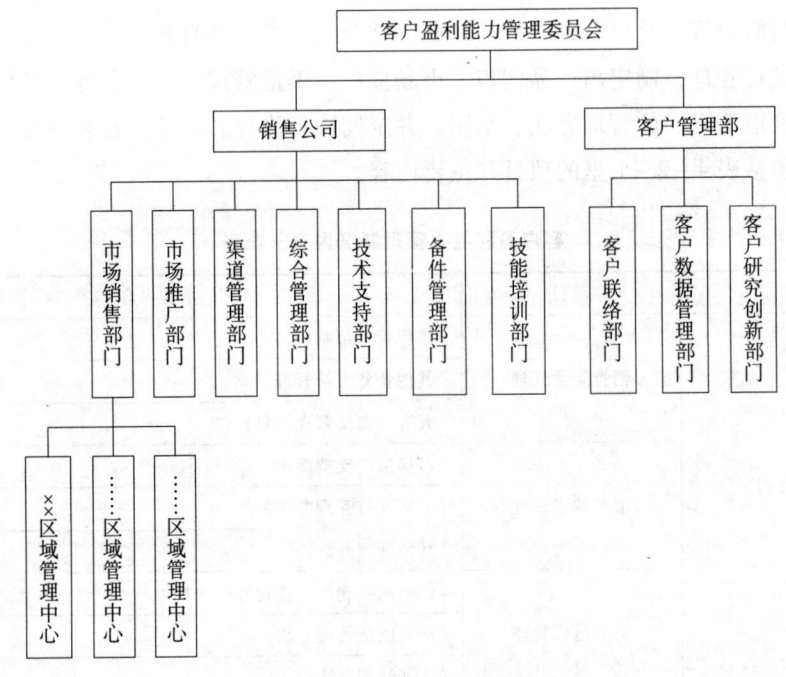

图4-2-1 客户盈利能力管理组织架构图

2. 职能职责。以客户盈利能力管理为中心,建立起一套完整的组织架构体系,赋予相应的职能职责,确保客户盈利能力管理的有效推进。见表4-2-2。

表4-2-2　　　　　　　　　客户盈利能力相关部门职能职责

客户类别	管理部门		职能职责
经销商	销售公司	市场销售部门	负责销售计划管理、销售运营管理、商务政策管理、融资管理、产品管理、其他业务管理、大客户业务管理等
		市场推广部门	负责线上、线下市场推广计划的制定、实施
		渠道管理部门	负责渠道的发展规划和实施、现有渠道的规范和审查,建店支持政策等
		综合管理部门	负责销售公司对内、对外的综合事务管理
		技术支持部门	负责维修技术支持、质量分析、区域服务支持等
		备件管理部门	负责备件的销售计划管理、销售运营管理等
		技能培训部门	负责对经销商进行销售、售后服务、日常管理等培训
终端客户	客户管理部	客户联络部门	负责前台客服、在线客服、后台支持、质量评估与培训、信息回访等
		客户数据管理部门	负责对终端客户数据的收集、分析,会员的日常管理工作
		客户研究创新部门	负责对终端客户消费方式、习惯等方面的研究,并制定相应的活动方案,培育、经营客户

第三章　经销商客户盈利能力管理

一、销售运营管理

(一)销售管理

1. 基本毛利。指按相应产品市场价给予一定折扣,启票时直接兑现。应做表如表4-3-1。

表4-3-1　　　　　　　　　产品基本毛利折扣表

产品系列	基本毛利折扣	
	常规订单	补充订单

2. 月度销售管理。按照营销网点月度启票目标及月度零售目标达标的情况进行考核。

(1)基本目标考核:

达标条件：启票完成率＝当月各产品启票数/当月各产品启票目标×100%
营销网点当月启票数总量≥月度启票目标总量，且各产品启票完成率均≥X%。
未达标执行：当月启票产品按产品市场价扣减X%。

（2）零售目标考核：
产品月度零售数≥月度零售目标，给予其当月产品市场价X%的零售支持。
产品月度零售数＜月度零售目标，若达到产品累计零售数≥产品累计零售目标，且当月零售目标完成率≥X%条件，则按之前所述标准给予产品单车零售支持。

（3）兑现条件及方式：
重点产品月度启票目标100%完成，是享受基本目标考核和零售达标支持的前提条件。
考核周期结束后的次月以折让方式兑现。

3. 半年度及年度销售管理。对营销网点年度启票目标分为上下半年进行考核，并给予相应支持。

（1）目标达成条件：
营销网点或所在区域（地级市）本年制定的年度启票目标总量必须高于上年实际启票总量，新进营销网点在正式验收合格后由区域管理部门制定年度目标报销售公司审核批准后执行。区域管理部门与营销网点在确认年度战法目标后，营销网点签署战法目标确认书并报市场销售部门备案，以此作为评价支持的标准条件。
半年度累计启票总量≥半年度累计启票目标总量。
半年度重点产品启票完成率≥X%，且其他产品半年度启票完成率均≥X%。
对于同一投资主体下属营销网点兑现达标支持的前提条件是同一投资主体下属所有营销网点启票合计完成率≥X%。
年度目标达成须同时达成上述条件。

（2）半年度或年度目标调整。因国家、地方实施限牌等政策变动或渠道调整等重大因素导致营销网点无法达成半年度或年度目标的，营销网点可申请调整半年度或年度目标，经销售公司批准后重新签署目标确认书。

（3）半年度或年度目标达成支持：以半年度或年度各产品启票数按以下单车支持标准给予半年度或年度目标达成支持。应做表如表4-3-2。

表4-3-2　　　　　　　　　产品目标达成支持额度表

产品	支持额度（元/个）

（4）支持兑现。
考核周期为1至6月和7至12月。

上半年（1至6月）超出半年度目标启票部分，可再次纳入下半年（7至12月）目标达成计算完成率，但不重复享受政策支持；下半年超目标启票部分不用于弥补上半年差额。

同一投资主体下属营销网点满足政策支持条件的，按半年度启票数量扣减同一投资主体下属其他营销网点目标差额后兑现，且未达成半年度启票目标的营销网点不享受目标达成支持。

同一投资主体在下属营销网点半年度启票合计数≥半年度战法启票目标合计数的前提下，计算公式如下：

同一投资主体享受政策支持的数量＝∑同一投资主体下属各营销网点半年度启票数量－∑同一投资主体下属未达标营销网点的半年启票目标。

考核周期结束后以折让方式兑现。

4. 其他管理事项。有权根据市场情况，决定是否对不同产品、不同区域实施包括但不限于以下奖项：季度达标、半年达标、年度达标、市场占有率提升、区域攻坚战等，并给予单项（专项）政策支持。

（二）衍生业务支持管理

将根据市场实际情况，以公告形式公布零售信贷等政策支持。

（三）大客户支持管理

大客户基本折扣支持，应按表4-3-3格式执行和记录。

表4-3-3　　　　　　　　大客户基本折扣支持表

业务类型	产品	项目数量	支持标准	项目数量	支持标准

二、市场推广管理

（一）市场推广支持管理

1. 区域市场推广费。为支持区域营销工作开展，出资用于品牌提升和销售促进的专项营销资金，出资额度每季度下发。

2. 试点区域市场推广支持。将根据大区市场推广管理能力，区域广告代理公司策划、执行能力选择试点推广区域。制定、决策、实施包括但不限于如媒体投放、活动推广等政策支持。

（二）展会支持管理

1. 展会规划。根据展会影响力、区域品牌影响力、历史执行情况，对本年展会进行规划，作表如表4-3-4。

表 4-3-4　　　　　　　　　　展会规划表

级别	数量	参展城市明细	备注

2. 制定支持标准，作表如表 4-3-5。

表 4-3-5　　　　　　　　　　展会支持标准表

展会级别	布展形式	布展及运营方式		费用承担	
		建议面积（平方米）	运营方式	厂家承担	营销网点承担

（三）厂端下发潜客线索跟踪管理支持

1. 管理对象。管理对象为全国正式运营的营销网点，新进入营销网点在正式运营若干月之后参与考核。

2. 厂端下发潜客线索来源。包含但不限于官网在线、呼叫中心、第三方网络平台等渠道收集的客户，并将其导入到 CRM 系统中的潜客线索。

三、渠道运营管理

（一）营销网点建设支持管理

根据当前市场发展的态势，结合移动互联网的普及，在渠道形态上可采取灵活多样的建店形式，包含但不限于站店分离、上下多层结构、线上线下互为补充、一级直营店等形式。将根据渠道形态给予经销商相应营销网点建设支持，均以折让形式兑现。

营销网点未按照建店标准进行建店的，销售公司将根据实际情况作扣款处理，从营销网点支持额度中扣减。

1. 营销网点。

（1）营销网点建设支持金额及周期。营销网点建设支持额度含按照要求配置的各类营销网点物料及家具的采购金额，按标准给予相应支持额度（表 4-3-6）。

表4-3-6　　　　　　　　　　营销网点建设支持最高额度表

营销网点类别	旗舰	A类	B类	C类	D类
最高额度（万元）					

营销网点验收后首次启票当个季度，凭采购物料及家具的订单、发票，直接兑现采购物料及家具金额。

营销网点建设兑现周期：营销网点自验收合格次月（以通知为准）起开始计算兑现周期，兑现周期最长为X个月。

（2）营销网点建设支持办法。根据兑现周期内实销量，所有产品系列按标准给予营销网点建设支持。

销量的确认以经销商销售管理系统数据为准。

对于上年在建下跨至本年验收的营销网点仍按原支持额度标准执行，但考核周期和支持办法按照本年标准执行。

对于本年入选，但在下年验收的营销网点，其营销网点建设支持总额度仍按照上述规定执行，其余则按照下年商务政策支持相关条款执行。

（3）兑现方式。营销网点支持自营销网点验收后，以折让形式兑现，每季度兑现一次。

（4）对资质不具备的规定。营销网点硬件验收合格后，因不具备一般纳税人资格将不予开通经销商销售管理系统和服务系统。

营销网点硬件验收合格后，具备一般纳税人资格但不具备二类及以上维修资质的，启票基础毛利直接扣减1%，直至维修资质齐全。

（5）攻坚区域营销网点建设支持。

攻坚区域标准：渠道招商困难区域。

具体攻艰区域的界定、营销网点建设支持总额、首次兑现额、兑现方式、兑现周期等均由渠道管理部门确定。

2. 直营店。

（1）设置直营店建设支持最高额度，作表如表4-3-7。

表4-3-7　　　　　　　　　　直营店建设支持最高额度

类别	A1类	A2类	B1类	B2类
最高额度（万元）				

直营店若自愿购买并安装标志柱，则由销售公司以折让形式兑现标志柱购买金额，此费用不包括在直营店营销网点建设支持内，按表4-3-7标准给予相应支持。

（2）兑现方式。直营店建设验收完成后，按照直营店相应类型营销网点建设支持政策分两期以折让形式兑现，记入表4-3-8。

3. 改造升级店。

（1）改造。营销网点建设支持兑现期已满的营销网点，为提高品牌形象，在现有营销

表 4-3-8　　　　　　　　　　直营店兑现形式表

	兑现时间	兑现额度	兑现条件
第一期			
第二期			

网点基础上，对门头、地面、展厅吊顶等项目进行改造。

将改造店最高支持金额记入表 4-3-9。

表 4-3-9　　　　　　　　　　改造店最高支持金额

营销网点类型	最高支持金额（万元）		
	星空店（改造门头）	星空店（不改造门头）	非星空店
A、B			
C、D			

营销网点建设支持计算公式：改造店建设支持金额 = $\sum$ 验收评估得分/100 × 最高支持金额

（2）升级。营销网点经改建、扩建后能够达到更高类型营销网点标准，可向渠道管理部门提出申请，升级为更高级别营销网点（如 B 类营销网点升级为 A 类营销网点）。

4. 特约服务站。

（1）支持标准：特约维修服务站订购所有物料并按营销网点建设标准完成建设，经区域管理部门验收合格后，按标准享受形象支持，表 4-3-10 为标准设定。

表 4-3-10　　　　　　　　　　形象支持标准

序号	特约维修服务站所处城市等级	形象支持总额（万元）
1		
2		
3		

（2）兑现方式：特约维修服务站在订购维修服务车时享受以上金额形象支持，特约维修服务站可在验收通知下发后一个月内选择任意营销网点购买，凭兑现验收通知享受折让支持，过期未订购视为自动放弃。

（二）综合运营质量管理

1. 管理对象。经验收合格正式运营的营销网点，自新进营销网点自验收合格后正式运营的次月纳入考核。

2. 考核内容。从销售管理、服务管理、专项考核三个方面，通过现场检核或远程检核方式考核营销网点的综合运营质量。

3. 考核周期。每月进行考核。

4. 考核措施。对综合运营质量考核的营销网点给予当月经销商销售管理系统实销产品金额的 0—X% 的考核。见表 4-3-11。

表 4-3-11　　　　　　　　营销网点考核表

综合分值 Y（分）	考核标准
90 以上	
80 ≤ Y < 90	
70 ≤ Y < 80	
Y < 70	

5. 扣除方式。以折让的形式扣除。

（三）分级认证管理

1. 管理对象。经验收合格正式运营的营销网点，新进营销网点在营销网点建设兑现通知下发且系统开通半年后，正式纳入分级认证管理。

2. 分级认证级别。根据参评营销网点认证分值和区域分布由高到低认证为 A/B/C/D 四个级别，年度内进行两期分级认证。

3. 分级认证结果的运用。

（1）各级别营销网点奖励和处罚，制表 4-3-12。

表 4-3-12　　　　　　各级别营销网点奖励和处罚表

认证等级	奖励、处罚事项（包括但不限于）
A 级	
B 级	
C 级	
D 级	

（2）星级营销网点的评定及奖励，制表 4-3-13。

表 4-3-13　　　　　　星级营销网点奖励和处罚表

认证结果		星级评定	奖励标准（万元）
第一期	第二期		
A	A		
B	A		
A/B	B		

四、技术服务管理

（一）健康评价支持政策管理

1. 适用范围。正式运营半年以上的营销网点。

2. 评价标准，制作表 4-3-14。

表 4-3-14　　　　　　　　　　评价项目及权重表

范围	项目	项目权重
正式运营半年以上两年以内	客户维系能力评价	
	管理能力评价	
	经营能力评价	
正式运营两年以上（含两年）	客户维系能力评价	
	管理能力评价	
	经营能力评价	

3. 支持政策。根据营销网点运营时间，对运营半年以上、两年以内的营销网点和运营两年（含两年）以上的营销网点分别在区域排序（奖励按照得分由高到低排序，考核按照得分由低到高排序），给予奖惩支持。各区域按相关支持标准制表 4-3-15。

表 4-3-15　　　　　　　　　　各区域支持标准

大区＼奖惩	运营区间			
	一等奖（X万元/家）	二等奖（X万元/家）	三等奖（X万元/家）	处罚（X万元/家）
××区域				
总计				

4. 评价周期。以季度为单位进行评价。

5. 兑现方式。奖惩金额在次季度以销售折让形式兑现。

（三）技术能力达标考核政策管理

1. 适用范围。全国正式运营半年及以上的营销网点。

2. 评价标准。每季度根据相应指标的专项评价的最终得分，分区域排名并执行相关考核（表 4-3-16）。

表 4-3-16　　　　　　　　　　专项评价指标

指标名称	评价方式	考核方式

3. 支持政策。各区域奖惩营销网点名额按表 4-3-17 所示标准执行。

4. 评价周期。以季度为单位进行评价。

5. 兑现方式。奖惩金额在次季度以销售折让形式兑现。

表 4-3-17　　　　　　　　　　　营销网点奖惩标准

区域 \ 奖惩	一等奖 ×万元/家	二等奖 ×万元/家	三等奖 ×万元/家	处罚 ×万元/家
××区域				
总计				

五、技能培训管理

（一）销售单店辅导管理

销售单店辅导是以讲师进行驻店辅导的形式开展，通过对营销网点的深入调研，以发现问题、解决问题为目标，以提高营销网点运营管理能力，提升营销网点盈利水平为目的，最终让营销网点形成规范的运营模式并持续提升的长效机制。

销售单店辅导分为强制类和自愿类，所有营销网点均须按要求参加。

（二）培训学习管理

将营销网点培训学习分为 ELN 网上学习平台学习、线下培训两类。营销网点人员必须按照销售公司培训通知参加培训、考试。对未按要求参加培训、考试的营销网点人员将给予相应考核。

（三）培训效果管理

为进一步督促营销网点员工将培训所学知识正确、持续地应用于日常工作之中，确保培训效果落到实处，销售公司对营销网点培训效果进行不定期跟踪检核，对检核不合格者给予相应考核。

第四章　终端客户盈利能力管理

一、客户投诉管理

考核对象为全国正式运营的营销网点。新进入营销网点在正式运营 3 个月之后参与考核。按照季度分为四个考核期进行考核。

1. 管理流程。每季度对各营销网点投诉发生率进行统计，并对统计结果按所在大区进行排名，排名靠前者获得相应支持额度。

若营销网点出现以下情况，则取消当季支持：

（1）营销网点对客户联络中心下发投诉出现未按时关闭的情况（一般投诉 3 天内关闭，

重大投诉 5 天内关闭），或因处理不当导致媒体及网络负面新闻曝光。

（2）营销网点投诉发生率＞×××％。

（3）营销网点当季度实销量≤×××台。

各大区分配的支持名额及额度见表 4-4-1。

表 4-4-1

大区	支持名额	支持金额
东北大区		
……		
		×元/名

2. 考核指标计算方式。

投诉发生率＝当季度投诉总量（一般投诉＋重大投诉）/（前两年及当年基盘量之和）

二、客户满意度管理

1. 管理对象。经销售公司验收正式运营的授权销售及售后营销网点。新进营销网点在正式验收当季度及次季度内不参与考核，次季度结束后正式纳入考核范围。若营销网点在考核当季内出现"帮扶"、"整改"、"搬迁"、"预备退网"中任一情况，则不参与当季度满意度考核。

2. 调查方式。按照预定的指标体系对客户通过"定制化面访"的形式进行调查。

3. 考核办法及周期。客户满意度由以流程满意度评价为主逐渐向全面满意度评价进行转变，侧重用户感受评价。具体内容以第三方调查公司出具的营销网点满意度调查结果报告为准，按周期分别对营销网点销售满意度、服务满意度进行考核。

4. 考核方式及支持兑现。销售公司按照四个考核期内营销网点销售满意度、服务满意度的考核结果给予相应的满意度考核支持。具体实施细则以另行下发通知为准。

三、客户信息管理

1. 管理对象。全国正式运营的营销网点。

2. 考核方法。通过对全国营销网点信息录入进行核查，针对信息稽核结果扣除折让。

3. 考核规则。信息准确率：所有营销网点客户信息录入准确率每季度考核一次，要求必须达到一定百分比，对低于标准的就低于部分扣除折让。

4. 客户信息管理细则。要求的客户信息准确的字段有：姓名、电话、地址、身份证号码。

客户信息卡例见表4-4-2。

表4-4-2

客户信息卡			
姓名： 性别：	身份证号码：		非员工□ 公司员工□ 网点员工□
出生日期：	联系电话：	其他联系电话：	婚姻状况 已婚□ 未婚□
所在省份：	城市：	区/县：	详细地址：
QQ号码：	电子邮箱：	所在论坛及用户名：	
了解途径	朋友介绍□ 重复购买□ 展览展示□ 短信□ 网络□ 户外广告□ 报纸广告□ 电视广告□ 广播广告□ DM宣传□ 其他□	购买原因（可多选）	价格□ 外观□ 配置□ 质量□ 内饰□ 动力性□ 安全性□ 舒适性□ 操纵性□ 性能□ 售后服务□ 品牌/口碑□
其他联系人	姓名：	电话： 用途	家用□ 非家用□
兴趣爱好	运动健身□ 电脑网络□ 电影电视□ 旅游户外□ 美食烹饪□ 理财投资□ 摄影摄像□ 阅读□ 棋牌□ 其他_____		
产品对比	购买前与哪些产品做过比较：1. 2. 3.		
	购买类型：新购□ 再购□	置换：是□ 否□	
	之前使用品牌：	使用时间为：	
家庭月收入	3000元以下 □ 3000—5999元 □ 6000—9999元 □ 10000—14999元 □ 15000—19999元 □ 20000元以上 □	教育程度	硕士及以上□ 本科□ 大专□ 高中/中专/技校□ 初中□ 小学□
所在行业	农业 □ 制造业 □ 社会服务业 □ 房地产业 □ 金融保险业 □ 餐饮业 □ 其他 □	国家机关、党政机关社会团体 □ 能源生产及供应业 □ 科研及综合技术服务业 □ 卫生体育和社会福利业 □ 教育、文化和广播电影电视业 □ 交通运输仓储业 □ 计算机业（IT业） □ 批发零售贸易业 □	职业	企业主或企业股东 □ 高层管理人员（核心管理人员）□ 中层管理人员（部门管理人员）□ 一般职员/职工 □ 其他 □

四、客户关怀活动管理

通过一系列客户关怀活动，营销网点可根据相关规定，以报告形式报审批，将给予表现优秀的营销网点活动支持。

五、会员管理

依托于客户关系管理系统发展和管理公司会员。

（一）会员账户管理

1. 入会条件及要求。

（1）凡购买公司产品的客户，提供真实有效的身份信息和购车信息，均可注册成为公司会员。

（2）公司会员俱乐部根据客户本人提供的真实姓名、证件类型与证件号码为客户创建唯一的会员账户。

（3）不得冒用他人证件信息进行会员注册，一经查实，公司有权冻结会员账户并保留法律追究权利。

2. 入会渠道及流程。

入会渠道：

（1）通过手机APP注册加入。个人可下载并登录公司会员相关APP，完成会员注册。

（2）通过公司官方社区注册加入。登录网站，选择"会员专区"，根据注册提示信息，完成会员注册。

（3）通过会员门户网站注册加入。登录会员门户网站，根据注册提示信息，完成会员注册。

入会流程：见图4-4-1。

（二）会员积分管理

1. 积分类型。公司会员积分分为消费积分和定级积分，积分的累积自会员注册成功之日起开始计算。

（1）消费积分。

定义：会员通过消费或参加活动获得的可用于兑换的积分。

来源：会员购买原厂备件、再购新车、电商消费、推荐购车以及参加各项会员活动。

用途：积分商城兑换精品或电子抵用券。

有效期：××个月。

例如：会员于2016年2月1日通过消费项目获得××消费积分，该笔积分如果一直没有在积分商城兑换精品或电子抵用券，则将于2018年2月1日失效。

（2）定级积分。

定义：会员通过消费或参加活动获得的可用于评定会员级别的积分。

来源：会员购买原厂备件、再购新车、电商消费以及推荐购车。

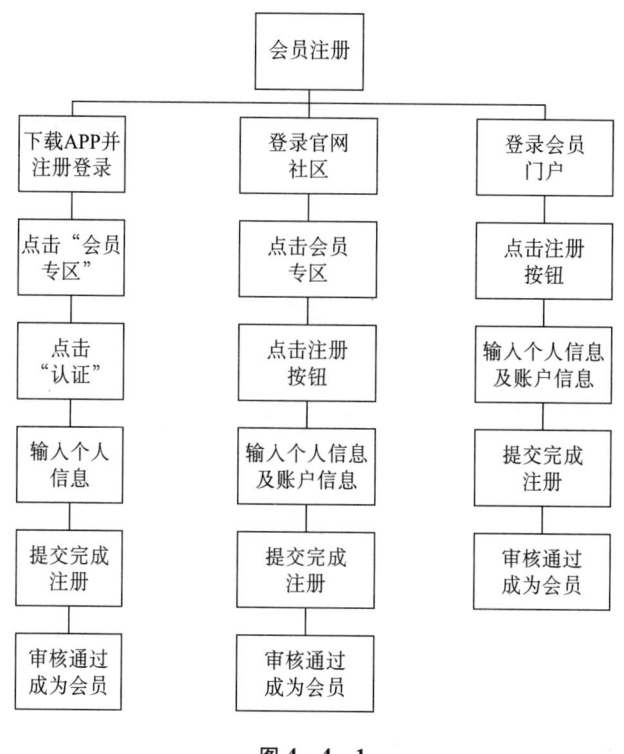

图 4-4-1

用途：判定会员层级。

有效期：××个月。

2. 积分获取。会员通过消费或参加活动可获取积分，会员在进行消费或参加活动时应主动提供自己的会员卡号，便于累积积分。积分项目详见表4-4-3。

表 4-4-3

积分类别	具体项目	会员类别				积分类型		积分标准
		普卡	银卡	金卡	钻石卡	消费积分	定级积分	
消费类								
活动类								

3. 积分用途。会员可使用积分在公司积分商城兑换精品和电子抵用券，积分不得转让、兑现。

（1）精品兑换：会员可在积分商城兑换精品，不同精品积分以积分商城信息为准。

（2）电子抵用券兑换：会员可用积分兑换电子抵用券，电子抵用券抵扣金额部分不累积积分。

电子抵用券使用流程见图4-4-2。

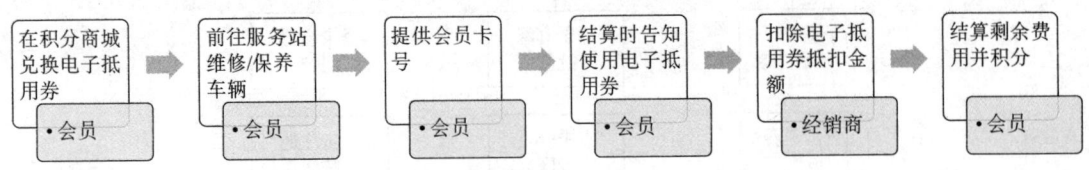

图4-4-2　电子券使用流程

（三）会员层级管理

根据会员定级积分分为普卡、银卡、金卡、钻石卡四个级别，见表4-4-4。

表4-4-4　　　　　　　　　　会员层级标准

会员层级	普卡	银卡	金卡	钻石卡
积分标准				
有效期				

（四）会员权益管理

会员可享受丰富的会员权益和互动体验，根据层级不同，权益有所差异。会员权益包含服务权益、活动权益和异业权益。具体权益项目详见表4-4-5。

表4-4-5　　　　　　　　　　会员权益管理表

权益类别	具体项目	会员类别				备注
		普卡	银卡	金卡	钻石卡	
服务权益						
活动权益						
异业权益						

（五）会员管理指标评价体系

为有效评价客户管理部门在会员管理方面取得的效果，设计一套会员管理指标评价体系，见表4-4-6。

表 4 – 4 – 6　　　　　　　　会员管理指标评价体系设置

序号	指标	指标性质（考核/监控）	指标定义	指标公式
1	入会率			
2	会员活跃度			
3	会员推荐率			
4	客户保持率			
	……			

第五章　实施客户盈利能力管理的体会

一、加强财务业务深度融合，实现厂商合作共赢

客户盈利能力是一种广义的管理会计工具，企业财务部门通过经销商管理系统、客户管理系统得到终端客户信息，基于市场需求、基于各方利益最大化前提下，将财务分析的结果反馈给销售部门，销售部门从销售运营、市场推广、渠道运营、技术服务、备件运营、技能培训、客户管理等方面加强经销商管理，提升经销商综合盈利能力。企业规范经销商行为，促使提升自身盈利能力，同时经销商快速反馈终端客户动态，供企业研究并快速应对，只有企业、经销商、财务业务深度融合、快速反应，才能提升各方盈利能力，实现厂商合作共赢，确保企业可持续发展。

二、运用管理会计工具，合理分配有限资源

企业的资源是有限的，企业财务部门必须基于企业战略，运用全面预算管理工具对企业的有限资源进行合理分配，其中针对客户资源如何分配，企业必须根据"二八原则"，运用客户盈利能力管理工具，通过制定相应政策引导经销商对客户进行分类管理，从而确保经销商抓牢优质客户，快速转化潜在客户，战略性放弃低端客户，在相对恒定的市场份额中合理利用有限资源，快速提升客户盈利能力，从而在市场中获取最大利益。

5 企业风险管理

第一章 风险管理理论简介

一、风险的定义、要素及特征

（一）定义

风险是指在特定条件下与给定期间内，可能发生结果与期望结果之间的负差异。

（二）要素

构成风险的要素有三个，即风险因素、风险事故和损失。

风险因素是指引发或促使风险事故发生的条件，以及风险事故发生时，致使损失增加或扩大的条件，是风险事故发生的潜在原因，即形成风险损失的间接和内在的原因。

风险事故又称风险事件，是指引起损失的直接或外在原因，是使风险造成损失的可能性，转化为现实的媒介，即风险是通过风险事故发生导致损失的。

损失是指非故意、非计划、非预期的经济价值减少的事实。

（三）特征

风险具有客观性、偶然性、可变性三个特征。

客观性是指风险是一种客观存在，而不是人们头脑中的主观想象。人们只能在一定的环境和范围内，改变风险形成和发展的条件、降低风险事故发生的概率，减少损失程度，而不能彻底消灭风险。

偶然性是指从整个社会看，风险事故的发生是必然的。然而，对特定的个体而言，风险事故的发生又不具有必然性，这就是风险的偶然性。

可变性也称为不确定性。世间万事万物都处于变化之中，风险更是如此。风险的变化有量的增减，也有质的改变，还有原有风险的消亡与新风险的产生。风险的变化主要是由风险因素的变化引起的。

二、企业风险管理的含义

是指企业围绕总体经营目标，通过在各管理环节和经营过程中执行风险管理基本流程，培育良好风险管理文化，建立健全全面风险管理体系，包括风险管理策略、风险管理措施、风险管理的组织职能体系、风险管理信息系统和内部控制系统，从而为实现风险管理总体目标提供合理保证的过程和方法。

三、企业风险管理的目标

（一）企业风险管理的目标

企业开展全面风险管理要努力实现以下风险管理总体目标：

1. 将风险控制在与总体目标相适应并可承受的范围内；
2. 保障内外部，尤其是企业与股东之间实现真实、可靠的信息沟通，包括编制和提供真实、可靠的财务报告；
3. 确保遵守有关法律法规；
4. 保障企业有关规章制度和为实现经营目标而采取重大措施的贯彻执行，保障经营管理的有效性，提高经营活动的效率和效果，降低实现经营目标的不确定性；
5. 保障企业建立针对各项重大风险发生后的危机处理计划，保护企业不因灾害性风险或人为失误而遭受重大损失。

（二）风险管理基本流程

作为一项管理活动，风险管理是由一系列行为构成的。主要流程有：收集信息、风险识别、风险策略和应对、风险跟踪、风险报告及监督。

四、企业风险管理分类

按照风险影响的目标不同，企业面临的风险一般可以分为战略类、投资类、财务类、法律类和运营类风险。

（一）战略类风险

对企业既定战略目标实现有直接影响的不确定事件集合。

企业战略风险既来源于企业内部也来源于企业外部，包括竞争风险、客户偏好转换风险、行业方向转换风险、战略收购合并风险和企业研发新产品风险等。

（二）投资类风险

对企业既定投资管理目标实现有直接影响的不确定事件集合。

（三）财务类风险

对企业财务管理目标实现有直接影响的不确定性事件集合。

财务风险主要体现在企业资产和现金流的充足性，是否有足够的资产和现金流偿还债务和利息，满足支付企业的各项费用。主要体现在偿债风险、流动性风险、收益分配风险。

(四) 法律类风险

对企业法律事务管理目标实现有直接影响的不确定性事件的集合。

包括两个层面：一个层面的含义是指企业在经营过程中，因为违反法律所面临的风险；另一个层面的含义是指企业没有违法，但却面临着法律纠纷的风险。企业只要进入市场，就必然和对方发生业务关系，就难免发生一些纠纷，这些纠纷不管责任在哪一方，都会对企业的利益产生影响，这就是法律风险。

(五) 运营类风险

对企业日常运营目标实现有直接影响的不确定事件的集合。

运营风险是指企业因内部流程、人为错误或外部因素而给企业造成的经济损失的可能性。包括企业流程风险、人为风险、系统风险、事件风险、业务风险和操作风险。

五、风险管理的演变

企业全面风险管理理论的产生与实践，被称为 20 世纪 90 年代继网络革命后的第二件大事。风险管理是一门新兴的管理学科，经历了萌芽、形成和发展三个阶段。

(一) 萌芽阶段

风险管理从 20 世纪 30 年代开始萌芽。风险管理最早起源于美国，为了应对 1929－1933 年的世界性经济危机，美国许多大中型企业都在内部设立了保险管理部门，负责安排企业的各种保险项目。当时的风险管理主要依赖保险手段。

(二) 形成阶段

1938 年以后，美国企业对风险管理开始采用科学的方法，并逐步积累了丰富的经验。20 世纪 50 年代风险管理发展成为一门学科，风险管理一词形成。20 世纪 70 年代以后逐渐掀起了全球性的风险管理运动。

(三) 发展阶段

20 世纪 80 年代以来，美、英、法、德、日等国家先后建立起全国性和地区性的风险管理协会。1983 年在美国召开的风险和保险管理协会年会上，共同讨论并通过了"101 条风险管理准则"，它标志着风险管理的发展已进入了一个新的发展阶段。

我国国务院国有资产监督管理委员会于 2006 年 6 月 6 日颁发了《中央企业全面风险管理指引》，要求国有企业结合企业的实际执行，从而引入了风险管理理论。在《指引》的指导下，企业的风险理念和认识迅速提高，防范与抑制风险能力逐渐加强，同时促进企业核心竞争力提高、风险损失减少，提升企业价值。

第二章 风险管理的组织保障

一、风险管理组织机构

风险管理有三道防线,第一道防线为各有关职能部门和业务单位;第二道防线为风险管理部门和董事会下设的风险管理委员会;第三道防线为内部审计部门和董事会下设的审计委员会。见图 5-2-1。

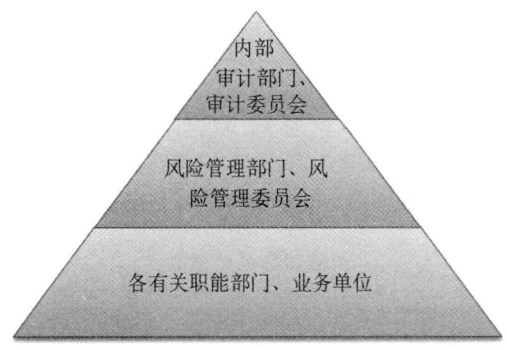

图 5-2-1

(一)风险分级管理责任机制

企业可建立风险分级管理机制,逐级落实风险管理职责,保障风险管理主体明确,权责清晰。见表 5-2-1。

表 5-2-1　　　　　　　　　管理组织及其主要工作职责一栏表

风险级次	管理组织	工 作 职 责	备 注
重大风险级	公司领导	负责公司风险管理统筹决策。	
重大风险级	风险管理部门	负责公司级风险管理: 1. 重大风险牵头评估、应对策略及应对措施的制定。 2. 推动风险管理体系的搭建和完善。 3. 重大风险的跟踪、监督及改进。	
专业风险级	专项风险归口部门	专业领域级风险归口管理,如安全环保风险由安全环保部门负责、信息系统安全风险由IT部门负责。	
一般风险	各业务单位、部门	部门级内部风险管理:负责内部业务风险管理。	

(二)风险信息传递机制

风险管理部门独立于业务部门,对企业风险信息从独立角度进行收集、分析、汇报。

1. 建立各单位兼职风险控制专员机制。建立兼职风险控制专员机制，企业各职能部门，二级单位等经营层面，设立专兼职风险控制专员，负责本单位（业务领域）的风险信息收集、报送、联络。

2. 建立风险信息定期报送机制。建立风险信息定期报送机制，定期对年度重大风险的变化情况、指标监控情况、应对措施落实等情况进行报送；对新增风险信息、风险事件进行报送。见图 5-2-2、表 5-2-2。

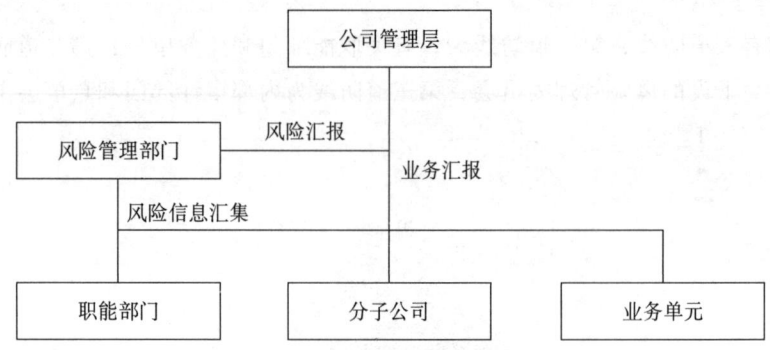

图 5-2-2　风险信息报送流程

表 5-2-2　　　　　　　　　　风险信息报送模版

风险事件描述	可能产生影响	建议的措施	报送时间	单位	重要程度	风险类	风险项	与重大风险相关性
示例： 20××年零部件量价规划未发布：无法指导供应商提前规划产能以适应长安公司产量增加，且20××年预测计划在9-10月2个月内连续变动3次，风险梳理工作不断重复，目前各工厂、基地以及供应商均对20××年计划的准确性存有疑虑	供应商产能不能满足20××年生产计划导致保供风险	要求制造物流部10月31日前确定并发布供应商20××年量价规划	20××Q4	采购部	一般	运营	采购与供应管理	直接相关
……	……	……						

二、风险管理制度内容

风险管理包含了风险信息收集、风险评估、风险策略与应对、风险跟踪管理、风险报告等活动，在风险管理的制度中，至少应包括如表 5-2-3 所示的项目和主要内容：

表 5-2-3　　　　　　　　　风险管理制度内容一览表

风险信息收集	采用风险识别的方法与技术对风险进行识别
	收集外部信息，如竞争对手、市场环境、行业状况、产业政策等资料
	收集内部信息，如财务数据、生产经营等资料
	对收集的信息整合、加工、筛选与传递等
风险评估	对收集信息进行排序确定风险重点
	采用定性与定量方法，对风险分析排序确定重点
	应吸收专业人员，规范程序，确保结果准确
风险策略与应对	结合风险承受度权衡风险与收益，确定应对策略
	采用风险规避、降低、分担、承受、对冲、补偿、控制等措施应对风险
	制定风险管理解决方案
风险跟踪管理	跟踪监控指标
	定期调研和评价风险
风险报告	建立重大重要风险定期汇报机制
	明确风险报告编制内容及报送时间

第三章　风险信息收集与评估

一、风险信息收集

持续关注并收集所辖业务领域相关的各类风险信息，包括但不限于战略、投资、财务、法律、运营等五方面。

（一）在战略风险方面应关注并收集下列重要信息

1. 国内外宏观经济政策以及经济运行情况，相关行业状况、国家产业政策；
2. 科技进步、技术创新的有关内容；
3. 市场的需求情况；
4. 战略合作伙伴的关系，未来寻求战略合作伙伴的可能性；
5. 主要客户、供应商及竞争对手的有关情况；
6. 与主要竞争对手相比，企业的实力与差距；
7. 潜在竞争者、竞争者及其主要产品、替代品情况；
8. 发展战略和规划、投融资计划、年度经营目标、经营战略，以及编制这些战略、规划、计划、目标的有关依据；
9. 对外投融资过程中曾发生或易发生错误的业务流程或环节。

（二）在投资风险方面应关注并收集下列重要信息

1. 投资项目前期可行性研究的全面性、深入性、准确性；

2. 投资项目执行期间影响项目成本、工期、质量的因素；

3. 投资项目后评价情况；

4. 绩效考核及责任落实情况。

（三）在财务风险方面应该关注并收集下列重要信息

1. 负债、或有负债、负债率、偿债能力；

2. 现金流、应收账款及其占销售收入的比重、资金周转率；

3. 产品存货及其占销售成本的比重、应付账款及其占购货额的比重；

4. 制造成本和管理费用、财务费用、营业费用；

5. 盈利能力；

6. 成本核算、资金结算和现金管理业务中曾发生或易发生错误的业务流程或环节；

7. 与企业相关的行业会计政策、会计估算、与国际会计准则的差异与调节（如递延税项等）等信息。

（四）在法律风险方面应该关注并收集下列重要信息

1. 国内外与企业相关的政治、法律环境；

2. 影响企业的新法律法规和政策；

3. 员工道德操守的遵从性；

4. 签订的重大协议和有关贸易合同；

5. 发生重大法律纠纷案件的情况；

6. 自身和竞争对手的知识产权情况。

（五）在运营风险方面应该关注并收集下列重要信息

1. 价格及供需变化；

2. 原材料、配件等物资供应的充足性、稳定性和价格变化；

3. 主要客户、主要供应商的信用情况；

4. 税收政策和利率、汇率、股票价格指数的变化；

5. 产品结构、新产品研发；

6. 新市场开发、市场营销策略，包括产品或服务定价与销售渠道，市场营销环境状况等；

7. 组织效能、管理现状、企业文化、高、中层管理人员和重要业务流程中专业人员的知识结构、专业经验；

8. 质量、安全、环保、信息安全等管理中曾发生或易发生失误的业务流程或环节；

9. 因内、外部人员的道德风险致使企业遭受损失或业务控制系统失灵；

10. 造成损失的自然灾害；

11. 对现有业务流程和信息系统操作运行情况的监管、运行评价及持续改进能力；

12. 风险管理的现状和能力。

企业在日常工作中，指定风险控制专员对风险信息进行收集并于每季度末进行报送。风险管理部门对风险信息进行分类整理，对于可能造成较大影响的风险事件进行分析与警示，并将重要风险信息传递至企业高级管理层。

各企业根据实际情况，按照风险分类，对风险事件进行归集（见表5-3-1），从而构建风险事件库，每年对风险事件库进行更新。

表5-3-1　　　　　　　　　　风险事件库

风险分类	序号	风险事件描述
战略管理风险	1	战略定位有待进一步清晰，尚未与同行业企业形成差异化，限制了发展空间。
	2	主业定位在产业链中优势不明显，没有形成核心竞争力。
	3	行业定位与市场定位不准确，导致制定战略目标难以实现。
	4	战略定位与国际市场需求不同步，导致战略目标难以实现。
	5	经营缺乏清晰定位及长远规划，导致陷入发展瓶颈。
	6	投资规划缺乏前瞻性与计划性，影响到公司战略目标的实现。
	7	业务收入对某一业务模式依赖度过高，影响公司经营稳定性。
	8	战略研究制定和分析论证能力不足，导致战略目标的制定存在偏差。
	9	主导业务判断不准确，企业主要业务方向迷失。
	10	战略目标实施不完整，不具体，致使目标无法实现。
	11	对战略规划的分解、细化不到位，影响战略目标的落实。
	12	战略执行过程缺乏监督检查，导致执行不力，影响企业发展。
	13	战略实施过程中缺乏足够的外部环境变化分析，导致战略无法及时调整。
	14	对战略方案和实施计划的宣贯不到位，导致企业上下对战略的认识、理解不到位、不统一，影响战略执行的效果和效率。
	15	战略执行过程中，由于缺乏前瞻性和危机意识，执行力度和研发力度不够，现有产品即将进入衰退期，尚未开发新产品投入市场，导致公司被市场淘汰。
价格风险	16	对客户议价能力较弱，下游市场需求降低，导致产品价格不得不下降。
	17	国家政策、产业政策的调整导致原材料价格上涨。
	18	行业集中度比较低，竞争无序，为了维系客户占领市场而进行"价格战"。
	19	国际市场波动引发国内原材料价格的上涨。
	20	天气、自然灾害等原因导致原材料价格上涨。
	21	通货膨胀预期明显，导致原材料价格随之上涨。
	22	主要供应商由于安全事故等原因导致生产中断，致使原材料供应紧张。
	23	……

二、风险评估

（一）定义

主要是指企业年度重大风险评估，即是年底进行的对企业未来一年中可能对战略目标实现、经营管理活动等产生重大影响的风险进行评估，为战略决策、管理持续改进提供支持。

（二）原则

要做好风险评估，必须遵循以下几方面的原则：

1. **整体性原则**。风险造成的损失往往是多方面，因此，风险评估时，必须从整体出发，全面、系统地考虑造成损失的各种因素及损失的各个方面，并考虑这些因素之间的相互联系和相互作用。

2. **统一性原则**。风险评估是针对某一风险事件进行的，因此风险评估要保持统一性。不能将与风险因素和企业无关的资料考虑进去，作为风险评估的依据。

3. **客观性原则**。风险评估的方式和方法多种多样，不同的衡量、评价风险的方式可获得不同的结果，因此，风险评估应尽可能地使风险预测、风险评估的结果与实际发生的损失相一致，尽可能反映客观存在的风险。偏差过大，会造成不必要的损失。

4. **可操作性原则**。风险评估是涉及面广、管理难度大的项目，这就要求企业灵活运用具有可操作性和通用性的风险评估方法，尽量避免使用高深、繁琐的评估方法。这不仅可以减少风险评估的工作量，还可提高风险评估的质量。

（三）评估方法及程序

风险管理部门牵头组织，一般采取线上和线下相结合的方式进行风险评估，各部门根据业务情况，按照风险评估标准进行填报，最后由风险管理部门通过风险发生可能性和影响程度，对风险信息进行评估。

风险评估得分＝风险发生可能性＊风险影响程度（见表5-3-2、表5-3-3），然后再根据风险评估得分进行排序，作为企业重大风险评估的依据。

风险评估中，可考虑评估者在企业中的层级，及评估者对风险业务的相关性，对评估分数进行加权汇总计算。

表5-3-2　　　　　　　　　　风险可能性量化定义表

因素名称		发生可能性
描述		指在企业当前的风险管理水平下，风险事件发生的概率或发生的频度。
很高	5	风险事件发生的可能性非常高。每10次可能会发生该风险事件的企业行为中，该风险事件会发生8次以上（含8次）。
高	4	风险事件发生的可能性很高。每10次可能会发生该风险事件的企业行为中，风险事件发生5次以上8次以下。
中	3	风险事件发生的可能性一般。每10次可能会发生该风险事件的企业行为中，风险事件发生2次以上5次以下。
低	2	风险事件发生的可能性较低。每10次可能会发生该风险事件的企业行为中，风险事件发生2次以下。
微小	1	风险事件基本不会发生，仅在例外情况下可能发生。

（四）风险等级的最终确定

风险评估结果计算后，将评估的风险进行总体排序，结合企业的实际情况，对风险情况进行分级，确定年度重大、重要风险（见图5-3-4）。

表 5-3-3　　　　　　　　　　　风险影响程度量化定义表

因素名称		影响程度
描述		指如果风险发生,对企业的战略目标或财务指标等所产生影响的大小。
非常高	5	持续健康发展:企业经营发生严重亏损,企业整体目标完全无法实现。 经济价值:对企业资产/净利润/成本/资金的影响约在20%以上。 商誉:对企业商誉、地位、形象造成严重不良影响,很难、甚至无法恢复。
高	4	持续健康发展:企业正常持续经营受到很大影响,企业整体战略目标很难实现。 经济价值:对企业资产/净利润/成本资金的影响约在10%—20%之间。 商誉:对企业商誉、地位、形象造成严重不良影响,要消除这种影响需要很长的时间或要付出很高的代价。
中	3	持续健康发展:企业某些部门功能/或子公司受到影响,阶段性目标或某些业务板块目标实现发生困难,影响到整体战略目标的顺利实现。 经济价值:对企业资产/净利润/成本/资金的影响约在5%—10%之间。 商誉:在子公司当地造成严重的影响,需要总公司出面协调或对企业商誉、地位、形象造成一定的负面影响,这种影响可能持续较长的时间。
低	2	持续健康发展:局部工作受到阻碍,对整体战略目标的影响较小。 经济价值:对企业资产/净利润/成本/资金的影响约在1%—5%之间。 商誉:在公司当地造成较大影响,在当地消除这种影响需要较长的时间,或对企业商誉、地位、形象只是有较小的负面影响,且影响程度较低
微小	1	持续健康发展:对整体战略目标的影响较小。 经济价值:对企业资产/净利润/成本/资金的影响约在1%以下。 商誉:对子公司造成一些影响或对企业商誉、地位、形象没有影响,或影响很小,这种影响可以在短期内自行消除。

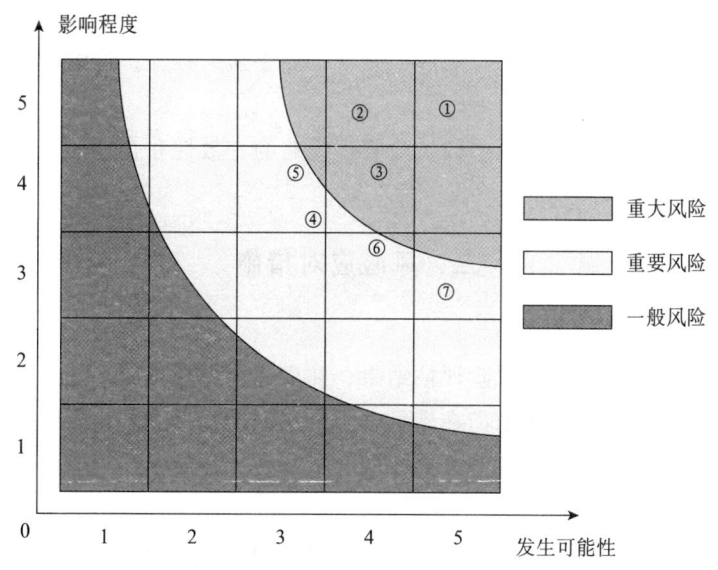

图 5-3-4　风险评估坐标图

1. 结合企业战略目标、年度经营目标，对排名靠前风险进行再次审视，评估风险对经营目标的影响。

2. 结合企业年度经营策略（激进、稳健、保守），综合考虑对风险的容忍度，选取排名靠前风险，确定年度重大、重要风险。

3. 重大、重要风险的确定可参照 TOP 管理工具，确定 5—10 个风险作为重点管控对象，开展后续风险管理。

4. 重大、重要风险的确定可经公司管理层会议集体讨论确定。

第四章 风险管理应对

一、风险管理策略

风险管理策略是指企业根据自身条件与外部环境，围绕企业发展战略、确定风险偏好、风险承受度、风险管理有效性标准，选择风险承担、风险规避、风险转移、风险控制等合适的风险管理工具的总体策略，并确定风险管理所需人力和财力资源的配置原则。

风险承担，是指企业自己承担风险损失。当某种风险不能避免，或因预期收益超过管理成本时，则选择接受风险带来的影响与损失。

风险规避，是指选择放弃、停止或拒绝等方式处理面临的风险。

风险转移，是指企业通过契约、合同、经济、金融工具等形式将损失的财务和法律责任转嫁给他人，达到降低风险发生频率、缩小损失幅度的目的。

风险控制，是指企业对既不愿放弃也不愿转移的风险，通过查找风险因素借助风险事故形成损失的源头，降低损失发生的可能性、频率，缩小损失程度，达到风险控制目的的控制措施与方法。

企业应阶段性总结和分析已制定的风险管理策略的有效性和合理性，结合实际不断修订和完善。

二、风险应对措施

（一）制定措施

风险管理部门根据年度重大风险评估结果，在广泛征求意见的基础上，将年度重大风险管理任务分解落实到各部门。各部门在满足合规合法的前提下，结合实际情况与年度工作计划，坚持经营战略与风险策略一致、风险控制与运营效率及效果相平衡的原则，制定具体的风险应对措施。

风险应对措施主要包括风险项、主要风险事件描述、制定单位、风险动因、预警指标、风险应对措施等，风险应对措施制定后需各部门的一把手审核批准，再由风险管理部门汇总

(见表 5-4-1)。

表 5-4-1　　　　　　　　　　风险应对措施汇总表

序号	风险项	主要风险事件描述	制定单位	风险动因	监控指标	风险应对措施

(二) 重大风险决策

对于企业的风险评估结果与风险应对措施，将通过公司高级管理层或审计委员会进行决策，以确定企业的重大风险事项与化解风险事项的措施，明确年度的风险关注点，同时也让企业高层了解企业的风险所在。

经决策后的重大风险管理策略及应对措施，将以管理任务形式下发至各相关单位，风险管理部门持续进行风险跟踪。

第五章　风险跟踪管理

一、风险跟踪管理

风险跟踪管理是指对风险的发展情况进行跟踪观察，督促风险规避措施的实施，同时及时发现和处理尚未辨识到的风险，它是风险动态管理的重要组成部分。

风险跟踪过程的活动包括以下内容：监控指标分析、应对措施回顾、对新增风险事件采取应对行动。

对年度评估出的重大、重要风险的跟踪，由风险管理部门完成。

二、监控指标分析

(一) 定期收集风险监控指标完成情况

各业务部门应对本单位负责管理的风险变化情况进行跟踪。对于年度评估出的年度重大、重要风险，风险管理部门应持续跟踪，定期收集相关的业务数据、财务数据，掌握监控指标的运行情况，并在《重大风险跟踪表》(见表 5-5-1) 中进行记录。

(二) 及时了解与重大、重要风险相关的外部信息

针对重大、重要风险相关信息，风险管理部门应通过与业务部门沟通、外部交流、互联网等多种形式及时了解，并分析其对风险的影响程度，对后期风险变化的趋势进行预测，相关信息在《重大风险跟踪表》中进行记录。

表 5-5-1　　　　　　　　　　　　　重大风险跟踪表

序号	风险项	风险程度	监控指标说明	主要责任单位	风险信息跟踪	风险监控指标	报告期运行情况	风险管理情况			后期趋势预测
								事前	事中	事后	
1	示例：竞争风险	重大	销量目标、市场占有率提升达到年度KPI目标。	产品策划部、商用车事业部、轿车销售事业部	外部信息： 1. 新车型 2. 新技术 3. 大型价格促销 内部信息： 1. 销售数量、计划完成情况 2. 市场占有率 3. 新车型上市达成 4. 客户满意情况	销量达成					
						市场占率					

三、应对措施回顾

（一）应对措施的实施

对年度评估出的重大、重要风险，风险管理部门与相关业务管理部门共同制定应对措施。应对措施应落实责任单位负责实施。

责任单位在实施风险应对措施的过程中，应根据风险变化情况及时对措施进行调整，并对实施情况进行记录，定期向风险管理部门报告。

（二）风险管理情况调研

风险管理部门应对重大、重要风险的应对实施情况定期开展调研，至少每半年调研一次。调研主要采取实地观察、访谈、数据分析等形式。

风险管理调研的主要内容包括：

1. 风险责任单位是否制定了风险应对的行动计划；
2. 是否对风险应对情况进行跟踪和记录；
3. 是否对风险的变化趋势进行分析；
4. 是否根据风险的变化情况及时调整应对措施。

风险管理部门应将风险应对措施的回顾情况在《重大风险跟踪表》中进行记录。

四、新增风险事件

通过对风险监控指标的分析和对风险应对措施的回顾，风险管理部门在跟踪风险的过程中，由于内外部环境、条件的变化，会有新的风险出现，风险管理部门在对风险进行持续监控时，应及时识别新增风险事件，并组织相关业务部门对风险进行评估，制定风险应对措施，并将其纳入下期风险跟踪内容进行监控。

第六章 风险报告

一、风险报告内容

风险报告是企业风险管理信息和企业管理控制状态在一定时期内的总结表述，是企业风险监控的独特工具。可靠的报告为管理层提供适合其既定目标的准确而完整的信息，它支持管理层的决策并对企业活动和业绩进行监控。

企业应建立重大重要风险定期汇报机制，编制风险报告，及时向管理层进行汇报。

风险报告按报告内容分类，有风险信息报告、风险分析报告、风险评估报告、风险管理报告。在实际工作中，可以对一种内容单独进行报告，也可以根据管理的需要，将几种内容结合在一起进行报告。下面主要介绍年度全面风险管理报告、季度专项汇报、风险信息定期报告等三种风险报告的编制方法。

二、风险报告编制

（一）年度全面风险管理报告

年度全面风险管理报告是反映企业上一年度风险管理工作情况和本年度风险状况、重大风险管理应对措施、以及风险管理体系建设情况的综合性报告。每年年末，企业应按照报告模板、评估方法，开展年度风险评估工作，编制全面风险管理报告。

年度全面风险管理报告由风险管理部门进行编制，并经过企业高级管理层审核通过后发布。

下面的例子"××公司2016年年度全面风险管理报告"可作为模板供参考。

××公司

2016年年度全面风险管理报告

二〇一六年一月

目　录

一、2015年度全面风险管理工作回顾 …………………………………………

　　（一）2015年重大风险评估情况 ………………………………………

　　（二）2015年重大风险管理成效 ………………………………………

　　（三）2015年重大风险产生的影响与损失 ……………………………

二、2016年度全面风险管理工作安排……
  (一)2016年环境影响简要分析……
  (二)2016年度风险评估工作开展情况……
  (三)2016年度风险评估结果……
    1. 年度重大风险评估结果……
    2. 年度重大风险坐标图……
三、2016年重大风险分析……
  (一)重大风险分析……
    1. 竞争风险(重大风险)……
    2. 投资决策风险(重大风险)……
    3. 销售管理风险(重大风险)……
    4. 人力资源风险(重要风险)……
    5. 采购与供应风险(重要风险)……
    6. 产品质量风险(重要风险)……
    7. 安全环保风险(重要风险)……
  (二)2016年全面风险管理工作的计划……

(二)季度专项汇报

季度专项汇报主要有两个方面的内容:一是年度重大重要风险的回顾,包括监控指标表现情况、重要风险因素的变化情况以及对下一季度新增风险的应对建议;二是对当前重点风险的专项调查汇报,包括风险管理现状分析、风险评估情况和风险管理建议。

季度专项汇报由风险管理部门负责编制。对年度重大重要风险的回顾主要根据《重大风险跟踪表》记录的内容进行编制。编制重点风险的专项调查报告按以下步骤进行:

1. 收集相关的风险信息和数据;
2. 对风险进行分析和评估;
3. 将评估结果与相关业务部门进行沟通,并讨论相应的风险应对措施;
4. 形成报告并报风险管理部门负责人审核;
5. 进行季度专项汇报。

(三)风险信息定期报告

广泛、持续不断地收集与识别影响经营目标实现的各种有利因素及不利因素,是风险管理的基础。风险信息的报告分为两种形式,一是重大、紧急风险信息由业务部门即时向其主管领导及风险管理部门报告;二是风险管理部门定期将收集到的各种风险信息进行归类整理,报告给管理层,以支持其决策。下面主要介绍风险信息定期报告。

报告的主要内容:一是反映风险信息收集报送工作的整体情况,让管理层了解各单位对风险管理工作的重视程度;二是报告重点风险信息;三是提出对风险管理工作的建议。

风险管理部门定期收集风险信息一般按季度进行。主要步骤如下:

1. 制订《风险信息清单》(见表5-6-1),向各单位发放;

2. 各单位在规定时间内上报《风险信息清单》；
3. 风险管理部门对《风险信息清单》进行统计、整理；
4. 形成报告并报风险管理部门负责人审核；
5. 发出报告。

表 5-6-1　　　　　　　　　风险信息清单
20××年×季度风险信息收集表

序号	风险事件描述	可能产生影响	建议措施	报送期间	部门	备注

三、结束语

风险管理是一个持续不断的过程，也是一个持续改进和提升的过程，风险管理通过风险收集、风险评估、风险应对、风险跟踪及报告，对企业重大、重要风险进行闭环管理，对风险管理过程中的偏差，不断地报告、修正和完善。

6 内部管理报告

第一章 内部管理报告概述

一、内部管理报告的概念

内部管理报告是管理信息的一种载体,其针对管理需要,以一定的形式为管理控制提供决策信息支持。

就企业而言,作为价值创造实体,其一切活动的最终目标都在于利用相关资源,进行决策和控制,实现价值增值。内部管理报告在财务报告的基础上,综合运用管理会计的多种方法,融合各种财务的、非财务的信息,对企业经济活动进行反映、预测、决策、规划与控制,协调和沟通企业董事会、管理者和相关人员,支撑企业资源的有效调整和配置,助推企业价值创造。

综上,本手册的内部管理报告主要指企业内部管理报告,其定义为:内部管理报告是一种综合信息文件,它借助相关方法和工具,对财务信息和非财务信息进行综合加工,反映企业经营、管理及财务状况,支撑决策与控制,促进资源配置的有效性,服务价值创造。

二、内部管理报告与管理会计

会计是一个信息系统,由若干子系统组成,其中最重要的两个子系统是财务会计和管理会计[1]。财务会计与管理会计,最主要的差别之一就是服务对象不同。财务会计主要是侧重于为外部投资者以及利益相关者的评价、决策和投资提供信息服务和支撑;管理会计则侧重于为内部经营管理者的经营策略、资源配置和管理决策提供信息支撑。

管理会计信息系统为一个企业(或组织)内部的各级经理乃至普通员工的决策提供信息,在本质上他是种种创造企业价值的信息系统[2]。

---

[1] 于增彪:《管理会计》,清华大学出版社 2014 年版。
[2] 余绪缨:"论知识经济与创造性人才的培养",《中国经济问题》,1984 年。

内部管理报告就是对实际经济运行状况的结果进行确认、计量、记录和报告，通过内部管理报告，实现内部管理所用信息的上传下达，促使企业各项经济运营活动得以顺利开展。从这个层面来说，内部管理报告属于管理会计范畴，是管理会计信息的集中反映形式。

三、内部管理报告与全面预算管理

一是内部管理报告与全面预算管理一样，是管理会计工具中能够比较综合的反映信息的工具，是平台性的管理工具。

二是内部管理报告依托于全面预算管理及其他管理会计工具，以全面预算管理为起点和基础。

三是内部管理报告服务于全面预算管理，但又不局限于全面预算管理。

四、内部管理报告与其他管理会计工具

内部管理报告作为管理会计的一部分，是管理会计信息的集中反映形式，是一种相对综合性的管理会计工具。与其他管理会计工具相比，其有以下特征：

一是内部管理报告不能完全单独存在，其他工具是内部管理报告的基础。内部管理报告作为管理会计信息的集中反映形式，其无论是编制、分析方法，还是评价、判断依据都必须以预算管理、标准成本、作业成本为基础，任何的其他工具的缺失都会导致最终的内部管理报告的缺项。

二是内部管理报告具有管理会计的基本特性：既是对过去的反映，更是对未来的预测。相比其他管理会计工具，内部管理报告实际上是对信息的加工分析，既是在说明过去，更是在判断未来。

三是内部管理报告个性化特征鲜明。内部管理报告针对的是管理需求，因此针对性直接导致其个性化特征鲜明，不同的时间，不同的环境，不同的企业，甚至不同的管理者和编制者都会影响内部管理的内容和表现。

四是内部管理报告有十分明显的时效性要求。因为内部管理报告的作用就是反映、预测、决策、规划、控制以及协调和沟通，那么对相关信息的及时处理、反映和传递就显得尤为重要。

五、内部管理报告与财务报告

会计是一个信息系统，由若干子系统组成，其中最重要的两个子系统是财务会计和管理会计[1]。与之相对应，会计报告也有财务报告和内部管理报告，财务报告是财务会计系统的信息载体，内部管理报告是管理会计系统的信息载体。

（一）内部管理报告与财务报告的区别

内部管理报告与财务报告二者相互区别，主要表现详见表 6-1-1。

---

[1] 于增彪：《管理会计》，清华大学出版社 2014 年版。

表 6-1-1

项目	财务报告	内部管理报告
报告基础	会计信息系统，财务信息	会计信息系统和其他信息系统，包括财务信息、非财务信息
报告目的	为外部和内部使用者提供信息	内部经营管理者的经营策略、资源配置和管理决策提供信息支撑。
报告内容	整个企业经营活动的全过程的信息	企业整体，或者企业内部生产经营、管理单元信息，甚至是个体因素
报告特征	着重数据的客观性、连贯性、准确性	更强调决策的相关性，允许主观信息存在

（二）内部管理报告与财务报告的联系

内部管理报告与财务报告相互联系，从财务数据角度来看属于"同源分流"，两者都是会计报告的组织部分。

一是内部管理报告与财务报告的边界划分是相对的，企业的内部报告中包含财务信息和非财务信息，其中的财务信息与财务报告中信息有很强的重复性；而财务报告中，也会适当披露一些内部管理计划、方案等内部管理信息。

二是内部管理报告与财务报告的使用者并非完全绝对的。因为财务报告对企业外部相关利益的决策有重大影响，内部经营管理者对财务报告也是相当关注的；而外部投资者由于投资决策的需要，除了财务报告信息，更希望得到内部管理信息，以便更多的了解企业。

六、内部管理报告的功能

内部管理报告作为财务信息和非财务信息的综合载体，综合反映了企业经营、管理及财务状况，有助于企业内部沟通、决策、控制和评价，促进企业资源有效配置，其最终目标在于促进企业价值创造。内部管理报告主要功能就是：信息沟通、预测与判断、决策支撑、管理控制以及业绩评价与激励功能。

第二章 内部管理报告的分类

一、基于组织层级的内部管理报告分类

典型的企业组织和内部管理都被层级化或结构化，不同的管理结构和管理层级需要不同的决策、管理信息，这就是由使用者差异所带来的信息需求差异。这种信息需求差异从根本上决定了内部管理报告的针对性和层级区隔。

（一）组织层级分析

按照美国斯隆管理学院提出的"安东尼结构"的经营管理层次结构，把经营管理分成

三个层次,即战略规划层、战术计划层和运行管理层[①]。战略规划层:从组织根本利益出发,考虑组织全局性、战略性、方向性的问题,战略规划层的决策关乎企业兴衰成败;战术计划层:在战略、方针既定的情况下,制定、拟定和选择对应实施方案、步骤和程序,进行相应的分配和调整,对企业经营活动进行控制和评价;运行管理层:是企业日常经营活动和具体工作任务的执行单元(组织、个人),涉及范围较窄,只对组织产生局部影响。

(二) 不同层级的信息需求分析

由于组织层级的区隔,带来不同组织层级对信息需求的差异。战略规划层的信息需求注重价值驱动因素分析、结果分析。重点关注宏观环境信息、资源受托责任的履行情况信息、重大财务和经营决策信息、价值贡献信息、规划或预算管理信息等;战术计划层更加关注管理和控制,对过程的认知感较强。重点关注预算管理信息、产品信息、经营管理信息、资产运营与现金流信息、绩效评价信息等;运行管理层对即时信息异常敏感,因为财务会计的确认和计量的滞后性,所以这个层面,财务会计信息往往不能满足运行管理层的需求,运行管理层信息更加关注具体生产经营中的过程信息,包括研发、品质、采购、生产、销售等。

(三) 基于集团公司实际的内部管理报告分类

比照这种分类模式,内部管理报告按照使用对象对信息需求的差异也可以简单分为战略层级,战术计划层级和运行管理层级。就大型企业集团来说,也可以基本比照"安东尼结构"进行相应分类,比如,在组织层级上,分为战略规划层(主要应包括集团公司,集团公司各专业公司)、战术计划层(主要包括各独立经营的企业主体)、运行管理层(主要包括企业内部的研发、采购、制造、营销等部门或分厂(车间)以及职能部门和分厂(车间)的具体管理岗位)。在管理职能上,每个企业内部基本上都有管理层(高层)、执行层(中层)、操作层(基层)的相应分类。但是由于实际经营管理中组织机构和管理职能的重叠和交叉,这种对内部管理报告组织层级的分类并不完全绝对。它更多的是提供一种参考,提示内部管理报告的编制应充分考虑使用者及其信息需求的差异。

为使内部管理报告的分类更具实操性,本手册将内部管理报告按照组织层级不同,简单分为两类:战略决策型和业务管理型。

二、内部管理报告的其他分类

1. 基于报告基础差异的内部管理报告分类。内部管理报告的基础是指内部管理报告中的分析标杆,比如基于预算管理和执行的内部管理报告、基于经营改善的内部管理报告或者基于过程控制的内部管理报告等。这其中,基于预算管理和执行的内部管理报告是本手册的重点,在本手册中,若无特别说明,内部管理报告手册均以预算管理和执行为基础。

2. 基于报告目的差异的内部管理报告分类。按照内部管理报告的目的不同,可以分为日常内部管理报告和专项管理报告。其中专项管理报告主要包括类似与投资报告、产品策划报告、研发立项报告等。

[①] 杨奎:"网络条件下的铁路统一调度指挥方法研究",西南交通大学硕士论文,2012年。

3. 基于时间和期间的内部管理报告分类。按照期间长短,可以分为月度报告、季度报告、年度报告和长期报告。期间越短,实效性要求越高,期间越长,信息范围要求越广。

第三章 内部管理报告的环境分析

内部管理报告功能和作用的发挥,需要有良好的环境,这里的环境至少包括流程与机制、组织和人员以及信息化支撑等方面的内容。

一、流程和机制

内部管理报告有效运用,要有相应的流程和机制保证,建立从使用者需求出发,建立内部管理报告信息需求的"收集—分析—反馈"机制。

1. 确定报告目的和报告主题。报告主题与报告目的是对报告信息需求的前瞻性分析,明确报告受众、信息内容,并进一步确定信息范围、信息来源,同时会相应选择或圈定报告形式。报告主题与报告目的的确定,可以加强报告的针对性和有效性,降低不必要报告产生的可能性。这是内部管理报告要解决的首要问题。

2. 信息收集、分析和整理。这是内部观报告编制的核心环节,实质上就是围绕报告主题和报告目的,针对特定的对象和范围,收集所需信息,并进行内部管理报告编制的过程。这个过程需要企业建立内外部重要信息的收集机制,需要有相应的组织职能明确和保证。

3. 信息传递。信息传递是连接信息提供者和信息使用者的过程,其传递的有效和及时对内部管理报告作用的发挥有重要作用[①]。企业应建立相应的制度,来明确报告的适用范围,明确相应的分工和权限,确保传递流程清晰,提高流转效率。

4. 报告使用。内部管理报告的最终目的在于报告使用,支撑决策,反馈或取得反馈信息。内部管理报告的使用既包括受众收到、理解内部管理报告信息,也包括内部管理报告涉及主体(事项)通过内部管理报告进行相应的改变和反馈。

5. 内部管理报告的档案管理。内部管理报告(包括纸质介质形式、电子信息形式)应建立类似财务报告的档案管理,纳入财务档案体系。一是便于内部管理报告的查阅、对比分析和改善,提高内部管理报告的有用性;二是企业内部的运营情况、技术水平、财务状况以及有关重大事项等通常涉及商业秘密,这些内部信息泄露可能导致企业的商业秘密被竞争对手获知,使企业处于被动境地,甚至造成重大损失。

二、组织和人员

内部管理报告流程和机制的有效运行,必须以相应的管理机构和人员为支撑。组织建设

---

① 张晓明:"企业内部管理报告研究",财政部财政科学研究所博士论文,2011年。

和人员配置，以及相应的职责分工，明确内部管理报告信息收集、报告编制的责任主体。可参照或借用公司预算管理中预算管理委员会的设置，由公司负责人或者经营、财务负责人牵头，配置一定数量专业人员，履行相应职责。

1. 建立常用内部管理报告规范体系。一是根据自身的发展战略、业务模式、组织架构等特点，规范不同级次内部管理报告的指标体系，合理设置关键指标和辅助指标；二是确定内部管理报告模板，包括报告格式、报告名称、主体内容、所属类别、报送频率、报送对象以及备注说明等。

2. 明确职责、固化流程。对基础数据、业务变化、财务指标等不同类别的信息需求明确信息源、信息采集单位和报送对象，实现信息"收集—反馈"流程相对固化。

4. 信息规范。通过内部管理报告相应概念的内涵和外延规范明确，明确信息差异及使用范围，避免信息、概念混淆，造成决策误导。

5. 根据变化定期修订内部管理报告内容。

6. 负责编制内部管理报告或者指导专业对象编制内部管理报告。

三、信息化支撑

内部管理报告是财务和非财务信息的综合载体，其对信息的收集、分析和加工，横向范围越来越广，纵向深度越来越深。其收集和加工的信息量越来越大。信息化发展和建设，提高常规任务的自动化程度，将会计人员从简单核算的重复劳动中解脱出来，进行复杂的、多维度的财务与非财务分析成为可能，促使会计人员从角色转变。同时，流程固化和信息标准化也需要信息技术支撑，信息技术消除由于信息传递和意义上的错误而造成的信息扭曲和理解误差，提高信息的易传输性和易理解性。

第四章 内部管理报告编制

一、内部管理报告编制原则

内部管理报告主要是为了满足内部管理与控制，为企业内部管理者提供决策有用信息。尽管企业内部管理报告的形式和作用各有不同，但有效的企业内部管理报告应当遵循以下编报原则。

1. 适用性原则。内部管理报告的内容、表现形式，应与企业组织结构和管理职能设置相适应。一是层级适应。如前文所述，不同的管理层级的信息需求应有所区别；二是职能适应。不同的管理者，如销售经理和采购经理、研发经理，其对内部管理报告信息关注度是不同的；三是目的差异，可能是揭示日常生产经营的，也可能是进行专项活动分析的。

2. 可理解性原则。内部管理报告最终目的是使用，而其使用者大多不是财务人员。因此,内部管理报告在内容、种类、格式尽可能做到清晰、简明、易懂,便于理解和利用。内部管理报告应该是已经进行整理、加工后的信息,而不是正在或尚需加工的信息。内部管理报告应该是结果性、结论性的反映。

3. 重要性原则。内部管理报告的设计上,在模板内容固定化的同时,既要强调内容的覆盖性、避免错漏,更应该体现重要性。内部管理报告应该能引导管理者的注意力,使其集中于少数重要事件上,使管理者有效率的运用其有限的时间,使其有充裕的时间来解决问题。判断重要性的标准,主要是看管理信息与报告使用者经济决策的相关程度的大小,有定量和定性两种判断标准。定量标准可事先制定控制界限,控制界限可用金额或比率表示,当差异额超过此限额或差异幅度超过此比率者,均视为重要,应予追查;定性标准有两种,一种是经常需要的信息,一种是某一时期特别需要的信息①。

4. 时效性原则。对于管理控制和经营决策而言,时间是除质量之外考虑的最重要因素。在考虑成本的前提下,应尽量缩短决策与报告提供之间的时间差。遇有突发事件或意外事项时,可就所涉及的事件或部门编制非定期的个性化报告,要符合决策所需的时效性,满足管理者的快速响应需求,及时提供例外报告进行预警②。

二、内部管理报告编制的具体内容

内部管理报告分类不同,其实际内容和形式也会略有差异,但一般来说内部管理报告应包括几部分内容,如图 6-4-1。

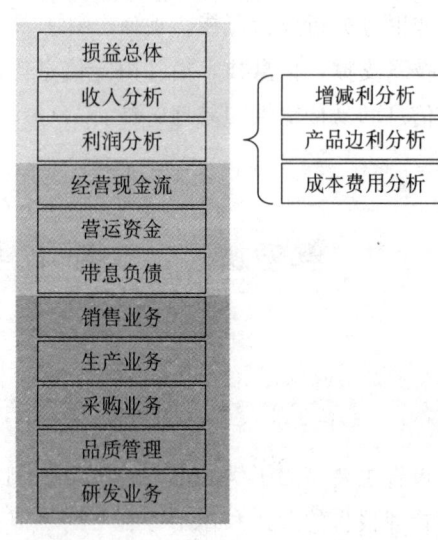

图 6-4-1

在这个内部管理报告结构下,要说明以下几点:
(1)损益分析以利润分析为主线,重视对利润影响因素分析;

---

① 张晓明:"企业内部管理报告研究",财政部财政科学研究所博士论文,2011 年。
② 同上。

（2）损益部分以预算执行分析为主线，同比增减和环比增减辅之；

（3）此分类中，资金分析包含经营现金流、营运资金、带息负债；

（4）业务情况中仅是代表性列举。

三、按组织层级分类的内部管理报告模型示例

企业的内部管理报告应参考组织层级划分，对应确定各层次的管理重点和信息需求；根据各个层级管理重点和信息需求差异确定相应内部管理报告的核心内容和重点。由于在实际操作中，层级边界存在模糊性，部分信息又存在层级交叉，因此，本指导手册中按照战略决策与业务管理两个层面，对应集团公司和具体企业，分别进行内部管理报告管理模型列示，以供参考。在实际使用中，建议根据报告时间节点、报告目的、受众范围等因素进行适当的调整，以更加契合实际需求。

（一）战略决策型内部管理报告

1. 适用对象。战略决策型内部管理报告适用于集团管控型企业集团或具有相似特征的部分企业，其关注的重点是战略方向、产品产业布局、重大投资、重大风险以及集团或产业盈利能力。

2. 重点关注信息。对应内部管理报告的适用对象及其重点关注内容，战略决策型内部管理报告应包括宏观形势、行业形势、总体经营情况、主要产品发展、重点项目（工作）情况、经营特点及问题总结、相关建议、未来预计等方面内容。

3. 内部管理报告模型示例。内部管理报一般由标题（主题）、目录（报告提纲）、正文、附件等部分组成。

（1）标题：一般是把主题、单位、时间等简明信息列示于报告的封面。

（2）目录：内部管理报告应该有一个汇报提纲或目录，以便使用者从整体上把握内部管理报告。下面是一个目录的例示。

3.1 宏观形势 ………………………………………………………………（　）页

3.2（产业）行业形势 ……………………………………………………（　）页

3.3 总体情况分析 …………………………………………………………（　）页

3.4 营业收入 ………………………………………………………………（　）页

3.4.1 主要产品分析 ………………………………………………………（　）页

3.5 利润分析 ………………………………………………………………（　）页

3.5.1 利润结构分析 ………………………………………………………（　）页

3.5.2 增减利因素分析 ……………………………………………………（　）页

3.6 经营现金流分析 ………………………………………………………（　）页

3.7 营运资金分析 …………………………………………………………（　）页

3.8 带息负债分析 …………………………………………………………（　）页

3.9 财务综合指标指数 ……………………………………………………（　）页

3.9.1 EVA 分析 ……………………………………………………………（　）页

3.9.2 杜邦分析 ……………………………………………………………（　）页

3.10 重点项目（工作）情况 ··（   ）页
3.11 经营特点及问题总结 ··（   ）页
3.12 相关建议 ···（   ）页
3.13 未来预测 ···（   ）页

（3）正文，按照目录要求内容完成报告。正文要求简明扼要，逻辑严谨，数据准确，实事求是，尽量用表格和图表说话。

（4）附件，主要是指正文没有提及，但又与正文相关必须说明的部分，它是对正文进行详细的补充。

仍以上例目录内容为例，对报告中的各部分内容详解如下：

"3.1 宏观形势"。这里的宏观形势一般意义上主要指宏观经济形势，特定背景或者环境下也可以考虑其他情况，比如国际、国内政治形势等。宏观经济形势是指宏观经济发展状况及其趋势，影响企业运行的宏观经济指标主要有：国民生产总值及其变化、社会商品零售总值及其变化、价格水平及其变化等。

此部分分析，主要是根据经济运行各方面的内在联系，通过能够取得的经济指标，对宏观经济形势作出判断。

基于企业实际情况，此部分内容可能更多的需要借助外部资源。另外，此部分内容主要使用于长期规划、年度预算或者宏观形势已经出现或很大可能出现对企业有重大影响的特殊情况下的专题汇报。

此部分可借助 PEST 分析模型、外部因素评价矩阵等。

"3.2（产业）行业形势"。主要产业行业形势分析，是指对企业生产经营的主要产品（产业）行业整体发展状况和发展趋势的分析、判断和预测。此部分内容主要涉及行业政策分析、行业消费需求分析、行业内竞争对手分析、其他相关产业的发展情况等等。主要从四个方面考虑：竞争形势、运营环境、客户和供应商：竞争形势需要考虑主要竞争者的行动、新竞争者的进入、主要兼并和收购、竞争格局的变化（例如从产品到服务）；运营环境需要考虑政策的变化（例如经济、劳动力、税收等）；客户方面主要关注主要客户的行为和计划、主要客户份额的变化、客户需求的变化、新的分销渠道，减少中间环节；供应商方面主要关注：制约因素（例如劳动力、设备、原材料），质量和价格、交货时间、信用期限和支付方式的变化。

此部分内容可以结合对标分析，对本企业主要产品在行业内的地位和发展进行判断、预测。可借助波士顿矩阵、SWOT 因素分析法、波特五力分析模型等。

"3.3 总体情况分析"。总体情况分析是通过主要财务指标的整体性概括分析，给予使用者关于企业情况的整体概念，并提示重要关注点。如表 6-4-1 所示。

"3.4 营业收入"。收入分析主要是通过分版块的收入明细分析，给予使用者关于目前企业内各产业发展趋势，以及反映是否按照预算执行，并提示各产业发展中的困难和问题。例见表 6-4-2。

表 6-4-1　　　　　　　　　　　　　主要财务指标情况表　　　　　　　　　　　　单位：万元,%

项目	年初预算	当期				累计			
		实际	同比	环比	评价	实际	同比	完成预算	评价
主要产品销量									
营业收入									
经营性利润									
利润总额									
经济增加值									
经营性现金流									
销售净利率									
成本费用占收入比例									
应收账款周转率									
存货周转率									
资产负债率									
带息负债率									

备注：附表项目可根据实际情况略作变动。

表 6-4-2　　　　　　　　　　　　　营业收入分析表　　　　　　　　　　　　　单位：万元,%

项目	年初预算	当期				累计			
		实际	同比	环比	评价	实际	同比	完成预算	评价
合计									
板块一									
板块二									
……									

"3.4.1 主要产品分析"。主要产品分析是收入分析的延伸，整理主要产品的收入贡献、销量趋势，以及产品在行业中地位与发展，来进一步明确企业支撑产业的发展情况和存在问题，以便使用者及时进行相应决策。如表 6-4-3 所示。

表 6-4-3　　　　　　　　　　　　产品收入贡献分析表　　　　　　　　　　　　单位：万元,%

项目	1月	2月	3月	4月	5月	6月	7月	8月	9月	……	累计	占比	备注
合计													
一、板块一													
1. 产品1													
2. 产品2													
3. 产品……													
行业情况													
二、板块二													
1. 产品1													
2. 产品2													
3. 产品……													
行业情况													
三、……													

备注：1. 占比应分两个层面分析，一是企业内部产品结构比；二是企业产品行业占比。

2. 上表可以用其他易于理解，便于表现的形式呈现。

在产品分析中,为便于明确产品在行业地位,明确其发展趋势和方向,可以借助一些专门分析模型来进行分析,比如波士顿矩阵。实际中,可以通过四象限的坐标轴的不同定义,分析产品贡献能力(对内)、产品盈利能力、市场竞争能力以及产品发展能力。

"3.5 利润分析"中的"3.5.1 利润结构分析",利润结构分析主要是通过分版块的明细分析,给予使用者关于目前企业内各板块盈利状况及贡献,以及反映是否按照预算执行,并提示各产业发展中的困难和问题。利润分析中不仅仅指利润总额,可以视情况进行经营利润、净利润,或者 EVA 等分析,亦可进行相应对比分析。见表 6-4-4。

表 6-4-4　　　　　　　　　利 润 分 析 表　　　　　　　　　单位:万元,%

项目	年初预算	当期				累计				
		实际	占比	同比	环比	评价	实际	占比	同比	完成预算	评价
合计											
板块一											
板块二											
……											

"3.5.2 增减利因素分析"。增减利因素分析是运用因素分析的思路,对企业的利润按照影响企业利润因素进行解剖,以便使用者了解影响结果的各因素,实现针对性控制和决策。增减利分析可以和利润结构分析相结合,视情况进行进一步的细化分析。见表 6-4-5。

表 6-4-5　　　　　　　　　增 减 利 表　　　　　　　　　单位:万元,%

项目	当期				累计				
	实际	同比	环比	评价	预算	实际	同比	比预算增减	评价
毛利									
营业税金及附加									
销售费用									
管理费用									
财务费用									
公允价值变动									
资产减值损失									
投资收益									
营业外收支									
利润总额									

备注:毛利=营业收入-营业成本

另,可视情况进行分版块利润率分析,或分板块利润排序分析,都可在利润结构分析和增减利分析基础上进行。

"3.6 经营现金流分析"。经营现金流分析可以是板块贡献分析,也可以是因素分析。但在战略决策层,侧重于板块贡献分析。见表 6-4-6。

表 6-4-6 经营现金流分析表 单位：万元，%

项目	年初预算	当期					累计				
		实际	占比	同比	环比	评价	实际	占比	同比	完成预算	评价
合计											
板块一											
板块二											
……											

"3.7 营运资金分析"。广义的营运资金又称总营运资本，是指一个企业投放在流动资产上的资金，具体包括现金、有价证券、应收账款、存货等占用的资金。狭义的营运资金是指某时点内企业的流动资产与流动负债的差额。在此，我们的营运资金指狭义营运资金。同时，在营运资金因素分析中，我们重点关注应收账款、存货和应付账款，其他营运资金视情况进行补充分析。见表 6-4-7、表 6-4-8。

表 6-4-7 营运资金分析表 单位：万元，%

项目	期初金额	当期	占比	比期初	环比	同比	评价
合计							
板块一							
板块二							
……							

表 6-4-8 营运资金主要因素 单位：万元，%

项目	期初		当期		比期初		环比		同比		评价
	金额	周转率	金额	周转率	金额	周转率	金额	周转率	金额	周转率	
一、应收账款											
板块一											
板块二											
……											
二、存货											
板块一											
板块二											
……											
三、应付账款											
板块一											
板块二											

"3.8 带息负债分析"。带息负债一般情况下包括：短期借款、一年内到期的长期负债、

长期借款、应付债券和应付利息。如果有带息应付票据和带息交易性金融资产,还要考虑这两部分。

带息负债以及带息负债率既可以反映企业负债中带息负债的比重,在一定程度上体现了企业未来的偿债(尤其是偿还利息)压力,又可以在带息负债组成结构中反映企业融资结构的合理性以及偿还风险。见表6-4-9。

表6-4-9 带息负债分析表 单位:万元,%

项目	期初	当期	比期初	环比	同比	评价
带息负债合计						
板块一						
板块二						
……						
带息负债率						
板块一						
板块二						
……						

"3.9 财务综合指标指数"。财务综合指标指数是指利用目前的一些理论成果和模型,进行综合全面财务指标指数分析。这种综合性的分析和评价,能分析企业经营发展管理中各种财务指标的内在关联,在某些时候可以弥补一般分析的缺项缺陷。

这类的综合财务指标指数分析可以直接借用成熟的模型或案例,如杜邦分析法体系以及EVA管理。在分析中考虑内部管理报告的适用性,应进行相应点评和说明。

以下的EVA分析和杜邦分析仅为列示。

"3.9.1 EVA分析"。EVA是经济增加值(Economic Value Added)的简称,是指在扣除资本成本(包括债务成本和股本成本)之后剩余的利润。EVA用最简单的公式和最通俗的语言,诠释了一个经济概念:剩余收益。

EVA分析通过对EVA的计算、比较和分析,对企业价值创造能力进行评价和判断,经过敏感性分析找到影响EVA的关键项目和敏感性因素,对创造和破坏价值的因素和原因进行分析,制定EVA目标和提升措施,如表6-4-10。具体参照《EVA提升管理手册》。

EVA驱动路径表是运用EVA价值驱动的运动机理,改变传统的通过计算调整净利润、负债和所有者权益来计算EVA的方式,从影响EVA的关键驱动因素出发,层层分解EVA的影响因素,使企业领导能很直观理解EVA值的来源,找到EVA的增长点和问题点,为领导决策提供参考依据。

"3.9.2 杜邦分析"。杜邦分析法(DuPont Analysis)是利用几种主要的财务比率之间的关系来综合地分析企业的财务状况。具体来说,它是一种用来评价公司赢利能力和股东权益回报水平,从财务角度评价企业绩效的一种经典方法。其基本思想是将企业净资产收益率逐级分解为多项财务比率乘积,这样有助于深入分析比较企业经营业绩。由于这种分析方法最早由美国杜邦公司使用,故名杜邦分析法。见图6-4-2。

表 6-4-10 EVA 驱动路径表 单位：万元，%

序号	项目 1	2	3	4	5	6	基期值 7	提升目标值 8
1						主营业务利润	主营业务收入	0	0
2							主营业务成本	0	0
3						0	0	主营业务税金及附加	0	0
4					营业利润	+	其他业务利润	其他业务收入	0	0
5							0	0	其他业务成本	0	0
6					0	0	期间费用	管理费用	0	0
7				净利润		−		销售费用	0	0
8		税后净营业利润	0	0			0	0	财务费用	0	0
9					+	非营业利润	营业外收支净额	0	0
10		0	0				投资收益	0	0
11						0	0	其他	0	0
12				−	所得税	0	0	所得税	0	0
13							研究开发费用调整数	0	0
14			+	调整因素×(1−25%)			非经常性收益调整数	0	0
15						0	0	利息支出	0	0
16							货币资金	0	0
17							存货	0	0
18	EVA					流动资产	应收票据	0	0
19	0	0					应收账款	0	0
20							预付账款	0	0
21							其他应收款	0	0
22						0	0	其他	0	0
23							固定资产	0	0
24		−资本成本	资本占用	资本占用	+	非流动资产	在建工程	0	0
25							无形资产	0	0
26		0	0	0	0	0	0	0	0	其他	0	0
27							应付票据	0	0
28						无息流动负债	应付账款	0	0
29					−		预收账款	0	0
30							其他应付款	0	0
31						0	0	其他	0	0
32				−	调整因素	在建工程	在建工程	0	0
33						0	0		0	0
34				×资本成本率				0	0

备注：具体填报说明见《EVA 驱动路径表填表说明及指导意见》。

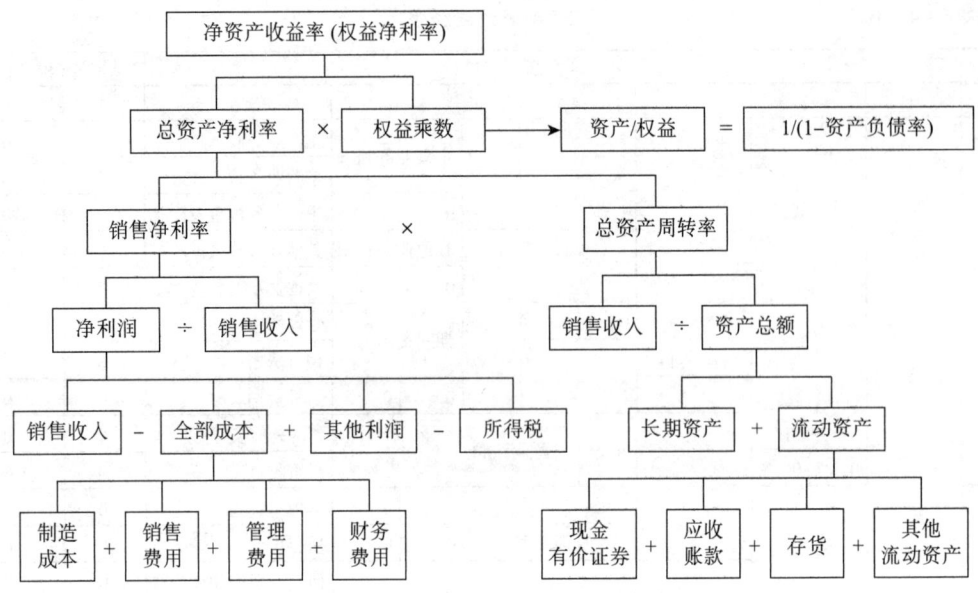

图 6-4-2 杜邦分析法

"3.10 重点项目（工作）情况"。该部分主要是应反映企业当期诸如投资、组织（人员）调整、结构性产业政策变化以及其他对企业有重点影响的事项或者工作。

此部分无形式要求，但内容上应包括项目目的（目标）、项目进展（成效）、项目问题以及项目预计。

"3.11 经营特点及问题总结"。此部分内容应是综合性对分析期间内企业在经营活动中的主要特征，如趋势、亮点进行总结，对存在问题或风险进行提示。

此部分应简洁、扼要。

"3.12 相关建议"。内部报告编制者原则上应该针对企业经营特点及问题总结，提出相应的经营建议。

"3.13 未来预测"。未来预测是指部分假设或措施的前提下，按照企业前期经营，结合分析，对未来作出合理判断和预测。应参照经营预测的方式和内容编制本部分。

本部分内容至少包括主要产品销量、收入、利润、经营现金流、重要资产项目（如应收、存货），还可以结合企业重点项目（工作）情况，对企业产品结构、资产结构、组织（人员）结构以及其他重要事项进行预测、说明。

（二）业务管理型内部管理报告

1. 适用对象。业务管理型内部管理报告适用于各公司及其子公司或者具有公司性质的独立经营的事业部等经济实体，其关注的重点是公司产品、产业规划、产品产业生命周期、产品盈利能力、成本竞争能力、资金安全、其他财务风险以及生产、销售、采购、品质、研发等业务管控。

2. 重点关注信息。对应内部管理报告的适用对象及其重点关注内容，业务管理型内部管理报告应包括行业形势、主要经营情况、损益情况、利润增减、主要业务、主要特点及问题提示、相关建议、业务改善计划、未来预计等方面内容。

3. 内部管理报告模型示例。

内部管理报告一般由标题（主题）、目录（报告提纲）、正文、附件等部分组成。

（1）标题：一般是把主题、单位、时间等简明信息列示于报告的封面。

（2）目录：内部管理报告应该有一个汇报提纲或目录，以便使用者从整体上把握内部管理报告。举例说明：

3.1 宏观形势 …………………………………………………（ ）页
3.2 主要产品（产业）行业形势 ………………………………（ ）页
3.3 总体情况分析 ………………………………………………（ ）页
3.4 损益分析 ……………………………………………………（ ）页
3.4.1 增减利分析 ………………………………………………（ ）页
3.4.2 产品边利分析 ……………………………………………（ ）页
3.4.3 固定成本费用分析 ………………………………………（ ）页
3.4.4 成本管理情况 ……………………………………………（ ）页
3.5 经营现金流分析 ……………………………………………（ ）页
3.6 营运资金分析 ………………………………………………（ ）页
3.7 带息负债分析 ………………………………………………（ ）页
3.8 财务指标指数 ………………………………………………（ ）页
3.9 业务分析 ……………………………………………………（ ）页
3.9.1 销售业务 …………………………………………………（ ）页
3.9.2 生产业务 …………………………………………………（ ）页
3.9.3 采购业务 …………………………………………………（ ）页
3.9.4 品质业务 …………………………………………………（ ）页
3.9.5 研发业务 …………………………………………………（ ）页
3.9.6 其他说明 …………………………………………………（ ）页
3.10 重点项目（工作）情况 ……………………………………（ ）页
3.11 子业务单元情况 ……………………………………………（ ）页
3.12 经营特点、问题总结及相关建议 …………………………（ ）页
3.13 业务改善计划及未来预测 …………………………………（ ）页
3.13.1 业务改善计划 ……………………………………………（ ）页
3.13.2 未来预测 …………………………………………………（ ）页

（3）正文，按照目录要求内容完成销售预测报告。正文要求简明扼要，逻辑严谨，数据准确，实事求是，尽量用表格和图表说话。

（4）附件，主要是指正文没有提及，但又与正文相关必须说明的部分，它是对正文进行详细的补充。

下面详解报告各部分的内容。

"3.1 宏观形势"。参照战略管理型内部管理报告。

"3.2 主要产品（产业）行业形势"。参照战略管理型内部管理报告。但本部分内容对于业务管理层面，应进一步考虑产品细分，进一步明确本企业产品梯级设置与行业产品细分的对应与取舍。

"3.3 总体情况分析"。总体情况分析主要是通过主要财务指标的整体性概括分析，给予使用者关于企业情况的整体概念，并提示重要关注点。见表6－4－11。

表6－4－11　　　　　　　　　　主要财务指标情况表　　　　　　　　　　单位：万元,%

项目	年初预算	当期				累计			
		实际	同比	环比	评价	实际	同比	完成预算	评价
主要产品销量									
营业收入									
经营性利润									
利润总额									
经济增加值									
经营性现金流									
销售净利率									
成本费用占收入比例									
应收账款周转率									
存货周转率									
资产负债率									
带息负债率									

备注：附表项目可根据实际情况进行修改变动。

"3.4 损益分析"。损益分析总表通过对单位主要损益项目的分析列示、分析，找出影响当期损益的关键指标和关键因素，进而展开有针对性的进一步分析。其可以达到两个目的：一是损益概况及各盈利因素（单元）贡献展示；二是主要问题点及下一步分析重点提示。见表8－4－12。

表6－4－12　　　　　　　　　　损益分析总表　　　　　　　　　　单位：万元,%

项目	年初预算	当期				累计			
		实际	同比	环比	评价	实际	同比	完成预算	评价
一、主要产品销量									
1. 内贸									
产品系列1									
产品系列2									
2. 外贸									
产品系列1									
产品系列2									

续表

项目	年初预算	当期				累计			
		实际	同比	环比	评价	实际	同比	完成预算	评价
二、收入									
1. 内贸									
产品系列1									
产品系列2									
2. 外贸									
产品系列1									
产品系列2									
三、边利（收入－变动成本－税金－变动销售费用）									
1. 内贸									
产品系列1									
产品系列2									
2. 外贸									
产品系列1									
产品系列2									
四、固定成本费用									
1. 制造折旧									
2. 固定费用									
管理费用（不含研发摊销）									
研发费用（费用化＋资本化）									
固定销售费用									
财务费用									
五、价格变动影响									
六、降成本项目									
1. 采购降成本									
2. 自制降成本									
七、经营性利润（七＝三－四＋五＋六）									
八、投资收益									
九、其他利润									
1. 其他业务利润									
2. 营业外收支									
3. 减值准备									
4. 其他									
十、利润总额									

说明：1. 本表边利＝收入－变动成本－税金－变动销售费用

2. 本表边利中反映以不变的单位预算成本计算的边利；本表的价差项目（价格差异、成本差异）单列。目的是便于责任考核与直接对比。

3. 本表的管理费用进行适当调整，将研发资本化摊销调减；本表研发费用包含所有的研发支出，包括费用化和资本化（研发投入波动较大的单位可以根据实际进行调整）。

"3.4.1 增减利分析"。增减利分析是损益分析的补充表,其主要是围绕利润这一主题,从目标利润到实际利润,分析利润目标的完成进度,对可能实现的增减利因素进行预测和分析,便于经营者及时采取干预措施。可以借助管理会计报表中的《盈利路径管理表》进行分析,也可根据企业实际,按照因素分析的思路进行(下面给出表格以供参考)。目的是找出企业利润增减的影响因素、影响原因,以便针对性地采取措施。见表6-4-13、表6-4-14。

表6-4-13　　　　　　　　　盈利路径管理表　　　　　　　　　单位:万元

项目	年度预算	1-*月实际	*-12月预计	全年预计	备注
上年利润总额					
本年利润总额					
利润总额增减					
利润增减合计					
一、减利					
(一)成本等支出增加					
1. 项目1					
2. 项目2					
3. ……					
(二)规模等来源降低					
1. 项目1					
2. ……					
(三)……					
二、增利					
(一)开源					
1. 项目1					
2. 项目2					
3. ……					
(二)节流					
1. 项目1					
2. 项目2					
3. ……					
(三)……					

表 6-4-14　　　　　　　　　　增 减 利 表　　　　　　　　　　单位：万元

项目	上年全年实际	全年预算	全年同期	本年累计	增减利			说明
					全年预算比上年全年	本年累计比全年同期	完成预算	
	1	2	3	4	5=2-1	6=4-3	7=6/5	
一、边利（收入-变动成本-税金-变动销售费用）								
1. 内贸								
产品系列 1								
产品系列 2								
2. 外贸								
产品系列 1								
产品系列 2								
二、固定成本费用								
1. 制造折旧								
2. 固定费用								
管理费用（不含研发摊销）								
研发费用（费用化+资本化）								
固定销售费用								
财务费用								
三、价格变动影响								
四、降低成本项目								
1. 采购降成本								
2. 自制降成本								
五、经营性利润（五=一-二+三+四）								
六、投资收益								
七、其他利润								
1. 其他业务利润								
2. 营业外收支								
3. 减值准备								
4. 其他								
八、利润总额								

"3.4.2 产品边利分析"。产品边利分析，是损益总表的支撑表之一。该表主要对损益中的产品销量、收入、成本因素以及边利进行细化分析，主要是说明企业产品量、价、成本对企业产品边利的影响，分析公司产品结构、盈利水平和结构，有助于相关管理层进行产品调整、定价决策以及相应的政策安排。见表 6-4-15。

表 6-4-15 边利明细表

单位：万元

项目	单价			单位变动成本							单位税金	单位变动销售费用	销量		收入			成本			税金			变动销售费用			边利		
	预算	实际	变动	预算			实际			降成本			预算	实际	预算	实际(按预算价)	实际(按实际价)	预算	实际(按预算成本)	实际(按实际成本)	预算	实际		预算	实际		预算	实际(按预算单位值)	实际(按实际单位值)
				采购成本	自制成本		采购成本	自制成本		采购成本	自制成本																		
合计																													
一、内贸																													
1. 产品系列 1																													
其中：产品 1																													
产品 2																													
产品…																													
2. 产品系列 2																													
3. 产品系列…																													
二、外贸																													
1. 产品系列 1																													
其中：产品 1																													
产品 2																													
产品…																													
2. 产品系列 2																													
2. 产品系列 3…																													

说明：1. 实际中可内外贸或按照其他分类分开列示；当月或其他多期比较也可增加列示。
2. 边利 = 收入 − 变动成本 − 税金 − 变动销售费用。
3. 为方便预算比较，并便于责任清晰、管理考核，单价及单位成本、单位税金、单位变动销售费用均按照预算计算；实际差额单列。
4. 案例中给出的边利明细表，可以根据企业实际进行相应修改和调整。

"3.4.3 固定成本费用分析"。固定成本费用是相对于变动成本费用的，它与变动成本费用都是成本费用的组成部分。在一定的时间和产品产销规模范围内，固定成本费用是相对稳定的，而变动成本费用将随着产销量变化而变化。变动成本费用在产品边利分析中已经有所体现，因此，此部分固定成本费用主要包括制造折旧、管理费用、研发费用、固定销售费用、财务费用。这种分类是与本案例的损益总表以及产品边利分析相对应的，在内涵上并无绝对性考虑。企业产品不同，资源配置差异以及管理模式差异都有可能导致固定与变动成本费用的分类差异，各企业可以根据实际进行适应性调整。见表6-4-16、表6-4-17、表6-4-18、表6-4-19。

表6-4-16　　　　　　　　　　　固定成本费用分析表　　　　　　　　　　单位：万元，%

项目	年初预算	当期				累计			
		实际	同比	环比	评价	实际	同比	完成预算	评价
合计									
1. 项目1									
2. 项目2									
3. 项目……									

说明：实际分析中，可以进一步将费用项目分类管理。

表6-4-17　　　　　　　　　　　管理费用分析表　　　　　　　　　　单位：万元，%

项目	年初预算	当期				累计			
		实际	同比	环比	评价	实际	同比	完成预算	评价
合计									
一、人工及薪酬									
1. 工资									
2. 福利费									
3. ……									
二、部门运营费用									
1. 招待费									
2. 差旅费									
3. 办公费									
4. ……									
三、公司运营费用									
1. 税金									
2. 无形资产摊销									
3. 绿化费									
4. 排污费									
5. ……									
四、专项费用									
1. ××项目投入									
2. 人力资源薪酬改革项目									
3. ××建设项目									
4. ……									

说明：1. 本表分类费绝对性分类。

2. 本表分类原则为：人工及薪酬是指工资或工资性支出，包括辞退福利等；部门运行费用指由于本部门存在而直接发生的相关经常性费用；公司运营费用指除部门运行费用之外的其他经常性费用；专项费用是指两个方面，一是零时性项目费用，如为实现管理提升的一些咨询性项目，二是一些对应的非经常性项目，如间隔一定的安全、卫生专项整改等。

表 6-4-18　　　　　　　　　　　固定销售费用分析表　　　　　　　　　　单位：万元，%

项目	年初预算	当期				累计			
		实际	同比	环比	评价	实际	同比	完成预算	评价
合计									
一、人工及薪酬									
1. 工资									
2. 福利费									
3. ……									
二、机构运行									
1. 招待费									
2. 差旅费									
3. 办公费									
4. ……									
三、售后费用									
1. 三包损失									
2. 质量索赔									
3. ……									

说明：1. 本表分类费绝对性分类。

2. 虽然售后费用可能与销量有直接关系，但没有完全对应关系，因此计入固定销售费用。

表 6-4-19　　　　　　　　　　　研发费用分析表　　　　　　　　　　　　单位：万元，%

项目	年初预算	当期				累计			
		实际	同比	环比	评价	实际	同比	完成预算	评价
合计									
一、人工及薪酬									
1. 工资									
2. 福利费									
3. ……									
二、日常费用									
1. 招待费									
2. 差旅费									
3. 办公费									
4. ……									
三、项目费用									
1. 项目1									
2. 项目2									
3. ……									

说明：1. 本表分类费绝对性分类。

2. 项目费用需要有项目费用明细表支撑，该明细表横向应包括至少以下几个方面：项目立项预算、项目本年预计进度、项目本年预算、项目当期费用、项目累计费用、项目累计进度；纵向可根据企业实际费用设置。

"3.4.4 成本管理情况"。此部分分析称为成本管理情况而非成本分析，主要有几点原因：一是本部分成本并不关注成本发生总额，与损益总体情况并无完全对应关系，但可以相互印证；二是本部分分析主要反映企业在成本管理上的进展、效果以及问题，以供相应管理者掌握情况，及时采取控制措施和改善对策；三是本部分内容分析的可以与业务分析的生产管理和采购管理相结合。见表6-4-20、表6-4-21、表6-4-22。

表6-4-20　　　　　　　　　　　　采购降成本情况　　　　　　　　　　　　单位：万元，%

项目	年初预算	当期进展情况	达成效果	存在问题	对策
合计					
一、项目1					
二、项目2					
三、……					

说明：1. 本表分类费绝对性分类。

　　　2. 每个项目应付明细支撑，无固定格式要求。

表6-4-21　　　　　　　　　　　　自制成本情况　　　　　　　　　　　　单位：万元，%

项目	上年同期			上年全年			年初预算			本年累计			差异分析（可与预算、上年同期以及上年全年做水平比较）		
	费用总额	单台费用	单台费率	费用总额	单台费用	单台费率	费用总额	单台费用	单台费率	费用总额	单台费用	单台费率	费用总额	单台费用	单台费率
产量															
折合工时															
费用合计															
1. 工资及费用															
2. 燃动															
3. 辅料															
4. ……															

说明：1. 折合工时是指按照企业产品（零件）的公司定额折合的总工时；也可进一步细分为设备工时、人工工时，分列计算相关费率。

　　　2. 本表的列数可以根据实际需要增加当月或其他期间比较。

　　　3. 本表建议增加生产单元明细表进行支撑、比较。明细表可参照此表。

表6-4-22　　　　　　　　　　　　自制成本项目情况　　　　　　　　　　　　单位：万元，%

项目	年初预算	当期进展情况	达成效果	存在问题	对策
合计					
一、项目1					
二、项目2					
三、……					

说明：1. 本表分类费绝对性分类。

　　　2. 每个项目应付明细支撑，无固定格式要求。

"3.5 经营现金流分析"。经营现金流分析对业务管理而言，主要是说明经营现金的具体流向以及构成，提示经营现金的风险及问题。同时，此处的经营现金应与财务报表中的经营现金有所区别：一是此处经营现金是指经营活动产生的自有资金，与金融机构借款相对应，是融资资金以外的所有资金；二是此处的经营资金包含应收票据等等价物。见表6-4-23。

表6-4-23 经营现金流分析表 单位：万元，%

项目	上月实际	上月累计	当月实际	当月累计	备注
期初可用资金					
一、经营性收支					
1. 收入合计					
其中：1）国内货款					
其中：版块1					
版块2					
……					
2）国外货款					
其中：版块1					
版块2					
……					
2. 支出合计					
其中：配套货款					
原材料、工装					
工资及工资性支出					
税金					
能源费					
项目……					
二、资本性收支					
1. 资本性收入					
其中：投资分红					
……					
2. 资本性支出					
其中：固定资产					
无形资产					
股权投资					
……					
三、其他专项收支					
四、本期收支合计					
期末余额					
五、融资弥补（归还）					
期末可用资金					

备注：其他专项资金指在经营管理中需要单独反映的资金，如公司搬迁中的搬迁资金。

"3.6营运资金分析"。可参考本部分表6-4-7营运资金分析表、表6-4-8营运资金主要因素表,在此基础上,可进一步根据业务明细分析,可借助图表进行趋势分析。

"3.7带息负债分析"。本部分内容可以参考战略决策型内部管理报告中的相关内容。

"3.8财务指标指数"。本部分内容可以参考战略决策型内部管理报告中的相关内容。

"3.9业务分析"。本例中的业务分析主要是通过统计指标,对企业生产经营中的业务管理情况进行跟踪分析,这是业务管理层内部管理报告的另一重点。但由于企业生产经营及内部管理分工和模式差异较大,因此本部分主要是提示性内容,企业可根据实际,进行相应调整。

"3.9.1销售业务"。主要分析内容(指标):产品销售情况及趋势、市场占有率及变动、产品价格带分布与市场契合度及其对销售收入的影响、市场需求情况变化(可结合行业形势分析)、竞争对手策略等等。同时,此部分分析中也应包括销售库存变化、销售回款情况等内容。

"3.9.2生产业务"。主要分析内容(指标):生产饱和度、各生产线状况、主生产计划完成率、销售满足度、生产停工分析等等。如生产停工分析中应包括因素有:停工工作单元名称、停工生产线、停工时间、停工原因、停工弥补计划等。

"3.9.3采购业务"。主要分析内容(指标):分为四类,一是采购满足度类,如采购纳期遵守率、顺序计划物料纳期遵守率等;二是采购质量类,如入厂交验批合格率等;三是成本管控类,如采购成本控制情况;四是综合管理指标,如配套商日常监控,供应商分布及调整。

"3.9.4品质业务"。主要分析内容(指标):一次装配合格率、一次下线合格率、后工序不良率、翻箱次数、市场开箱合格率、制造单元过程控制评价情况等,也应包括质量成本管理情况,如"三包"索赔情况、质量损失分析等。

"3.9.5研发业务"。主要分析内容(指标):新产品开发节点、市场满足度、项目延期情况分析等等。

以表6-4-24的研发项目情况表为例。

表6-4-24

序号	项目基本信息					项目进度情况				项目费用情况		
	项目分类	项目类型	项目名称	项目简要说明	项目级别	计划应处阶段	实际所处阶段	存在差异原因	计划小批上市时间	总费用	××年预算费用	××年实际费用

"3.9.6其他说明"。因企业业务复杂多样,此例中不能枚举,如人力资源管理、投资业务分析等。

"3.10重点项目(工作)情况"。该部分主要是应反映企业当期诸如投资、组织(人员)调整、结构性产业政策变化以及其他对企业有重点影响的事项或者工作。

此部分无形式要求,但内容上应包括项目目的(目标)、项目进展(成效)、项目问题以及项目预计。

"3.11 子业务单元情况"。本部分主要是对重要的子业务单元,或者企业认为有必要单独报告的子业务单元,按照主要指标覆盖性原则,进行概括性分析和介绍。对相应问题进行提示。

"3.12 经营特点、问题总结及相关建议"。参照战略决策型内部管理报告。

"3.13 业务改善计划及未来预测"中的"3.13.1 业务改善计划"。业务改善计划是根据业务分析,对相应的生产、销售、采购、研发、品质等业务提出相应的改善计划。此改善计划是对年初业务计划的补充,同年初业务计划一起,应纳入跟踪和相应考评考核。

"3.13.2 未来预测"。未来预测是指部分假设或措施的前提下,按照企业前期经营,结合分析,对未来作出合理判断和预测。应参照经营预测的方式和内容编制本部分。本部分内容至少包括主要产品销量、收入、利润、经营现金流、重要资产项目(如应收、存货),还可以结合企业重点项目(工作)情况,对企业产品结构、资产结构、组织(人员)结构以及其他重要事项进行预测、说明。

四、代表性分析方法和模型简介

本部分内容对主要分析方法和模型进行简单介绍(概念提示),在于对内部管理板报编制人员进行相应提示,有需要、有兴趣的企业可以进行相应的研究,结合企业实际运用。

(一)对标分析

对标分析一种管理方法而不是分析内容。对标管理一般指企业以行业内或行业外的一流企业作为标杆,从各个方面与标杆企业进行比较、分析、判断,通过学习他人的先进经验来改善自身的不足,从而赶超标杆企业,不断追求优秀业绩的良性循环过程。实际中,对标管理的"对标"含义比较丰富,可能是行业标杆值,也可能是设定的预算目标,还有可能是行业平均指标。

对标分析,便于直观找出差距及差距所在,明确方向,从而缩小与目标的差距。对业务管理层而言,更重要的是业务指标对标。对重点指标,对标管理应补充明细表,细化因素对比。

(二)波士顿矩阵

波士顿矩阵(BCG Matrix),又称市场增长率-相对市场份额矩阵、波士顿咨询集团法、四象限分析法、产品系列结构管理法等。其由美国著名的管理学家、波士顿咨询公司创始人布鲁斯·亨德森于1970年首创。其运用是为了使公司的发展能够与千变万化的市场机会之间取得切实可行的适应,合理地在各项业务之间分配资源。

(三)PEST 分析法

PEST 分析是指宏观环境的分析,P 是政治(Political System),E 是经济(Economic),S 是社会(Social),T 是技术(Technological)。在分析一个企业集团所处的背景的时候,通常是通过这四个因素来进行分析企业集团所面临的状况。

(四)SWOT 分析法

SWOT(Strengths Weakness Opportunity Threats)分析法,又称态势分析法或优劣势分析法,用来确定企业自身的竞争优势(strength)、竞争劣势(weakness)、机会(opportunity)和威胁(threat),从而将公司的战略与公司内部资源、外部环境有机地结合起来。

第三类

成本管理类

7 标准成本管理

第一章 标准成本简介

一、标准成本法概述

(一) 主要特征

标准成本法,也称标准成本会计,是管理会计的重要组成部分。它是以预先制定的标准成本为基础,把标准成本与实际成本进行比较,核算和分析成本差异的一种产品成本计算方法,也是加强成本控制、评价经济业绩的一种成本控制制度。它的核心是按标准成本分析和反映产品成本的形成过程和结果,并借以实现对成本的控制。[1]

相比于实际成本,标准成本具有如下特征:

一是标准成本是事前计算的成本,具有显著的前瞻规划特征。它反映的是企业应该以何种必要"代价"(资源)制造出满足客户需求的产品。"标准成本对于经营企业来说就像船员的罗盘,它能反映出企业这只航船月复一月的适当航线与航程。"[2]

二是标准成本本质上不是成本核算方法,而是成本管理和控制技术。从技术层面看,标准成本主要被当做计划和控制的工具,是包含了成本标准制定、标准执行核算、差异分析与反馈报告和改进矫正等若干环节的成本管理过程[3];从行为层面看,标准成本法可以作为一种业绩评价手段,用以牵引成本责任单位按照既定成本策略完成加工制造过程,如图 7-1-1 所示。

三是标准成本在实务操作上是工艺技术、制造安排和效益评估三者平衡协调的产物。成本标准的制定应以工艺技术为基础,结合当期制造流程和计划,同时应对资源耗费进行投入产出效益分析。标准成本执行差异分析也应分析工艺执行和生产安排的偏差。

---

[1] 于增彪:《管理会计研究》,中国金融出版社 2007 年版。
[2] 同上。
[3] 同上。

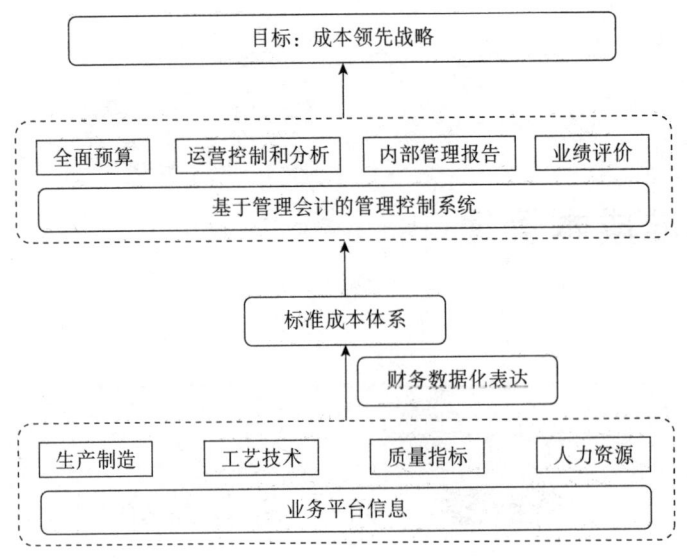

图 7-1-1 预算信息系统功能图

(二) 标准成本的分类

在成本会计教材里面，标准成本可有多种类型，每一种类型都有一定的管理使命，对应不同的目标，在实务操作中，建议使用如下三种标准成本：

一是理想标准成本，即根据最佳技术条件和资源保障，不考虑或很少考虑各种现实（短期）瓶颈因素计算的标准成本，作为中长期成本目标，在制定战略时作为工艺技术革新和成本领先的牵引。

二是正常标准成本，是在理想标准成本的基础上考虑当年生产安排、技术、供应等约束因素而计算的标准成本。正常标准成本是在比较接近"真实"加工制造背景下模拟计算的成本，更接近实际，用以作为编制成本预算的基础，也可以用以编制内部转移价格和实施定价决策。

三是现实标准成本，即在成本预算执行过程中将非人为因素且短期内无法改进的成本执行差异调整正常标准成本得出的计算结果。主要用来作为业绩评价参考，也可以作为第二年修订标准成本的参考。

(三) 标准成本管理的总体原则①

一是注重实用原则。在实际管理活动中不应过分拘泥于上述标准成本的概念和规范，应强调在现有技术、生产条件下，结合外部竞争环境制定一个可容忍的成本"标杆"，将标准成本建设成年度所有成本管理活动的基础和指挥棒，使其具有较强的现实指导性和时效性，能够为全面预算管理、差异分析管理、供应链管理、业绩评价提供基准。

二是动态管理原则。标准成本作为管理基础和标杆既不能"总是变"，也不能"老不变"，必须动态看待和管理标准成本。频繁的"变"会导致标准成本作为指导标杆的刚性丧

---

① 张德勇等：《大型制造企业的标准成本体系建设实践》，2014 年。

失,无法借助其对成本管理的各种行为进行评价;刻板的"不变"又会导致标准成本渐渐脱离生产经营实际,失去其参照意义。通常的原则是:一是在一年期间,标准成本一经指定,非有重大技术、生产变化,标准成本维持"不变",以确保其刚性权威;二是一定要形成机制每年对相应标准项目进行定期修订,以保证其贴近实际,反映战略性的成本目标。

三是持续改进创新的原则。在开展标准成本实践过程中要顺应企业文化和经营行为的连续性特征,充分借鉴并发挥企业自身的管理积淀和优良传统,注重在已有的管理成果和经验基础上进行创新和深化,在可达成既定目标的前提下尽量避免颠覆性创新,减少管理风险。

二、标准成本法的主要功能

1. 成本规划与控制工具。与企业历史上曾达到的成本为控制依据相比,标准成本可以最大限度减少各种偶然因素对成本数据的影响,以"应该"发生的成本作为成本控制的依据。如标准成本可运用于全面预算,建立在标准成本数据库基础上的成本预算更能够充分体现业务驱动性,同时预算编制效率和准确性都明显提高;标准成本可运用于实施企业成本领先战略,以标准成本为基础的成本预算在编制时可融入成本控制目标,执行预算成本意味着达到基本的成本领先目的,同时标准成本本身可以作为企业成本战略的长期目标牵引成本持续优化[①]。其逻辑见图7-1-2。

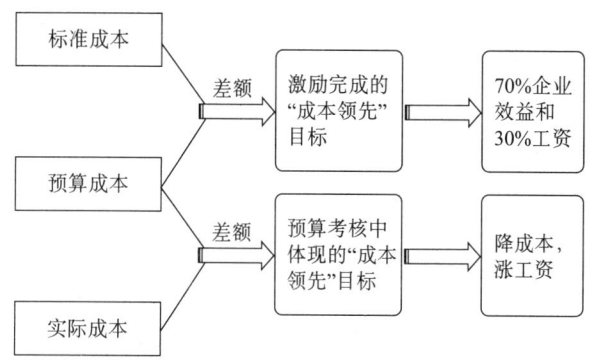

图7-1-2 成本领先战略实施逻辑图

2. 支撑经营决策。标准成本既包含金额因素又包含数量因素,可以克服实际成本计算延后性的弱点,作为日常运营决策的基础信息,如可用于定价决策、内部转移价格测定、存货批量推算等。

3. 促进基础管理水平提升的手段。标准成本系统涉及工艺路线、产品设备匹配、材料消耗、人工消耗等多种基础数据,通过推行标准成本法,可以构建基于工艺路线的各种生产资料的标准用量系统,也可以通过进行作业分析和历史成本数据统计,构建标准费用系统,对保证企业的各项基础数据的真实性和强化企业制造业务中的人、机、料、法、环等基础管理有着较为显著的作用。

---

① 张德勇等:《大型制造企业的标准成本体系建设实践》,2014年。

三、成本标准和工艺定额比较

集团下属企业基本都有消耗定额，财务部门通常会据此计算成本，定额可以作为制定成本标准的基础但不能替代标准成本管理。二者主要区别如下：

1. 制定的目的不同。定额的编制责任单位绝大多数是工艺技术部门，编制定额的目的是指导加工制造过程中的工艺路线执行。也就是说，定额的主要使命是保证工艺实现，指导成本管理只是定额的"副产品"而非其主要功能。标准成本的编制单位一般为财务或计划部门，其主要使命是用最低的资源投入生产出客户接受的产品，强调的是经济性。成本标准的制定应综合平衡技术、效率、保证供应和经济性等多方面因素。这是标准与定额最大的不同点。

2. 数据颗粒度差异很大。首先，定额的主要使命决定其通常不需要关注价格，即单位成本，定额通常只有数量因素，缺乏材料价格、单位人工等数据，标准成本既有量的标准也有价格标准；其次，只要能够达到指导加工制造过程的目的，定额不一定按照成本项目面面俱到，长久以来很多单位就只有材料消耗定额，或材料消耗和工时定额，标准成本制定过程中原则上应按照六个成本项目分别制定金额和消耗量标准。

3. 数据时效不同。定额一经制定，除非有大的技术革新或调整，应较长时间不变，也就是说定额不需关注年度生产制造过程中的"特殊性"，标准成本主要用于管理和控制，要求每年根据各种实际情况进行修订调整。

4. 管理的目的不同。定额通常只作为参照，产品生产过程完结后只要质量过关，一般不会对照定额进行差异分析，标准成本除编制外，最重要的就是进行差异分析，找出成本执行差异并确定改进方案。

虽然定额与标准不能混为一谈，但标准成本的制定离不开定额，定额是确定成本标准的基础，同时每年修订标准也应带动定额进行动态调整，实现工艺技术的进步。

四、运用标准成本管理的主要条件

标准成本管理主要应遵循如下原则：

1. 标准成本管理一般适用于成熟产品，它们具有较稳定的物料结构和工艺路线，最好有一定的经验数据反映各种资源消耗情况。但在目前市场和商业模式变化日趋频繁的情况下，成熟产品的界定也在不断变化，很多生命周期很短的产品总是不断有细节变化和创新，只要制造过程的主线不变，就可以把各种仅有细微变化的产品归并为一类产品进行标准成本管理。

2. 标准成本法较适用于以实物形态为价值承载转移形式的产品。限于目前技术、测量手段的限制，以实物形态承载和转移价值的产品比较易于标准化计量，而以设备能力和人工工时进行价值转移的产品数据不易于测量，更无法评判标准。

3. 成本标准项目的多少应与企业当前管理水平相适应。成本标准的制定工作量较大且需要数据档案积累，且标准执行的差异分析涉及技术、生产安排等多个方面，标准太过复杂，超越了企业管理现实，会导致执行和分析困难，反而不容易聚焦于短板，提升管理水平。

4. 对材料成本标准益抓大放小。有的工业产品的制造非常复杂，用到的原材料，特别是辅助材料种类非常多，但消耗量不大，对产品成本影响较小，制定标准时应抓住主要原材料或对成本影响较大的原材料制定详细标准，辅助原材料标准可以相对简单设定。

5. 标准成本法应优先考虑用于成本规划和控制。教科书介绍的标准成本制度是一种核算与控制相结合的管理方法，但在实际运用中我国企业因管理基础等原因刚开始运用标准成本往往执行差异较大，用于核算会导致差异处理不当，最好是先由成本管理控制，逐步过渡到控制与核算并用。

第二章 标准成本法的制度建设和组织机构

一、标准成本制度建设

标准成本是以制造工艺为基础，结合企业已有的或可能获得的生产条件进行制定的。因此标准成本的起点是工艺，在标准成本的制度中，至少应包括表7-2-1所列的项目和主要内容。

表7-2-1　　　　　　　　标准成本制度内容一览表

项目	主要内容	备注
组织机构	明确牵头部门及职责	
	产品研发部门职责	
	工艺技术部门职责	
	能源管理部门职责	
	人力资源部门职责	
	生产管理部门职责	
	工装管理部门职责	
	管理费用管理部门职责	
	价格管理部门职责	
标准成本制定工作流程	原材料成本标准制定流程	
	人工成本标准制定流程	
	能源成本标准制定流程	
	工装磨具成本标准制定流程	
	制造费用成本标准制定流程	
	标准价格制定工作	

续表

项目	主要内容	备注
标准成本修订工作流程	各项标准成本项目修订制度设计	
	负责修订的相关部门职责界定	
	修订流程设计	
标准成本与实际成本差异分析	各标准成本项目差异分析职责界定	
	各项目差异分析一般流程	
	各项目差异分析结果反馈与改进制度设计	
	标准成本差异分析结果运用规定	
标准成本核算规定	明确规定标准成本是否用于核算	
	标准成本制度核算制度规定	
	标准成本相关差异的计算、分摊等核算内容规定	
标准成本的用途	标准成本在全面预算管理中的运用规定	
	标准成本在经营预测中的运用规定	
	标准成本在投资决策中的运用规定	

二、标准成本组织责任体系

表7-2-2列示了企业主要责任部门及其主要工作职责。

表7-2-2　　　　　主要责任部门及其主要工作职责一栏表

标准成本项目	责任部门	工作职责	备注
标准材料及废损成本	产品设计部门	确定及定期优化工艺手段及路线；为标准作业动作和标准作业时间的制定提供技术支持	
生产组织流程	生产管理部门	负责主持确定标准作业动作；确定生产组织安排，标准物流路线，标准车间布置、设备安排使用标准，并对相应改进提出具体意见	
标准燃料动力成本	能源管理部门	确定燃料动力标准用量，对标准用量的改进提出具体意见	
标准人工成本	人力资源部门	制定标准作业时间，制定工时、效率标准和人工成本标准，并对相应的改进提出具体意见	
标准工装成本	相关责任部门	确定各项工装模具的标准寿命，对工装模具开发时的寿命指标提出具体意见	
标准制造费用	财务部门	组织划分变动制造费和固定制造费；确定各项制造费用标准；主持对各项制造费用标准的改进提出具体意见	
标准价格	财务部门	负责组织确定及修订各项价格标准	

三、标准成本工作流程

标准成本工作流程见本部分附录。

四、标准成本系统框架

标准成本系统框架可见图 7-2-1。本手册的标准成本以标准工艺路线为主线,通过完善物料清单和标准工时系统,结合标准价格体系制定各种成本项目的标准数据。本手册特别强调标准成本的各种数据,尤其是资源消耗用量数据必须来源于制造工艺路线,由分析生产制造环节的各种作业动作予以确定,不能由财务人员依据历史数据分析来判断。

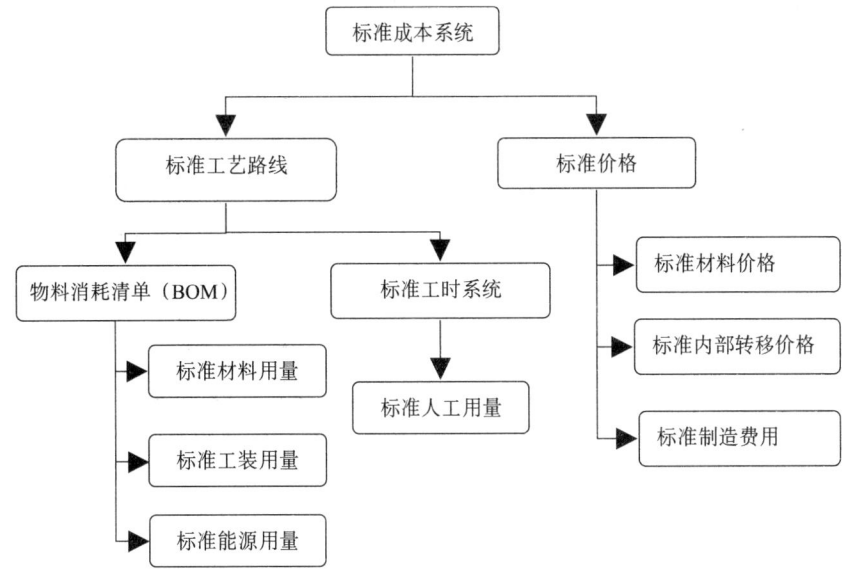

图 7-2-1 标准成本系统框架图

第三章 物料清单(BOM)简介

一、物料清单的定义

物料清单也称为 BOM 表(Bill Of Material 简称 BOM),是详细记录一个产品(项目)所用到的所有材料及相关属性,亦即,母件与所有子件的从属关系、单位用量及其他属性。在有些系统称为材料表或配方料表[①]。物料清单示意图见图 4-3-1。

---

① 马伟明:《基于 ERP 和 MES 的生产编排系统的研究与开发》,2009 年。

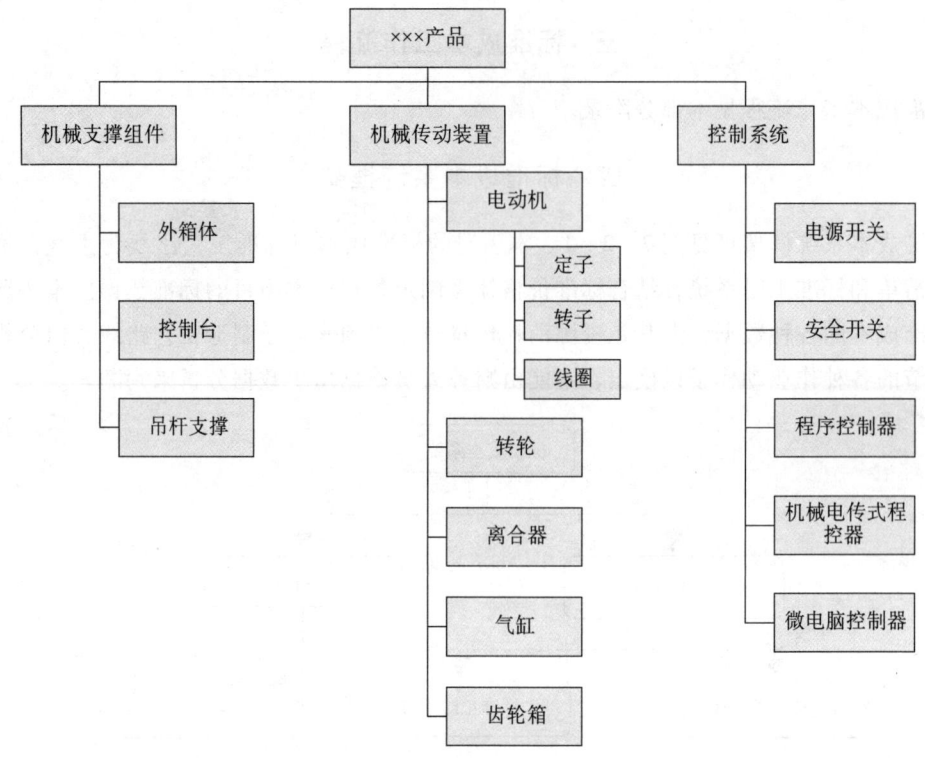

图 4-3-1 BOM 分解示意图

物料清单是设计和制造环节的重要技术文件，同时也广泛运用于运营管理领域，如客户订单管理、采购物流管理、制造计划和定额制定等。实践表明，物料清单必须进行动态的管理，其维护比初始编制更重要。物料清单充分体现了数据共享和集成，是编制标准成本的基础。根据产品的复杂程度，物料清单可以是单层的，即产成品下全部是原材料结构；也可以是多层的，即产成品下是一级或多级半成品（零部件）结构，再往下是原材料结构。物料清单应该具有如下特点：

一是必须完整。物料清单用以指导工艺路线和制造流程，不完整的物料清单很容易导致物料保障和生产制造过程出现障碍。

二是结构化。不论是用图还是表格编制的物料清单都必须结构层次清晰。每种零部件、半成品和原材料的从属关系和加工制造顺序关系必须清晰，能够表现加工制造的流程。同时各种物料的数量和计量单位必须明确。

三是具有相对稳定性。物料清单是基础性的技术文件，涉及多领域、多层系的运用，经常变化会导致后续工作混乱。但稳定并不代表不改进，物料清单的变动一定要有相应记录和档案管理。

四是各种物料应进行编码。物料编码是实现物料快速识别和标准化管理的有效办法，如果要借助信息系统实施成本管理，编码就是基础数据准备工作。物料编码的要点在于每种物料的编码应遵循相同的规则，且具备唯一性。

二、物料清单编制简介

（一）编制物料清单的总体过程

见图4-3-2。

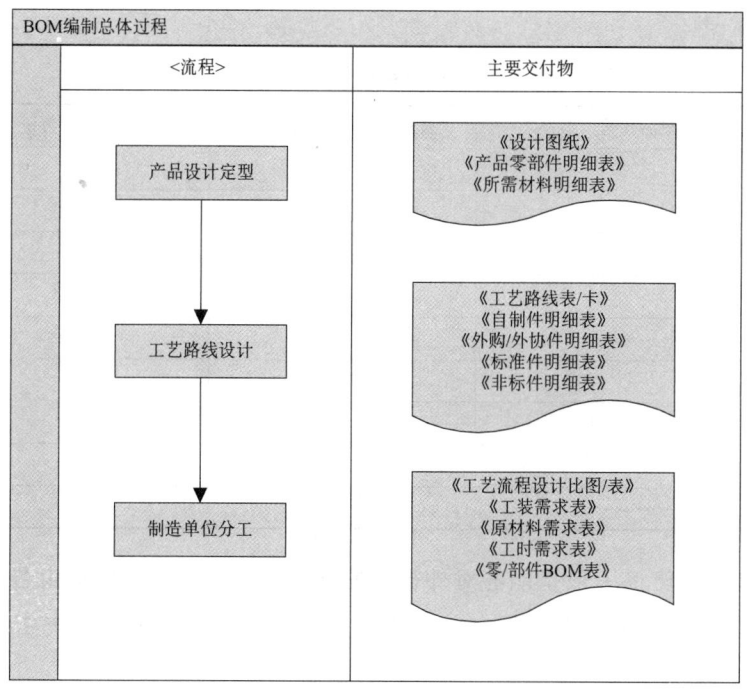

图4-3-2 BOM编制总体流程图

物料清单的编制过程也就是产品从设计定型到可以批量进行正常生产的管理过程。正常情况下至少应经历产品设计定型、工艺路线设计和制造单位分工三个阶段。

（二）产品设计定型阶段

由于很少有产品只通过一个步骤就可加工完成，因此，产品设计定型后应首先确定产品零部件结构，示意图见图4-3-3。

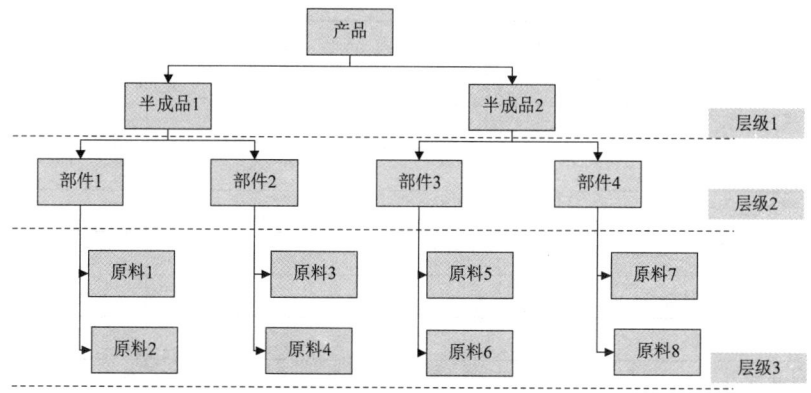

图4-3-3 产品零部件结构示意图

确定产品零部件层级结构的重点有二：一是应将每种产品按照"半成品—部件—原材料"的层级进行完全分解；二是各种零部件结构层级应清晰，通常情况下，半成品为一个层级、部件为一个层级、原材料为一个层级。

在确定零部件结构层级后，研发设计部门应负责编制产品零部件明细表，典型样表见表4-3-1。

表4-3-1　　　　　　　　　　　产品零部件明细表

编码号	产品代号	名称	材料/规格	单位	数量	备注
×××	产品1					
×××	半成品1					
×××	部件1					
×××	零件…					
×××	…………					
×××	半成品2					
×××	部件2					
×××	零件…					
	…………					

表4-4-1中的产品一般指能够对外提供的制成品；部件一般指应由若干个部分（零件、分部件）组成的，可以继续拆分的半成品；零件一般指不采用装配工序制成的单一成品。

设计零部件明细表的要点一是对各种零部件的类型和规格应在表的"材料/规格"栏标注清楚；二是计量单位应清楚明确；三是对物料的规格、包装等要素有特殊要求的应在"备注"栏标注清楚。

除产品零部件明细表外，研发设计部门还应负责会同采购部门编制产品原材料明细表，主要是列出制造产品所需要的各种原材料明细，典型样表见表4-3-2。

表4-3-2　　　　　　　　　　　产品原材料明细表

序号	代号	名称	单位	标准/规格	备注
1	产品1				
主料	坯件				
…	坯件1				
…	…				
…	金属材料				
…	材料1				
…	…				
…	非金属材料				
…	材料1				

续表

序号	代号	名称	单位	标准/规格	备注
…	…				
.	电器元件				
…	元件1				
	…				
辅料	辅料1				
	辅料2				
…	…				
2	产品2				
…	…				

产品原材料明细表应由产品研发部门负责编制，但必须建立研发部门与采购、财务等管理部门的沟通、协商平衡机制，研发部门重点对产品的质量、性能把关负责；采购、财务等部门重点对供应链效率、成本等指标把关负责。最理想的产品原材料明细表应该是既能保证产品质量性能的客户要求，又有利于供应链采购并控制成本。

三、工艺路线和工艺规程设计阶段

（一）工艺路线设计

工艺路线设计阶段的主要工作是工艺部门会同生产部门一要在编制工艺路线表/卡的同时将产品零部件明细表中的各种零部件区分为自制件、外购件、外协件，制造标准化程度较高或管理较好的企业还可以将零件划分为标准件和非标准件；二要根据工艺路线将零部件的生产加工任务划分到各个车间和分厂；三要确定加工不同零件需要用到的工装、量具、盛具等。直接进行工艺规程设计的产品一般是加工过程较简单的产品，加工过程复杂或零部件组成较多的产品一般是在先设计绘制加工工艺图，再进行工艺路线设计，带确定后再进行工艺规程设计并固化为技术文件。工艺路线和工艺规程与工艺路线相比最重要的是在加工工艺过程中界定了加工行为的责任部门。零部件工艺路线表示例见表4-3-3。

表4-3-3　　　　　　　　零部件分配明细表

编号	名称	规格描述	种类	分配去向	备注
	产品1				
	部件1				
	零件1		国标□　厂标□　非标□	自制	
	零件2			外购	
	零件3			外协	
	产品2				
……	……	……	……	……	……

表 4-4-4　　　　　　　　　　自制零部件信息一览表

加工责任单位：

编号	名称	规格描述	种类	工艺路线	工艺动作描述	工装需求	备注
	产品××						
	零件××			1/下料— 2/热处理— 3/金工— 4/总装	……	1. 工装1 　工装2 　… 2. 工装1 　工装2 　…	
	零件××						
	零件××						
……	……	……	……	……	……	……	……

工艺路线一栏一般需要预留较大空间，工艺路线一般是按照零部件在不同工序或班组生产流转顺序填写，在工艺路线中每个重要工序（工步）应进行编号，如表4-3-4所示。工艺路线必须经过审核才能生效、下发。工艺路线的审核是一个统筹、协调、平衡的过程，需要考虑到其他产品的生产制造等问题，因此通常情况下工艺路线的审核不能是一条条审核，一定是一个产品整体审核。工装需求栏中前面的数字代表工艺路线编号，如表4-3-4，"1"代表工艺路线1：下料，"2"代表工艺路线2：热处理…。

管理基础较好的企业可以填写工艺动作描述一栏，通过描述工艺动作，可以为实现作业的标准化提供最基本的依据，是标准成本与作业基础管理结合的桥梁。

（二）工艺规程设计

工艺管理部门组织生产管理部门和各生产车间（分厂）根据工艺路线加工要求编制各类工艺规程。工艺规程通常以工艺规程表或工艺规程卡的形式编制，一是要反映材料和工时的消耗，二是将工艺流程与生产设备匹配。在编制工艺规程环节，重点要确定材料消耗定额、各重要工序（工步）质量指标、工时定额、工装消耗标准等。样表如表4-3-5。

这类表的编制要点说明如下：

1. 零件工艺定额明细表以数量作为计量单位，是制定标准成本的直接依据。

2. 基础管理水平不高的企业可以不按照公布细分各种定额，仅细分到工序一级，待基础管理水平提高后，再行细分。

3. 用量较少，占材料费用比重很小的辅料可以用金额反映，也可以不细分到工步。

4. 上述工艺规程相关表格应附有工艺图纸，各种表格与图纸的版本应对应管理，并保存好档案。

（三）消耗定额的测定方法简介

前文已述，大多数的标准成本制度建立在定额管理的基础上，定额是工艺技术对各种资源耗费的数量要求，完成工艺规程编制（整理）后，主要资源的定额，如原材料和工时定额即可测定出来，如果按照表4-3-5在工艺规程中还附加了设备和功率等信息，能源的消

表 4-3-5　　　　　　　　　　　零部件工艺定额明细表

制造责任单位：×××　　　　　　　　　　　　　　　　　　　　　　　　　零件名称：××

工艺路线	工艺规程	投入材料			工时定额	工装定额		匹配设备	额定功率	能源消耗定额			
		材料名称	良品率	消耗定额		名称	消耗定额			水	电	气	蒸汽
工序1	工步1	材料1				工装1：		设备1					
		材料2				工装2：		设备2					
		……				……		……					
	工步2	材料1				……		……					
		……											
	……												
工序2	工步1												
	……												
	……												
……													

耗也可以推算出来。各个成本项目定额中，原材料和工时定额是最重要的两个组成部分。也是企业经营管理的重要基础数据，不论是确定采购量和采购批次、管理用工人数、提升生产效率都涉及两个基础定额。两种定额的测定需运用工程测量方法，现简要介绍如下：

一是材料消耗定额的测定。应由工艺技术部门首先根据工艺和设计要求进行材料的分解计算，确定成品（可以是零件、半成品或产成品）的净消耗量，其次工艺技术部门应会同采购部门按照可采购到的原材料规格计算相应下料、改型等损耗，最后还应会同生产部门在实际制造加工过程中进行测试调整才能确定材料消耗定额。同一个零件的材料消耗定额数据至少应分为零件或产品净重、下料损耗和工艺加工损耗三组数据，在制定标准成本时的材料成本标准也需分为至少三个标准数据。

二是工时消耗定额的测定。通常需要测定人员操作和设备运转两种标准工时。测定人员操作工时时应注意选择合适的操作人员样本量，操作人员的技能应保持中上熟练水平；较长的操作动作需按照工艺规程划分为相对可计量的、独立的操作阶段（单元），以方便测定操作时间；测定出的人工操作工时应在正常生产操作过程中跟踪监测一段时间，以便对数据进行调整，最后方可确定标准操作工时。测定设备加工工时定额需考虑正常的生产条件和加工批次，基础管理较好的单位可针对不同加工批次产品进行设备工时弹性测定。

四、产品物料清单汇总

完成各个零部件的物料清单表的编制后，需要编制产品物料清单汇总表，样表如见表4-3-6。

表4-3-6

×××产品

整理时间：2008/11/11　　版本号：××

名称	编码	规格	精度	位置	用量	工艺技术要求	备注
××产品							
其中：××部件							
××材料							
××材料							
……							
××部件							
××材料							
……							
工艺规程图							

表4-3-6编制要点说明：

（1）产品物料清单汇总表的主要用途是反映产品零部件构成的全貌。有条件的企业还可以反映制造产品主材的数量。

（2）通常情况下，企业应给各种原材料和零部件按照固定规则进行标准化编码，编码应坚持唯一性原则，以便于各个不同产品的汇总表的比较。

（3）每个产品或重要部件的汇总清单最好配上简要的工艺加工流程图，便于物料种类、数量和规格等的对应理解。

（4）部件或零件的排列顺序可以选择按重要性或工艺流程两种标准进行分类排列。

（5）工艺技术要求一栏主要应描述加工工艺精度、误差容忍值，重要加工动作或对设备的要求等内容。

（6）最好数据化描述材料规格。

（7）重要说明内容可于表后附备注说明。

第四章　标准成本的编制和维护

一、内部价格的制定

在BOM表编制的过程中，工艺技术部门和生产制造部门已经将与产品成本有关的数量标准制定出来，财务部门应综合运用经营预测的各种方法（见《经营预测运用手册》）合理预测各种原材料和能源的价格，通过预测的价格和数量标准，即可计算产品的标准成本。各种价格的预测应把握以下原则：

1. 方法科学原则。价格预测的准确与否直接决定了标准成本的准确性，预测价格必须用科学的方法和工具，有条件的企业应更多借助信息系统预测各种价格的走势，进而预测价格。

2. 与预算目标挂钩的原则。运用标准成本编织成本预算的企业在预测价格特别是原材料价格时应考虑价格与年度预算目标的关系，一是年度预算目标对于大宗原材料价格的敏感程度；二是预测价格可能出现的弹性范围与预算目标弹性范围的对比；三是判断以最高预测价格确定的标准成本能否实现为最低预算目标所支撑。

3. 留有余地原则。预测的价格时应尽量避免取最高或最低的预测值，通常情况下建议取平均值作为价格预测的数据。

二、标准成本的编制

编制标准成本与编制产品物料清单的流程步骤基本一致，即先编制各个零部件的标准成本，在汇总编制产品的的标准成本。最终确定的标准成本应从成本项目和产品构成两个方面描述产品已适用于不同的管理需求。

（一）零部件原材料标准成本编制

零部件原材料标准成本编制样表见表4-4-1。

表4-4-1　　　　　　　　零部件原材料标准成本表

制造责任单位：×××　　　　　　　　　　　　　　　　　　　零件名称：××

工艺路线	工艺规程	原材料	良品率	消耗定额	材料价格	标准材料成本	标准废损成本
工序1	工步1						
	工步2						
	……						
工序2	……						
	……						
合计							

要点说明：

上表的标准废品成本中仅包含材料费用，制定标准废损成本主要是对原材料进行投入产出的闭环管理。使用有色金属等价值较高原材料的企业还应进一步将废损成本分解为工艺消耗废品标准成本和回收边料价值；若加工费用较高的企业应根据实际在标准废损成本中加入加工制造费用。

（二）标准能源成本制定

例表见表7-4-2。

表 7－4－2　　　　　　　　　　零部件标准能源成本表

制造责任单位：×××　　　　　　　　　　　　　　　　　　　　　　　　　　零件名称：××

工艺路线	工艺规程	水			电			气			蒸汽			合计
		定额	单价	标准成本	定额	单价	标准成本	定额	单价	标准成本	定额	单价	标准成本	
工序1	工步1													
	工步2													
	……													
工序2	……													
	……													
合计														

（三）标准人工成本的制定

根据《零部件工艺定额明细表》可以制定标准人工成本，见表7－4－3。

表 7－4－3　　　　　　　　　　零部件标准人工成本表

制造责任单位：×××　　　　　　　　　　　　　　　　　　　　　　　　　　零件名称：××

工艺路线	工艺规程	工艺动作描述	工时消耗	年度工时单价	标准人工成本
工序1	工步1				
	工步2				
工序2	工步1				
	……				
	……				
……					

表7－4－3的编制说明：

（1）工艺动作描述不仅包括加工的主要工艺动作，也包括对上下料、产品运输等环节的主要动作描述。

（2）工时消耗一栏，管理基础达不到的企业可先按照工序进行测定，在提升基础管理的同时逐步细化道工序（工位）。

（3）工时单价一栏由人力部门按照每年的职工薪酬水平进行测定后填写，实行计件工资制或混合工资制（注：及计件或计时与固定工资制结合）的单位，由人力部门协同财务部门以每年的薪酬预算为基础对推算年度工时单价。

（4）实行阶梯式工资制度的单位年度工时单价可能不止一栏，按照实际级次填写，在计算标准人工成本时，按照中间级次计算。

（四）标准工装成本的制定

在传统的成本核算中，工装成本通常都用工时作为分配标准在产品之间进行分配，编制标准成本后，根据《零部件工艺定额明细表》，可以将工装成本（尤其是专用工装成本）按照不同产品品种进行归集，可以更加准确真实地揭示每个产品应负担的真实工装成本，见表7-4-4。

表7-4-4　　　　　　　　　零部件标准工装成本表

制造责任单位：×××　　　　　　　　　　　　　　　　　　　　　　　零件名称：××

工艺路线	工艺规程	工时定额	工装定额		匹配设备	工装单价	标准工装成本
			工装名称	消耗定额			
工序1	工步1		工装1：		设备1		
			工装2：		设备2		
			……		……		
	工步2		……		……		
			……		……		
	……						
工序2	工步1						
	……						
	……						
……							

表7-4-4的编制说明：

（1）若工装成本占总成本比例不大且通用工装较多的企业，为简化管理和核算仍可采用工时定额分摊工装成本。

（2）工装单价由财务部门在每年编制年度预算时确定。

（五）标准制造费用的制定

制造费用是成本项目中和工艺路线关联较少的项目，而且制造费用项目多，成本性态复杂，导致了制造费用的标准数据来源困难，目前来看，比较常用的有两种确定标准制造费用的方法：一是历史成本分析法，二是成本性态划分法。

1. 历史成本分析法。历史成本分析法主要是通过分析以往年度每个车间（分厂）的制造费用发生额和产品产量来推算车间（分厂）的年度标准制造费用。再按照一定的分配标准将制造费用分摊至各个产品，形成各个产品的标准制造费用。见表7-4-5。

表7-4-5　　　　　　零部件标准制造费用表（历史成本分析法）

单位	××年		××年		……年		执行年度	
	产量	费用总额	产量	费用总额	产量	费用总额	产量	费用总额
车间1								
……								
分厂1								
……								

表 7－4－5 的编制说明：

（1）统计表明，制造费用的总额与车间（分厂）的产量成一定相关性，可以通过分析以前年度的产量和制造费用总额的关系推算出执行年度的制造费用总额。

（2）在预测执行年度的制造费用总额时，可以使用《经营预测运用手册》中的预测方法对以前年度的数据进行平滑处理，使推算的结果更加准确。

（3）确定了执行年度的标准制造费用后，财务部门按照一定的分配标准（如产量、工时等）将每个车间（分厂）的制造费用分配到产品作为标准制造费用。

2. 成本性态划分法。成本性态划分法是指将制造费用的各个项目按照与之相关联的标准进行划分，一般的制造类企业制造费用至少可以按照三个标准进行划分：固定、工时、产量。样表见表 7－4－6。

表 7－4－6 的编制说明：

（1）固定制造费用指在年度期间变化不大的制造费用，薪酬、折旧和办公费用在编制年度预算时根据员工薪酬水平、企业资产状况和各种费用标准进行确定。

（2）机物料消耗、低值易耗品、运输费、实验检验费等结合相关定额和往年历史数据根据预计的产量进行测定。管理基础薄弱的企业开始可以不细化到产品，按照整个车间（分厂）的产量进行测定，再按一定的标准分配到各个产品。

表 7－4－6　　　　零部件标准制造费用表（成本性态划分法）

制造责任单位：×××

项目	固定制造费			制造产量标准				工时标准	
	薪酬	折旧	办公费	机物料消耗	低值易耗品	运输费	实验检验费	能源费	劳动保护
产品 1									
产品 2									
……									
合计									

（3）能源费和劳动保护费等与工作时间相关性较强的费用结合相关定额和往年历史数据根据预计的工时进行测定。

（4）通常来说，成本性态划分法确定的标准制造成本比历史成本分析法更加准确，管理的指导意义更强，但此方法对基础管理水平要求较高，工作量较大。

（六）产品标准成本的制定

将各零件的标准成本数据汇总，可以编制产品标准成本表（见表 7－4－7）：

表 7－4－7 编制说明：

（1）有外购组件或零部件的，应在标准成本栏填写相应的外构成本，并注明外购件。

（2）原材料价值比较高的产品，如使用有色金属等原材料的，应加入标准废料回收价值。

表 7-4-7　　　　　　　　　　　　产品标准成本表

项目	制造单位	单位工时	预计产量	标准材料成本	标准人工成本	标准能源成本	标准工装成本	标准废损成本	标准制造费用	合计
零件1										
零件2										
…										
组件1										
…										
合计										

三、标准成本管理的注意事项

（一）标准成本需要定期维护修订

标准成本和产品物料清单的很多项目和数据都与年度产量或各种消耗标准挂钩，因此标准成本的维护和管理至少应分为两个层次：日常维护和年度修订。标准的维护需综合考虑订单交货期、质量达标和经济效益三方面因素平衡，标准维护最好是技术、制造和财务部门联动。在有投资项目完成或工艺革新有成果时应对材料消耗定额进行工艺分析，修订工艺技术进步对定额的影响。但新工艺和新定额达到正常生产条件需要一定实验过程，在工艺试验和小批量试制时应注意收集定额消耗数据，分析前后变化，并做好记录的档案管理。

在标准成本维护和管理中应充分发挥生产管理、统计和物流部门的作用。生产管理部门应建立原材料投料计划审核机制并加强在制品管理，应以定额消耗量为基础根据工艺技术情况和在制品情况及时调整控制在制品量。统计部门应加强工序、班组层级的投入产出原始数据记录和档案保存管理，管理较好的企业应加强对基础统计数据进行分析。物流供应部门必须严格执行材料消耗工艺定额，材料发放前必须对领料计划按材料定额和投料计划进行核对，防止超额领料。制造责任单位应严格执行按定额下料，做好实耗与定额差异记录、做到料头料尾残料的综合利用或收集并进行记录。

（二）确保物料投入产出标准闭环

标准成本编制中的一个重要环节是补充完善物料投入产出标准。包括：成品材料标准消耗量、废品损失材料标准消耗量，及边角余料回收标准量3个标准，实现物料投入与产出各环节的闭环。工艺质量部门应对产品制造流程中的各个环节进行物料投入产出实地测试，根据测试结果结合良品率、下料率、消耗定额等工艺指标制定三个标准。

（三）确保标准成本编制效率和质量平衡

标准成本的制定和运用必须考虑效果与效率的平衡。产品种类较多的企业可以通过合理划分产品系列的方法提高编制效率，减少维护工作量。即对同一系列不同型号的产品，选择其中产量大，生产状态较稳定的一个品种详细编制标准成本，其他型号以该产品为基础通过修正差异项目编制标准成本。制造工艺的相近性和物料投入的相似性是划分产品系列的基本原则。即划分为同一系列的产品的加工制造工艺应该类似或相同，制造同一系列产品所用的物料也应基本相同。

(四) 编制时注意划分成本性态

和传统成本核算相比，标准成本的编制更加注重对工艺路线和制造约束条件的分析，这为成本性态分析提供了可能。如：可以在制定各项产品标准成本过程中借助工艺路线分析将成本项目分解为变动和固定两大部分，并将混合成本性态项目按照变动和固定类别分开编制标准，为编制弹性预算和定价决策提供基础数据支撑。

第五章　以定额为基础建立标准成本体系

标准成本运行的关键是科学编制标准成本，编制是运用的起点，也是最关键的一步，科学的编制方法是确保标准成本实际运行效果的基础。上一章介绍了规范的标准成本编制方法，但在实际操作中，企业通常具备一定管理基础，一般不会从工艺技术层面开始实施标准成本编制。本章结合企业现实，介绍一种通过五个主要因素，逐步将工艺消耗定额修订为成本项目标准，编制标准成本的方法。

一、以定额为基础的标准成本体系总体架构[①]

将消耗定额作为标准成本编制的基础，可以通过找出实际制造过程中资源耗费的影响动因，并将实际耗费与定额的差异量化分析，最终将定额修订为成本耗费标准，使工艺技术、生产制造、财务管控三者有机结合，形成以实现成本领先战略为目标的标准成本体系。标准成本编制架构如图7-5-1所示。

二、编制优化产品的定额成本

运用消耗定额的数量数据和标准价格体系可以计算产品的定额成本。编制定额成本并不是简单将消耗定额和标准价格相乘计算。本步骤的主要目的是将工艺规程和加工制造过程与定额数据匹配，用经济数据"语言"反映加工制造过程，使成本数据、工艺制造流程和责任单位一一对应。

首先技术部门将产品按照总体工艺路线分解为零部件（原材料）清单，其次制造管理部门依据技术部门的工艺规程再将零部件分解至各制造责任单位，最后各级财务人员针对各单位负责的零部件采用定额和标准价格计算定额成本。

三、考虑五个因素将定额调整为标准[②]

在定额的基础上重点考虑五个主要调整因素对工艺消耗定额指标进行修订，推导出成本

---

① 张德勇等：《大型制造企业的标准成本体系建设实践》，2014年。
② 张德勇等：《大型制造企业的标准成本体系建设实践》，2014年。

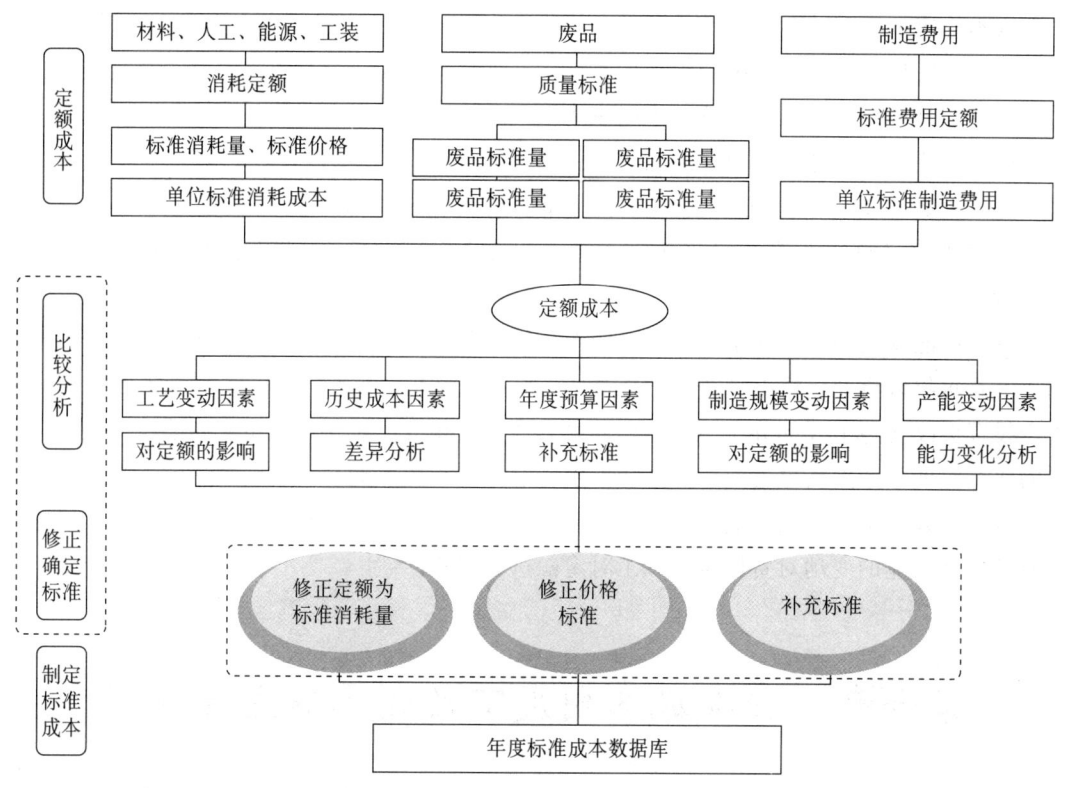

图 7-5-1 由定额修订为标准结构图

标准：

一是工艺进步因素。企业通常每年都会投资购买的新设备以改善加工制造条件，这些投资带来的自动化水平提升等都会带来工艺技术水平的进步，工艺进步自然促进材料消耗和能源消耗的下降及劳动效率的提升。在每年编制标准成本时可以参考结合工艺技术的进步情况对原材料消耗定额、能源消耗定额和工时定额等进行修正。见图 7-5-2。

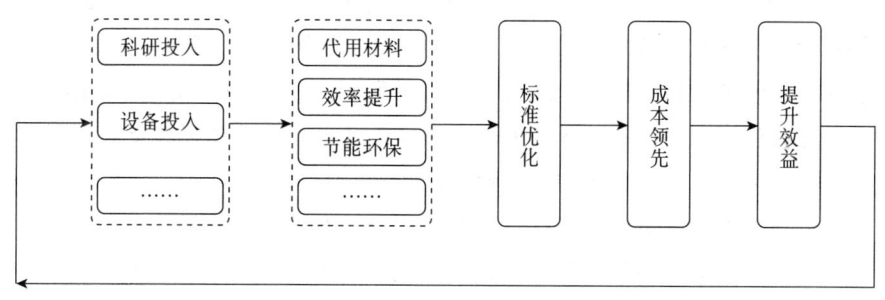

图 7-5-2 材料、工时定额优化逻辑图

二是历史成本因素。实际制造过程中生产线存在瓶颈制约或制造组织安排的不均衡性会使实际制造耗费大于定额数据，这一差异可以通过历史成本数据反映出来。对于已批量投产一段时间的成熟产品，企业在编制标准成本时应参考过去生产该产品的历史平均成本数据，尤其是消耗量数据对定额进行适度修正。根据经验，历史成本数据对专用工装、小批量下的

人工成本等成本项目的标准制定具有较大的参考价值。

三是年度预算因素。在编制标准成本时，需要参照年度预算对各项定额尤其是制造费用定额中的部分项目进行修正调整，才能使费用标准符合年度生产实际。

四是规模变动因素。对于某些依据较小产量规模制定定额的产品，如新投产产品、原来销量不佳产品等，因市场变动或订单增加产量规模发生大幅度变化时，其制造过程中所用的各种原材料的利用率和劳动效率等会相应上升，企业在制定标准成本时要修正相应定额。

五是产能变动因素。通常情况下不同产品的产能每年会有一定变动，主要受几个因素影响：一是每年订单变化情况，企业会根据销售结构变动统一调配产能；二是投改技措等固定资产投资会改变整个或部分产品的生产约束条件，对相关产品的产能也有影响；三是加工人员的熟练程度不断提高也会使产品产能一定程度提高。生产能力的变动会导致诸如折旧、生产一线辅助人员工资等固定成本的单位摊销额发生变化，在制定费用标准和单位人工成本标准时会根据产能的变动对费用定额和工时定额进行修正。

第六章 标准成本制度下的核算和差异分析

一、标准成本制度下的核算

在国外，管理基础较好、成本差异不大的企业采用标准成本进行核算的情况比较普遍，但我国企业因基础管理薄弱、数据传输不及时等原因，使用标准成本进行核算的还不多。采用标准成本制度进行核算应遵循如下原则。

一是必须专门设置成本差异科目反映各种成本差异。在一些管理会计教材上成本差异科目下只反映直接材料成本、人工成本和加工费成本三项差异，按照我国的实际情况，本手册建议原则上标准成本仍然按照六个成本项目反映成本差异数据，以准确反映各类差异，便于分析差异原因。

二是注意各会计期末对成本差异的处理方法应符合企业会计准则的要求。各成本差异账户的累计发生额，反映了本期成本控制的业绩。

三是注意标准成本制度下的非直接计入费用的分摊方式。建立标准成本系统后，最好配合信息系统对于各种成本费用尽量直接计入对应产品；对于确实无法直接计入成本费用，应根据其作业过程的特征，明确影响其作业的关键标准要素，运用关键标准要素作为分摊成本的依据。值得注意的是，和传统的成本核算相同，分摊标准和要素一经确定，应保持相对一致，变动时应进行审批，以保持成本数据的可比性。

二、标准成本执行差异分析

标准成本差异分析的方法在大多数管理会计教材里都有详细介绍，此处不再赘述。在此强调差异分析的几个重要原则：

1. 差异分析必须由表及里，从差异数据分析深入作业基础层面。即差异的数据分析的结果应可以识别并反映理想的标准作业环节（包括标准业务流程、标准工艺、标准制造动作等）和实际作业环节之间的差异。

2. 差异分析必须起于分析，止于改进。标准成本系统中必须设计的差异分析后的反馈和改进机制，同时应对差异的趋势进行定期评估。

3. 必须建立差异记录档案。应对历次差异分析及作业改进进行整理分类，并建立完备的记载档案，作为成本标准调整和工艺技术改进的依据。

4. 差异分析必须界定责任。差异分析得出结果后一定要界定相应责任部门，才能支持后续改进。如产生了材料采购价格差异，应分清是采购部门未能按标准价格采购，还是因生产计划调整导致急购材料造成价格浮动。

5. 差异分析的难点是制造费用差异分析。制造费用的性质决定其通常无法直接计入单项产品成本，采用的统一分摊率也不一定符合管理规律和控制需求。制造费用的差异分析往往无法解释真正的差异产生原因。再次建议对于制造费用的差异分析应把握要点：一是需对比期间内总制造费用进行差异分析，解释各费用项目差异金额并查找原因；二是抓住重点差异项深入分析，制造费用往往项目很多，抓住金额或影响较大的项目分析差异即可；三是科学确定分摊率，分摊率应根据费用性质和管理需求确定，不必统一，但也不能过多，造成分摊复杂；四是尽量减少制造费用项目，变间接计入为直接计入。

第七章 基于作业的标准成本法简介

一、对作业成本法的理解

作业成本计算法是将间接成本和辅助资源更准确地分配到作业、经营过程、产品、服务及顾客中的一种成本计算方法。在作业成本计算法下，许多组织资源的使用并非用于构成产品的实物形态，而是提供一系列各种辅助作业活动，从而能为各类顾客生产产品和提供服务。作业成本法的目的不是将共同成本分配到产品，而是对用于各种作业的资源进行计量和定价，这些作业主要指辅助生产、交货及顾客服务。[①]

作业成本法是制造技术水平发展到一定阶段的产物。它代表的是加工产品过程中单一功能设备逐渐减少，大型自动化综合功能设备越来越多，这些设备的维护、调试和保养耗费的资源接近甚至大于制造产品的直接成本，同时从产品生命周期全成本角度看，辅助性、非直接性制造成本所占比重越来越大，单纯以产品为核算单位计算成本会造成成本扭曲越来越大，已影响到相应决策。与传统成本计算方法比较，作业成本法具有如下特点：

---

① 罗伯特·卡普兰著，吕长江译：《高级管理会计》，东北财经大学出版社 2009 年版。

1. 核算对象是作业而非产品。成本计算对象从产品转变为作业是作业成本法最直观的特点。这种转变更好地适应了运用智能化大型设备实现制造加工的企业现实。同时转变也带来了作业库的概念，即需要像产品归类一样的把相同（近）特征的作业归为一类。

2. 作业成本法拓展了成本计算范围。在传统成本计算方法下因计算规则和手段限制列入间接费用的资源耗费借助作业库的概念可以直接计入各种作业，进而计入产品成本。减少了分摊方式带来的成本扭曲。

3. 作业成本法的重点通过计算作业管理成本动因。通常情况下作业是以行为为载体的资源耗费方式，不便于测量和计量，作业具有不同的动因，有些动因是价值创造因素，有些动因无法创造价值，可以优化。运用作业成本法就是通过计算各种作业的资源耗费来分析探求作业背后的驱动动因，直至达到管理并优化动因的目的。

二、标准成本法与作业成本法的结合点

应该说，标准成本管理实施到一定程度后，企业会逐步发现标准成本管理的局限性。体现在：一是制造费用的分摊准确性未得到根本解决，特别是部分企业随着技术改造，投资的大型复杂设备越来越多，具有间接特性的制造费用占成本的比重会越来越大，更加剧了标准成本信息的扭曲；二是标准成本通常只管理价值链中制造环节的成本，从全价值链角度分析，前端设计、采购，后端的销售等项目的成本管理标准成本都鲜有涉及。要解决上述问题，标准成本法和作业成本法的结合运用显得很有必要。标准成本法至少可以从三个方面与作业成本法结合使用：

1. 采用作业成本法解决制造费用的标准制定问题。在大多数制造类企业。直接材料和直接人工都可以采用标准成本进行有效管理。对于能源和专用费用项目则应根据加工工艺和设备状况进行判断，如果工艺相对简单，设备辅助费用不高或专用费用指向性较强时可以采用标准成本方法管理；如果工艺流程复杂，与产品的对应性不强时就应判断相应成本项目的作业动因，按照动因制定成本标准。在制定制造费用标准或编制制造费用预算时，按照主要动因对作业项目进行划分，根据作业编制相应标准，此时的产品标准成本被分解为产品标准成本和作业标准成本两个部分。

2. 采用作业成本法管理非制造环节的产品成本。对制造环节的前段如设计研发阶段和采购环节和后端的成品仓储和销售环节进行作业动因分析，并编制相应的作业成本标准，在根据不同的决策内容将作业成本分配计入产品标准成本，构成决策成本指导经营决策。

3. 利用作业管理完善动因标准，细化标准项目。

本部分的附件详细列示了标准成本实施的工作流程。

7 标准成本管理

附件：

标准成本实施建议工作流程

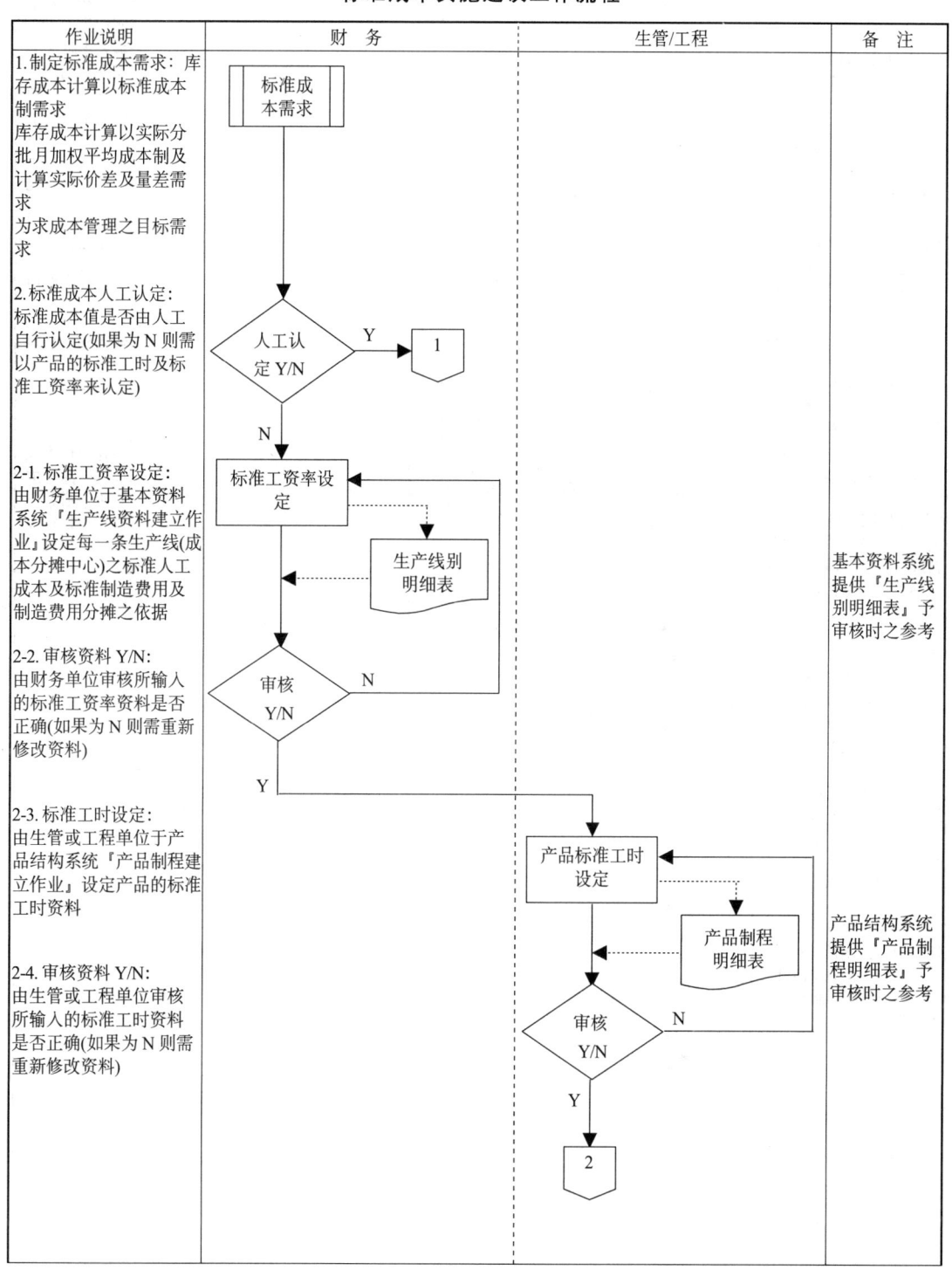

续表

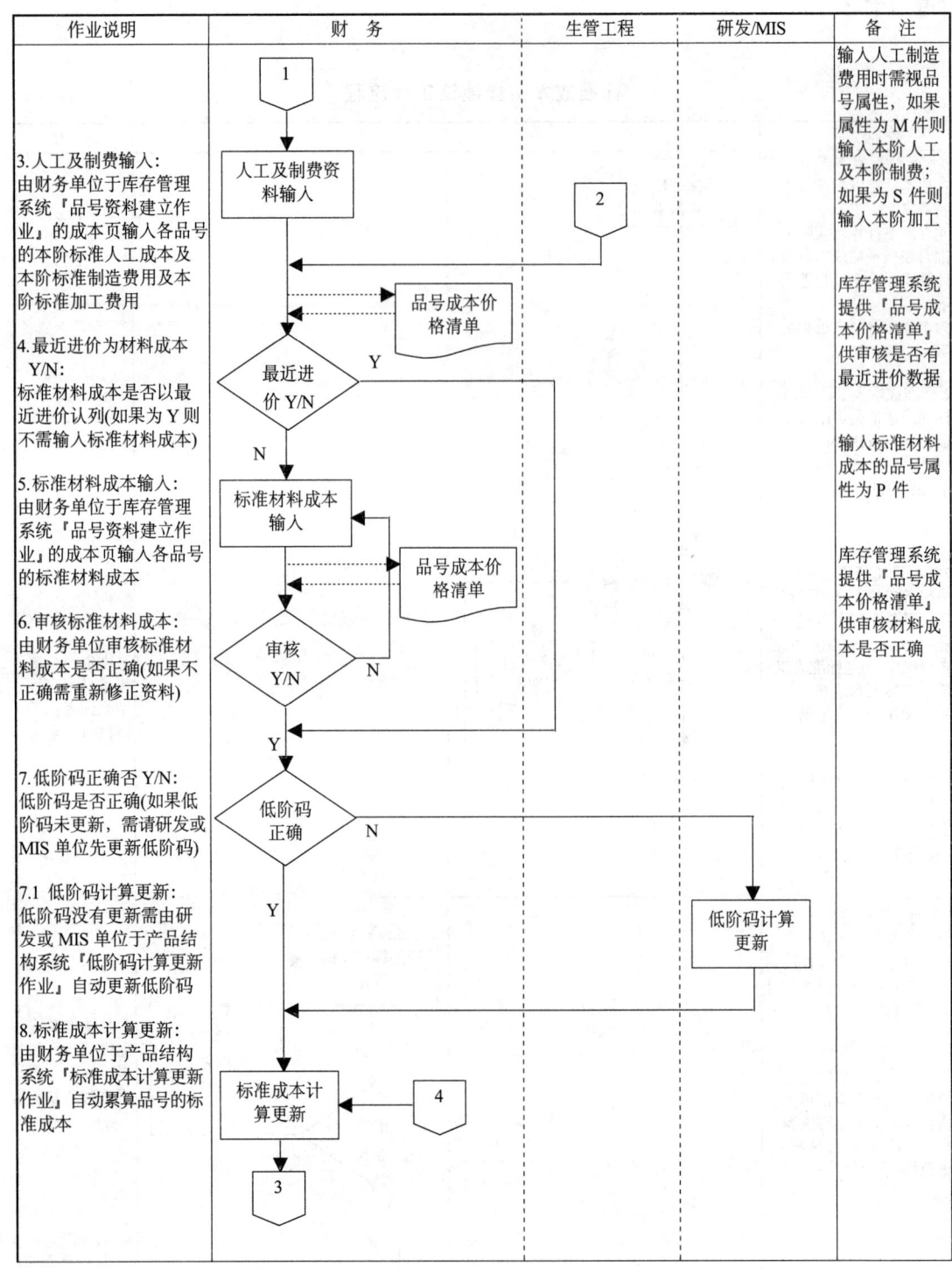

续表

作业说明	财务	备注
9.打印标准成本表: 由财务单位打印标准成本表 于产品结构系统『单阶标准成本表』『多阶标准成本表』及库存系统『品号成本价格清单』三种报表 10.标准成本审核: 由财务单位主管审核标准成本是否正确(如果为N则需重新修正资料,再执行标准成本计算更新) 10-1.标准成本修正: 由财务单位于库存管理系统『品号资料建立作业』的成本页修正各品号的标准成本资料 11.标准成本表存查: 由财务单位存查标准成本表	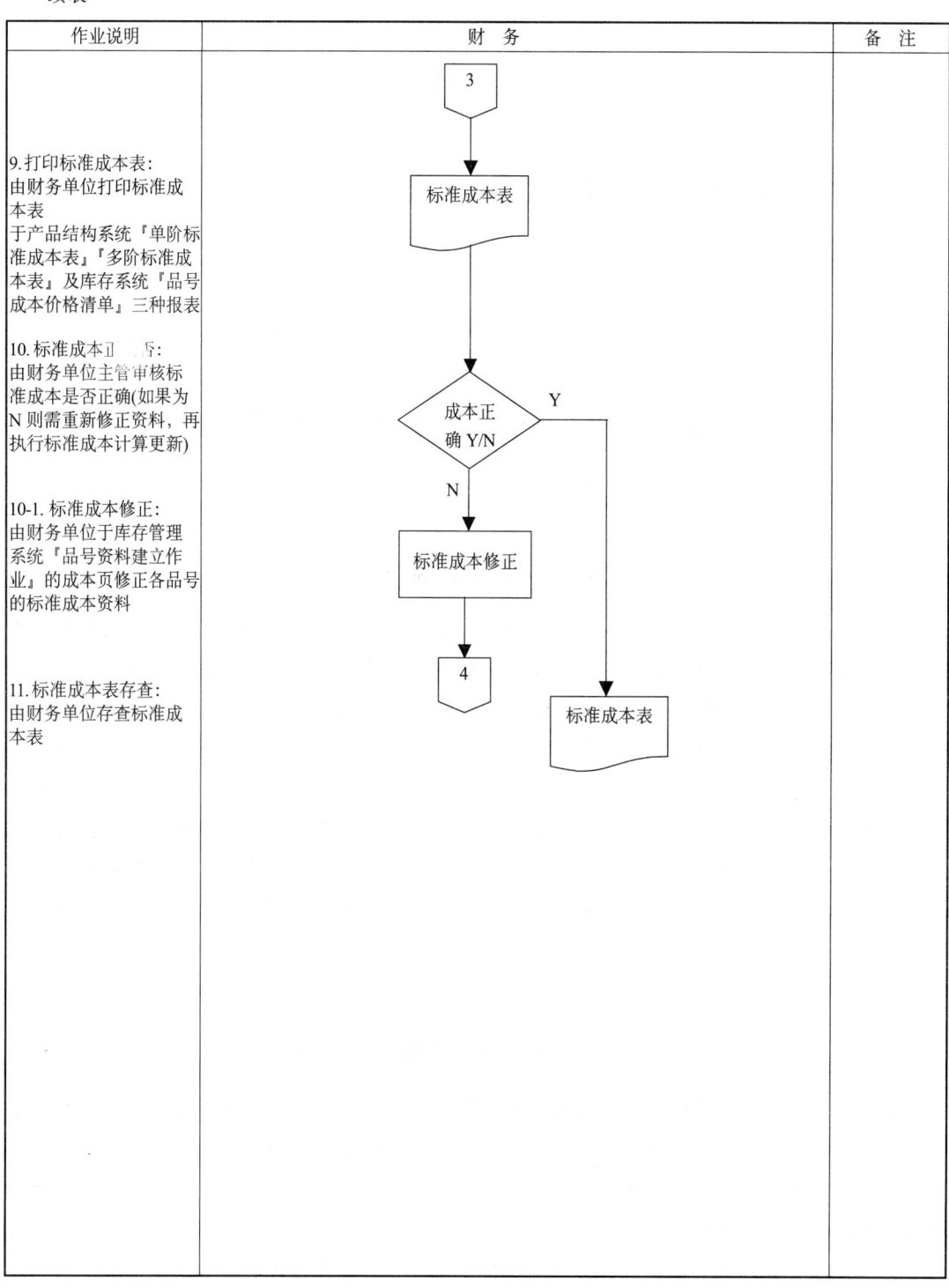	

8 作业成本管理

第一章 作业成本管理简介

一、作业成本管理的概念

作业成本管理（Activity-Based Costing Management，ABCM）是以成本精细化管理、提高客户价值、增加企业利润为目的，基于作业成本法的成本管理系统。它通过将成本计算深入到作业层面，对企业作业活动追踪并动态反映，在作业和作业动因分析等成本链分析的基础上，为企业决策提供准确信息，指导企业有效地执行必要作业、消除和精简非必要作业，并进行持续改进，从而达到降低成本、提高效率和精益化管理的目的。作业成本管理的基础和前提是作业成本法（Activity-Based Costing Management，ABC），作业成本法是根据"作业消耗资源、产品消耗作业"的基本前提，将资源消耗追溯或分配至作业、生产过程、产品、服务及顾客等成本标的，通过准确分配间接费用，改进与加强作业管理，实现成本有效控制的一种成本管理方法。该方法主要用来解决间接费用的分配流程及准确性、改进作业活动、降低成本等问题。

二、作业成本管理的特点和优势

第一，作业成本管理通过反应作业对资源的实际或预计消耗，可以促使管理人员改进生产管理过程。企业通过作业的确认、描述和评价，更真实地揭示资源、作业和成本之间的联动关系，为改进作业与流程、提高作业和流程的效率和效果、增加为顾客创造的价值并改善企业业绩提供相关、可靠的信息。

第二，作业成本管理追根溯源，不断改进作业方式，合理地进行资源配置，实现持续降低成本的目标。作业成本管理能够很好地适应高新经济技术环境对成本管理的客观要求，从而将成本管理的着眼点与重点从传统的"商品"转移到"作业"，以作业为成本分配对象，这样能够科学合理地分配各种制造费用，还提供了较为客观的成本信息。

第三，作业成本管理的成本分配基础拓展到财务和非财务变量。作业成本管理强调非财务变量（如产品零部件数量、质量检测时间等）的运营，能够改变传统成本计算中标准成本背离实际成本的情况，为定价策略提供相对准确的产品成本信息。

第四，作业成本管理归集的产品成本是真正意义上的完全成本。就一个作业中心而言，该作业中心的所有费用支出只要是合理的、有效的，都是对最终产品与劳务的有效支出，都可进入产品成本。企业应用作业成本管理的主要目标是，追踪所有成本到作业，然后再到产品、服务或客户，提供各种作业和生产步骤以及产品、服务和客户等方面更加准确的成本信息。

三、作业成本法的适用范围

作业成本法主要适用于具备下列特征的企业或组织：

第一，自动化程度高，间接费用比重大；
第二，产品或服务的种类多；
第三，不同产品或服务所需的技术复杂程度不同，且差距较大；
第四，现有间接费用分配的程序与准确性需要改进；
第五，拥有先进的计算机及网络技术；
第六，较好地实施了及时制（JIT）和全面质量管理（TQM）等。

四、核心思路

作业成本管理贯穿的思路是生产导致了作业的发生，而作业又间接导致了费用或间接成本的发生。它的实质是通过作业使资源消耗和产品成本相关联，通过对作业进行分离、归纳以及组合，最后计算出各种产品所消耗的成本，从而识别非必要作业、简化和提高必要作业效率，达到成本持续改善的目标，为更好的进行成本决策和经营决策提供支持。图8-1-1显示了作业成本管理框架。

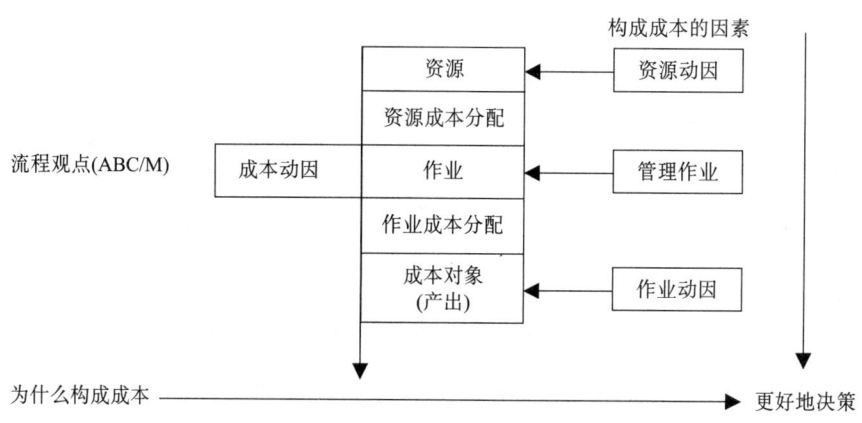

图8-1-1　作业成本管理的核心思路

第二章　作业成本管理应用的基本条件

一、管理问题识别

实践中,多数管理会计工具的导入,往往是企业需要解决某方面的管理问题或者短板,由于企业存在这些短板,才有必要进行管理创新,应用相应的管理会计工具。作业成本管理工具的应用,需要企业首先明确导入应用的需求,即对目前成本核算方面的管理问题进行识别,通过问题识别,统一公司认识,这样也能减少实际推进中的阻力。

目前,大部分工业企业根据国家财务管理制度的改革适时而动,基于成本管理方法的不断改进、完善,最终总结出了针对本企业的一套管理体系。但伴随着生产规模的不断扩大、进口原料在生产过程中的比例逐步提高,以及对外投融资的不断增加和跨国经营的步伐加快,现有成本的核算与管理体系已经不能满足企业当前的发展需要,具体表现如表8-2-1所示。

表8-2-1　某公司现有成本核算与管理中存在的问题及造成的后果

	现有成本核算与管理中的问题	造成的后果
1	采用单一的基础来分配企业产品的间接费用	某些产品的核算成本比实际成本高,某些产品的核算成本比实际成本低。
2	按单位进行成本归集、半产品成本核算、成本分步结转	还原成本的工作量大,成本信息更容易失真
3	根据计划价格核算	导致差异分配难度大精度低,成本信息失真,直接影响决策的正确性
4	成本核算过程与指标单调粗糙并且灵活差	无法为企业多种经营决策提供有力的信息支持
5	现有成本核算制度形成于计划经济时代	不适用于外购原料来加工的实际情况,使成本核算与管理重点不突出
6	成本核算程序复杂	各家子公司、分公司程序与方法不统一,成本信息提供的及时性差。
7	系统性不够强,信息化水平不够高	不利于其他子公司的复制和应用
8	成本核算对象单一	企业特点过于突出,与标杆企业、目标企业和竞争对手缺少可比性,不利于对标管理

作业成本法是作业成本管理的核心和基础,作业成本法能够弥补传统成本核算方法的缺陷和短板,因此企业存在导入作业成本管理工具的管理需求。传统成本核算方法和作业成本法的比较图,见图8-2-1。

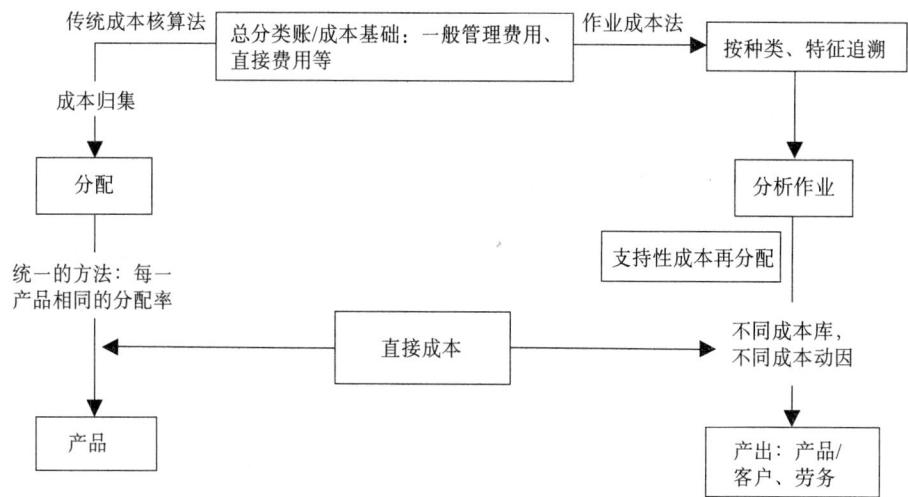

图 8-2-1 传统成本核算方法和作业成本法比较图

二、应用基础

作业成本法应用基础一般应包括下列内容：

第一，高层管理者的大力支持及全体员工的积极参与。作业成本法管理涉及的业务范围之广，作业层次之深，只有高层领导大力支持并充分调动业务层面广大员工的积极性，才能保证作业成本法各个实施环节的顺利开展。

第二，全面、扎实的成本管理基础工作。采集的业务信息必须真实、准确，不真实、不准确的业务信息将输出无效的财务信息，会误导公司的经营决策。

第三，作业的充分识别、适当定义以及作业中心的合理划分。必须充分识别与合理选择资源动因和作业动因的，必须对每一个作业进行标准定义，明确区分核心作业和辅助作业，详细分析各项作业有无附加值，以便从中发现持续改善的机会和途径。

第四，良好的信息技术系统状况。作业成本管理需要采集大量的数据，没有精细的信息化系统支撑，计量成本将大幅度增加，最终导致作业成本法的推行受阻。

三、保障机制

作业成本法在企业的应用需要以下保障机制：

第一，高层重视。从领导层开始，自上而下的发动，建立可靠的保障体系和推进机制。

第二，观念转变。作业成本法是全价值链精细化成本管控工具，主要用于内部管理的持续改进，消除不增值作业。

第三，全员参与。积极动员，全员参与，建立包括工艺、技术、设备、物流、生产、财务、人力资源等专业的项目团队。

第四，激励导向。调整激励指标，优化激励方案，建立以作业成本为核心要素的考核评价体系。

四、工作机制

在公司总体战略目标的指引下,导入和应用作业成本管理的公司需成立以财务负责人为组长,财务部部长为副组长的推进领导小组。推进领导小组由财务部全面牵头,由生产部门、工艺部门、质量部门、人力部门等相关职能和业务部门领导组成。具体实施团队中除财务人员外,还需要包括作业成本管理涉及的其他部门的相关人员。作业成本推进小组每周召开例会,跟踪工作进展情况,控制项目风险,保证该项推进工作的顺利开展。推进小组每月组织召开月度例会,通报作业成本试点工作的推进情况,总结项目推进方法,指导后续推进工作的顺利开展。推进小组定期编写作业成本实施简报,和公司各单位分享作业成本管理实施经验。

第三章 作业成本管理应用的一般程序

作业成本管理贯穿的思路是作业消耗资源,产品消耗作业,生产导致了作业的发生,而作业又间接导致了费用或间接成本的发生。它的实质是通过作业使资源消耗和产品成本相关联,通过对作业进行分离、归纳以及组合,计算出各种产品所消耗的成本,最后进行作业运用分析和持续改进的过程。作业成本管理的应用流程主要包括作业分析、作业改进、作业实施和结果运用等方面。

一、作业分析

作业分析也称操作分析(Operation Analysis)通过对以人为主的工序详细研究,使作业者、作业对象、作业工具三者科学合理地布置和安排,达到工序结构合理、减轻劳动强度、减少作业工时消耗、缩短整个作业的时间,以提高产品的质量和产量为目的。作业分析分为以下几个步骤:

(一)采集作业信息

作业成本管理的实施必须首先进行基础信息的采集,调研访谈是一个有效的方式。在实施作业成本管理的过程中,事先对生产车间重要的生产、技术、设备、物流、人力资源等管理人员进行作业成本管理理论培训,让车间的基层管理者熟悉作业成本管理的相关概念,掌握作业成本管理的实施方法,认识作业成本管理在管理提升中的作用,同时负责向车间的其他人员宣传作业成本管理实施的意义。

对车间管理者、职能组长、基层操作人员三个层次进行协同访谈,了解他们的工作内容并提出关键问题。通过充分的交流访谈,完成各生产车间工位、固定资产、人员、产品及作业内容的全面清理,形成一套系统的工艺基础信息资料,以支撑后续工序、产品、作业成本的核算。图8-3-1及表8-3-1至表8-3-4以某企业某车间为例,说明了整体信息资料应包含的内容。

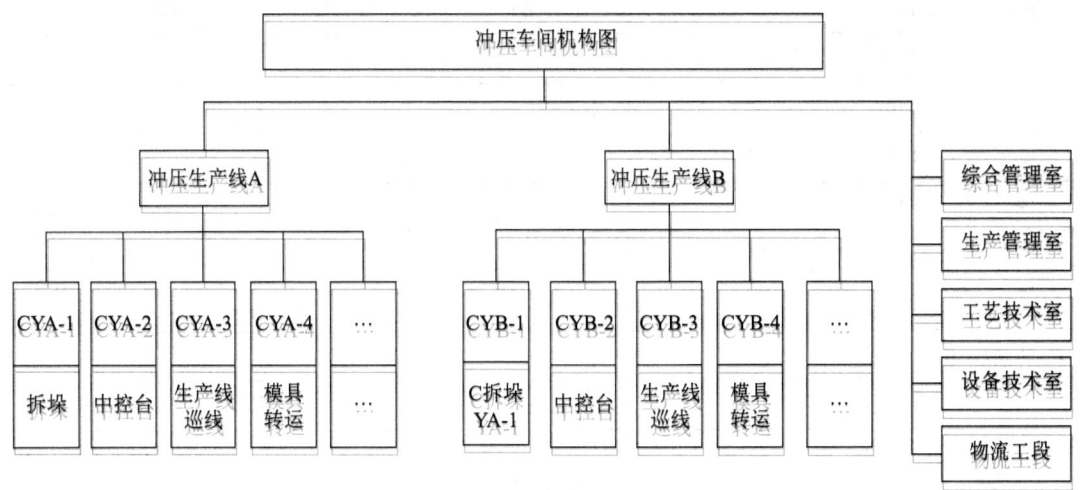

图8-3-1 某企业某车间组织机构图

表8-3-1 固定资产清单

序号	资产编号	名称	生产线-工位	工位描述	使用状态	功率（千瓦/时）
1	33	废料输送线	CYA-0	A线共用	在用	
2	79	拆垛系统	CYA-1	拆垛	在用	
3	70	工业机器人	CYA-1	拆垛	在用	
4	78	控制系统	CYA-1	拆垛	在用	
5	38	工控机	CYA-1	拆垛	在用	
6	46	机柜	CYA-1	拆垛	在用	
7	77	涂油机	CYA-2	中控台	在用	
8	54	清洗机	CYA-2	中控台	在用	
9	53	机柜	CYA-2	中控台	在用	
10	47	机柜	CYA-2	中控台	在用	

表8-3-2 产品能源清单

序号	产品系列	件号	名称	CYA-5 2400T压机	CYA-6 1200T压机	CYA-7 1000T压机
1	B211		侧围外蒙皮（左）			
2	C201		侧围外蒙皮（左）			
3	C202		侧围外蒙皮（左）			
4	S101		侧围外板（左）			
5	C201		侧围外蒙皮（右）			
6	C202		侧围外蒙皮（右）			
7	B211		侧围外蒙皮（右）			
8	S101		侧围外板（右）			

表8-3-3　　　　　　　　　　　　　　　产品清单

序号	产品系列	件号	名称	模具状态	加工状态	冲次
1	B211					
2	S101					
3	S101					
4	S101					
5	S101					
6	S101					
7	S101					
8	S101					

表8-3-4　　　　　　　　　　　　　　　人员信息清单

序号	生产线-工位	工位描述	工种	定额人数	一班人数	双班人数	总人数
1	CY-1	物料接收	投料工				
2	CY-2	产品出入库	叉车驾驶员				
3	CY-3	库房信息传递	投料工				
4	CY-4	库房整理	叉车驾驶员				
5	CY-5	物料出货（RDC）	投料工				
6	CY-6	模具跟线及维护	工具钳工				
7	CY-7	设备跟线及维护	维修电工				
8	CY-7	设备跟线及维护	机修钳工				

（二）识别作业

作业成本管理的目的是要改善流程、提升管理，同时能够实现对产品的战略性决策。因此，要求作业成本管理系统能同时提供与作业及成本对象有关的实用信息。即采用总体作业的方式对各项作业进行辨识，将属于同一层次、具备相同的作业动因、有共同目的的作业视为作业集合体，并利用简短、易理解而且具体的描述，对作业进行标准定义，同时对作业的作业类型、作业性质进行识别。

比如在某企业某车间在作业成本管理的整个实施过程中，共计清理作业项目28个；清理作业流程8个：《库房管理工作流程》、《模具管理工作流程》、《盛具管理工作流程》、《计划管理工作流程》、《设备管理工作流程》、《冲压生产工作流程》、《质量管理工作流程》、《技术管理工作流程》，为作业成本管理的后续推进提供了一套完整的冲压工艺价值链信息。见图8-3-2、表8-3-5、表8-3-6。

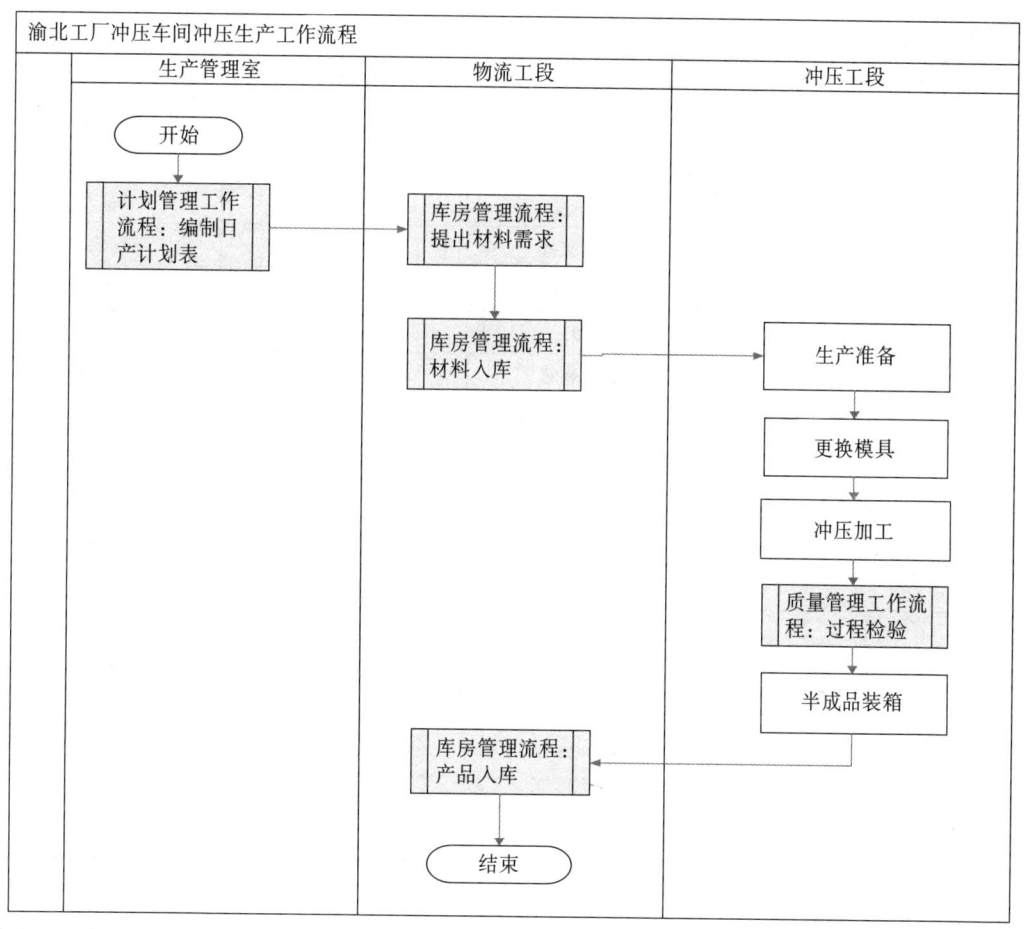

图 8-3-2 某车间生产工作流程

表 8-3-5　　　　　　　　某车间作业清单

序号	工作流程	作业步骤	作业类型	作业性质
1	计划管理工作流程	车间生产计划安排	辅助作业	不增值作业
2		确定周计划产品技术状态	辅助作业	不增值作业
3	库房管理工作流程	提出材料需求	辅助作业	不增值作业
4		材料验收入库	核心作业	不增值作业
5		材料送生产线	核心作业	不增值作业
6		半成品入库	核心作业	不增值作业
7		半成品出库	核心作业	不增值作业
8		接收物料	核心作业	不增值作业
9		材料上线	核心作业	增值作业
10	盛具管理工作流程	盛具验收投产	辅助作业	不增值作业
11		盛具修复	辅助作业	增值作业

续表

序号	工作流程	作业步骤	作业类型	作业性质
12	模具管理工作流程	模具调试	辅助作业	增值作业
13		现场调试	辅助作业	增值作业
14		模具修复	辅助作业	增值作业
15	冲压生产工作流程	生产前准备	辅助作业	不增值作业
16		更换模具	核心作业	增值作业
17		冲压加工	核心作业	增值作业
18		半成品装箱	核心作业	不增值作业
19	质量管理工作流程	向供应商退换料	辅助作业	不增值作业
20		开包检验	辅助作业	不增值作业
21		在线检查	辅助作业	不增值作业
22		产品质量检验	核心作业	不增值作业
23		产品修复	核心作业	不增值作业
24	技术管理工作流程	提交变更申请	辅助作业	增值作业
25		实施变更	辅助作业	增值作业
26		审批跟踪工艺技术变更	辅助作业	增值作业
27	设备管理工作流程	设备维修维护	辅助作业	增值作业
28		废料整理	辅助作业	不增值作业

表8-3-6 某车间生产作业定义

流程名称	作业步骤	作业类型	作业性质	作业定义	工作内容
某车间生产工作流程	生产准备	辅助作业	不增值作业	准备冲压加工所需的原材料、盛具、工装、工具	模具吊装转运
					端拾器转运
					原材料转运上拆垛机
					盛具转运到生产现场
					生产辅助工具配置
	更换模具	核心作业	增值作业	拆卸上批次产品的模具及工装,更换下批次产品的模具及工装	模具、端拾器拆卸
					模具吊装转运
					端拾器转运
					设备线上点检
					模具、端拾器安装
					设备参数值调试
					产品工艺参数设置
					模具线上点检
					生产线连动试运行

续表

流程名称	作业步骤	作业类型	作业性质	作业定义	工作内容
某车间生产工作流程	冲压加工	核心作业	增值作业	将原材料通过拉延成型、切边、冲孔、翻边、整形等工序，得到符合产品要求的零件	材料拆垛
					材料清洗
					材料涂油
					拉延成型
					切边冲孔
					翻边
					整形
					侧冲孔侧翻边
					产品工序流转
	半成品装箱	核心作业	不增值作业	将生产下线的产品按合格品、返修品、报废品进行分类装箱	盛具完好性检查
					产品分类
					产品装箱

（三）梳理动作要素

企业生产经营的所有操作是由一连贯之基本动作（Fundamental motion）所组成，经研究结果，统计人体动作之基本要素（或基本动作）可细分为17种动素，动作要素可归成三大类：进行工作之要素；阻碍第一类工作要素之进行；对工作无益之要素。具体动作要素的划分如表8-3-7所示。

表8-3-7　　　　　　　　　　动作要素分类表

类别	动素名称	文字符号	形象符号	定义
1	伸手（Reach）	RE		接近或离开目的物之动作
2	握取（Grash）	G		为保持目的物之动作
3	移物（Move）	M		保持目的物由某位置移至另一位置之动作
4	装配（Assemble）	A		为结合2个以上目的物之动作
5	应用（Use）	U		籍器具或设备改变目的物之动作
6	拆卸（Disassemble）	DA		为分界2个以上目的物之动作
7	放手（Release）	RL		放下目的物之动作

续表

类别	动素名称	文字符号	形象符号	定义
8	检验（I）	I		将目的物与规定标准比较之动作
9	寻找（Search）	SH		为确定目的物位置之动作
10	选择（Select）	ST		为选定欲抓取目的物之动作
11	计划（Plan）	PN		为计划作业方法而延迟之动作
12	对准（Position）	P		为便利使用目的物而校正位置之动作
13	预对（Preposition）	PP		使用目的物后为避免［对准］动作而放置目的物之动作
14	持住（Hold）	H		使用目的物之状态
15	休息（Rest）	RT		不含有用动作而以休养为目的之动作
16	迟延（Unavoidable Delay）	UD		不含有用的动作而作业者本身所不能控制者
17	故延（Avoidable Delay）	AD		不含有用的动作而作业者本身可以控制之迟延

（四）建立作业中心

作业中心是很多相关作业的汇集处，设立作业中心的目的是要促进作业或流程的管理。作业中心在最高层次上应该是一个完整的职能位，在最低层次上则是单独的个人或仅为某位管理人员的任务中能够明晰定义的一部分。就小企业而言，作业中心的数量很可能接近管理人员的人数。然而，作业中心的数量并不随企业规模的扩大而增加。一旦超过某一个点，作业中心的数目就会变得十分复杂，因此，最理想的作业中心数量应该在10至40个之间。

作业中心提供特定的与所有作业相关的信息，并借此来达到管理流程的目的。作业中心可以通过查看部门和成本中心的结构或者企业组织结构图来确定，除此之外，也可以为发生了重要成本的领域，或者发生了一些重要作业且其成本必须得到记录的领域创建作业中心。确定了作业中心以后，便可以确定作业中心所执行的作业。作业中心里包含与该中心各项作业有关的战略性与营运性信息，这项信息中通常包含几个方面内容，见表8-3-8。

表 8-3-8　　　　　　　　　　某企业某车间作业中心

序号	作业中心	工作流程
1	生产管理	计划管理工作流程
2	库房管理	库房管理工作流程
		盛具管理工作流程
		质量管理工作流程
3	冲压作业	模具管理工作流程
		冲压生产工作流程
		技术管理工作流程
		库房管理工作流程
		质量管理工作流程
4	技术质量	模具管理工作流程
		质量管理工作流程
		计划管理工作流程
		技术管理工作流程
5	设备管理	盛具管理工作流程
		设备管理工作流程
		冲压生产工作流程

二、作业改进

通过作业分析找出公司作业流程中的缺陷后，可以通过以下四种技术来降低成本：

第一，选择作业，指从一系列能选择的作业中选出最为有效的作业，这种对于作业的选择过程既是进行作业分析的过程，同时也是进行作业改进的过程。

第二，消除作业，指去除作业链中完全没有必要存在的作业。以某公司一车间为例，转移原料和产品是必要的作业，但将储存好的原料来回的搬运则没有必要且会增加成本。若条件许可的话，可以通过改变某公司原料供应商的交货方式，直接将原料送至原料使用的部门，从而将功能性的工厂布局转变为单元制造式布局，缩短运输距离，消减甚至消除储存的原料来回搬运这一非增值作业。

第三，分享作业，指通过更加有效的方式与现有作业职能相结合，来取得更高的效益。如，让几种相互关联的产品来使用相同的零部件，来减少各个产品零部件的设计作业，达到产品成本降低的目的。

第四，减少作业，是指通过缩减投入时间或其他资源来减少作业。见图 8-3-3。

在利用作业分析的结果对某公司某车间的作业流程进行改善时，应当达到使作业的结构合理、作业者的劳动强度减轻、作业的时间消耗减少，保证生产质量，提高作业效率的目的。改进过程中可以参照几个改善原则，如表 8-3-9 所示：

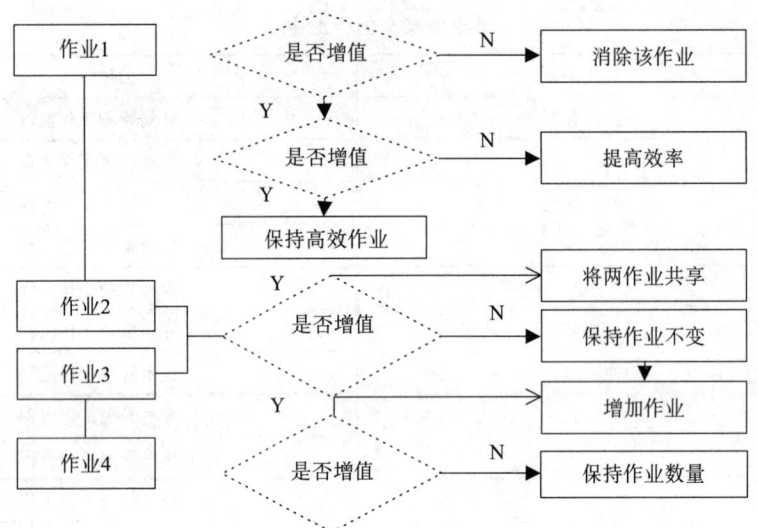

图 8-3-3 某公司某车间作业改进路径图

表 8-3-9　　　　　某公司作业改进事例

序号	改善原则	目的	事例
1	排除 Eliminate	排除浪费。 排除不必要的作业。	①合理布置，减少搬运。 ②取消不必要的外观检查。
2	组合 Combine	配合作业。 同时进行。 合并作业。	①把几个印章合并一起盖。 ②一边加工一边检查。 ③使用同一种设备的工作，集中在一起。
3	重排 Rearrange	改变次序。 改用其他方法。 改用别的东西。	①把检查工程移到前面。 ②用台车搬运代替徒手搬运，更换材料。
4	简化 Simplify	连接更合理。 使之更简单。 去除多余动作	①改变布置，使动作边境更顺畅。 ②使机器操作更简单。使零件标准化，减少材料种类。

三、作业实施

作业实施包括通过作业来计算产品成本的规定性步骤，具体可分为分析成本动因、建立作业成本库、归集资源、分摊成本计算等几步，如图 8-3-4 所示。

（一）分析成本动因

要寻找成本动因，首先要想到产品，因为产品是生产的最终结果。某公司某车间主要生产 A 和 B 两种产品，一直采用传统成本计算法计算产品加工成本，制造费用分摊以产值为基础。企业无论大小，也无论是制造、金融、电信业或其他服务业，都有特定的生产流程。寻找众多的成本动因，需要一个恰当的切入点，这就是企业生产流程分析。每个企业的生产

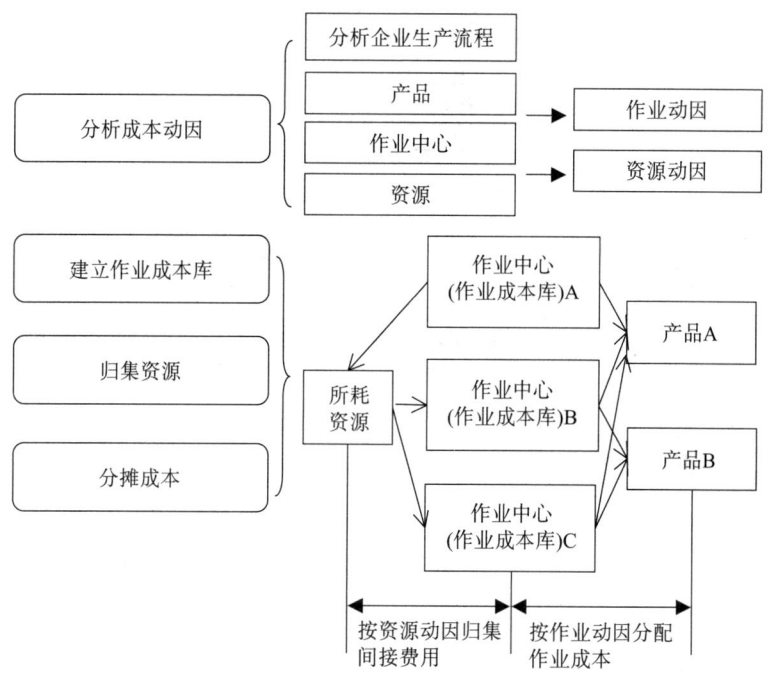

图 8-3-4 某公司某生产作业实施流程图

流程都不同,是个性的东西,成本动因则是共性。从个性入手,符合从个别到一般的原理。通过企业生产流程分析,我们可以了解产品生产工艺流程:产品分几个步骤生产、每个步骤都经过哪些工序、每个工序都需要投入哪些原料、使用哪些设备、需要多长时间等。通过以上分析,可以从作业流程或资源消耗入手找出某公司生产制造的作业动因和资源动因。某公司某生产流程如图 8-3-5 所示。

(二) 建立作业成本库

一项作业的所有成本要素总额称为成本库,成本库的总额就象一种指南,可以作为设定改善计划优先级的指南。并不是所有能降低成本的机会都可以创造出相同的成果,成本库最大的作业具备最大的降低成本潜力。作业是作业成本计算和作业管理的基本单位,所以确认作业是作业成本计算的基础,也是作业成本法区别于传统成本法的关键所在。认定作业首先要进行鉴别,从而明确哪些作业是重要作业并需要进一步细分,哪些作业不需要细分,甚至可以合并到其他作业中去。作业划分关系到整个作业成本核算体系的正常进行,划分的一般原则是明确作业的目的和便于作业成本动因的统计,因此要对现行的结构进行细分和整合。对某公司某车间作业中心的划分必须以其产品生产经营的整个作业流程来划分,根据公司产品加工流程图对公司车间 A 和 B 两种产品在生产过程中所执行的各项作业进行分析和认定,并列出作业清单。如表 8-3-10 所示。

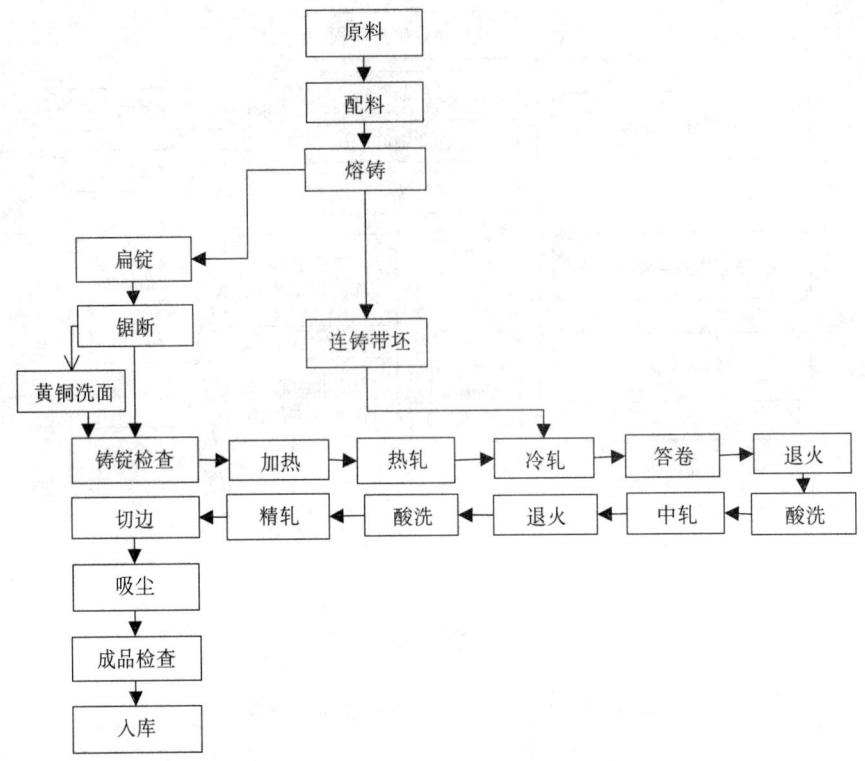

图 8-3-5 某公司某产品加工流程图

表 8-3-10　　　　　　　　　某公司某产品作业清单

序号	作业成本	对作业的简要描述
1	样板制作	产品用料的设计和样板的制作
2	备料	按照被加工铜材牌号的成分要求准备材料与上料
3	运输	根据每批产品材料耗用量，领用材料并运到生产车间及运送成品出库
4	生产准备	每批产品投产前的生产线和设备的调整
5	熔炼	将金属原料按要求配成合金并铸成适宜于压力加工尺寸、形状和质量要求的合金铸锭，为以后的压力加工做准备
6	压力加工	利用金属属性，使其改变形状、尺寸、改善性能，获得带材
7	收尘	收集熔炼过程产出的大量尘烟，改善劳动条件，防止污染，综合回收其中的各种有用成分，使原料得到充分合理利用
8	性能检测	测试产品是否达到国家规定的标准
9	检验	对产品进行逐批逐件检验
10	产品包装	对产品进行包装
11	车间管理	组织和管理车间生产，提供维持生产的条件

在确认了作业之后，发现某公司某车间的作业有十几种。这对于作业成本计算显得太复杂，因此为了尽量简化成本核算，有必要再对某公司某车间的作业进行进一步合并，建立作

业中心,并选择适当的资源动因,将成本追踪到作业中心,把其中的作业成本汇集在一起形成作业成本库。经过对某公司某车间作业清单中各项作业的分析,确定如下作业成本库,具体如表8-3-11所示。

表8-3-11　　　　　　　　某公司某车间产品生产作业成本库

序号	作业成本库	作业动因	耗用资源
1	样板制作	产品型号(种)	人工、计算机系统使用时间、消耗性材料
2	备料	干精矿(吨)	人工、物料消耗
3	生产准备	产品投产(批次)	人工、运输、动力、机物料消耗
4	熔炼	供氧量(立方)	人工、动力、机器折旧机物料消耗
5	压力加工	供氧量(立方)	人工、动力、机器折旧机物料消耗
6	收尘	烟尘(吨)	人工、动力、机器折旧机物料消耗
7	检验	人工(小时)	人工、物料消耗
8	产品包装	成品量(吨)	人工、物料消耗
9	车间管理	人工(小时)	人工、厂房折旧、水电

(三) 归集资源

资源动因是连接资源和作业的桥梁,通过资源动因,总账的成本才可以归集到作业上。某企业某车间有三种重要的资源消耗:工资、折旧费、燃动费,根据重要性和相关性原则,选定人工作业时间(表8-3-12)作为工资的资源动因,选定设备运行时间(表8-3-13)作为折旧费、燃动费的资源动因。

表8-3-12　　　　　　　　人工作业时间

时间分类		CYA-1 冲压工	CYA-2 冲压工	CYA-3 冲压工	CYA-4 起重工	CYA-5 冲压工	CYA-6 冲压工
人数							
时间合计(分钟)							
停线时间	质量原因						
	设备原因						
	物流原因						
	工艺原因						
	其他原因						
停工闲置时间							
工艺待机时间							
有效工作时间							

表 8 – 3 – 13　　　　　　　　　　设备运行时间

时间分类		CYA – 5 压力机	CYA – 5 机器人	CYA – 6 压力机	CYA – 6 机器人	CYA – 7 压力机	CYA – 7 机器人
时间合计（分钟）							
停线时间	质量原因						
	设备原因						
	物流原因						
	工艺原因						
	其他原因						
停工闲置时间							
工艺待机时间							
有效工作时间							

（四）分摊成本和核算

作业成本管理的成本分摊是指在对企业的运作进行充分了解与分析的基础上，设计企业的作业成本核算模型，主要确定以下内容：企业资源、作业和成本对象的确定，包括他们的分类，与各个组织层次的关系，各个计算对象的责任主体，资源作业分配的成本动因，资源到作业的分配关系作业到作业产品的分配关系建立。作业成本管理对成本的分摊过程为：

1. 计算作业成本分摊率。对某公司某车间成本动因分配率的计算首先需要分配成本消耗，将其记录到作业成本库中。然后基于作业与产品的关系，指出作业动因，通过除法的形式，最终求得作业中心成本总额与该中心成本动因的数量化形式的比值，即为该作业中心的成本动因分配率。计算方法如公式 1 所示。

$$r_j = \frac{R_j}{d_j}(j = 1, 2, \cdots, n) \tag{式1}$$

式中：r_j——成本库的成本动因率；

R_j——成本库的成本；

d_j——成本库的成本动因量。

2. 生产成本核算。

第一步，计算每一项作业消耗的成本。计算方法如公式 2 所示。

单项作业成本 = 成本动因分配率 × 作业动因量　　　　　　　　　　　　　　　（式2）

第二步，计算产品的作业成本。由于产品的生产是由多种作业组合而成的，所以在计算每一项作业成本之后，还要将各项作业成本加总，得到的就是产品的作业总成本。计算方法如公式 3 所示。

$$作业成本 = \sum_{i=1}^{n} 单项作业成本 i \tag{式3}$$

通过以式 2 和式 3 的计算，便得分产品的作业成本。

作业成本管理的最终目的是要计算出产品的成本。将各作业成本库分摊成本、直接材料和直接人工合并汇总,分别计算分产品总成本,再将总成本与产品数量相比,计算出分产品的单位成本。计算方法如公式4和公式5所示。

产品总成本 = 作业成本 + 直接材料 + 直接人工 （式4）

产品单位成本 = 产品总成本/产量 （式5）

成本归集、分摊和计算相关表格见表8-3-14、表8-3-15、表8-3-16、表8-3-17。

表8-3-4　　　　　　　　　某公司成本费用归集表

	样板制作	备料	生产准备	熔炼	压力加工	收尘	检验	产品包装	车间管理
人工									
办公费									
运费									
动力费									
维修费									
差费									
检验费									
折旧费									
摊销费									
作业成本									

表8-3-15　　　　　　　　　某公司成本动因率表

序号	作业成本库	作业动因	作业成本	作业动因	成本动因分配率
1	样板制作	产品型号（种）			
2	备料	干精矿（吨）			
3	生产准备	产品投产（批次）			
4	熔炼	供氧量（立方）			
5	压力加工	供氧量（立方）			
6	收尘	烟尘（吨）			
7	检验	人工（小时）			
8	产品包装	成品量（吨）			
9	车间管理	人工（小时）			

表8-3-16　　　　　　　　　某公司产品成本分配表

作业中心	成本动因率	紫铜带 耗用作业动因	黄铜带 耗用作业动因	紫铜带分配 作业成本	黄铜带分配 作业成本
样板制作					
备料					
生产准备					
熔炼					
压力加工					
收尘					
检验					
产品包装					
车间管理					
合计					

表 8-3-17　　　　　　　某公司单位产品成本计算表

项目	紫铜带	黄铜带
直接材料		
直接人工		
作业成本		
总成本		
产量		
单位产品成本		

四、结果运用

作业成本管理以作业成本法在企业的实施为基础和核心，在实施作业成本法的基础上，企业需要深化运用作业成本核算数据，深入推进作业成本管理。具体内容包括：作业成本管理的信息化、作业成本运行分析和持续改进。

（一）作业成本管理的信息化

作业成本管理中需要的比传统会计更丰富的信息，是建立在大量的计算上的。因此作业成本的实施离不开应用软件工具的支持，软件工具有助于完成复杂的核算任务，有助于对信息进行分析。作业成本软件系统提供了作业成本核算体系构造工具，可以帮助建立和管理作业成本核算体系，并完成作业成本核算。

（二）作业成本运行分析

在建立作业成本核算体系的基础上，输入具体的数据，运行作业成本法，对作业成本的计算结果进行分析与解释，如成本偏高的原因，成本构成的变化等。

（三）持续改进

作业成本管理的持续改进是指开展相关改进工作以实现增值作业，对作业成本实施过程中发现的问题采取相应措施，实现持续的效果改进，如考核组织和员工，重塑企业生产经营流程，消除不增值作业，提高增值作业运行效率等。

第四章　作业成本管理工具的评价

一、有助于成本管理的精益化

现代企业间的市场竞争进入白热化。与此相适应，企业商品通常采用多品种、个性化、小批量的生产经营模式，以适应顾客日新月异的多样化需求。使得传统的以"商品"为管理的核心与起点，以标准成本与实际成本的差异分析及控制为重点的成本管理，日益难以适应这种新的、动态的、不稳定的生产经营环境。作业成本管理则以作业成本为对象，以每一作业的完成及其所耗资源为重点，以成本动因为基础，及时、有效地提供成本控制所需的相关信息。从而可极大地增强管理人员的成本意识，并以作业中心为基础设置成本控制责任中心，将作业员工的奖惩与其作业责任成本控制直接挂钩，充分发挥企业员工的积极性、创造性与合作精神，进而达到有效地控制成本的目的。

二、促进作业分析及改进

利用作业成本管理来分配产品的成本可以解决传统成本法的弊端。作业成本管理下，计算产品的成本是建立在对企业作业链进行分析的基础之上，通过对整个作业链进行比较全面的分析，可以准确地找出相对应的作业与作业链，得出资源—作业—产出之间的关系，从而恰当地对产品的成本进行分摊，有利于有效地克服传统成本法下资源被直接分配到产品中去的缺点。同时，我们也不能忽略作业成本管理可能存在的缺点，无论是从资源到作业的环节还是从作业到产出的环节，都有可能会出现分配上的不合理。在资源—作业环节上，可以借助对资源动因的分析来进一步分析作业消耗资源的有效性；在作业—产出环节上，可以借助对作业动因的分析来分析作业的增值性。

二、使公司产销决策更加合理

企业产销决策的核心之一就是成本计算。科学的成本计算能够让企业作出合理的产品定价。作业成本管理把作业、作业中心、顾客和市场纳入了成本核算的范围，形成了以作业为成本核算对象体系。以作业为核心进行成本管理，可以抓住资源向成本核算对象流动的关键，便于合理计算成本，有利于全面分析企业在特定产品、劳务、顾客和市场及其组合，以及各相应作业盈利性的差别，从而可以使一个公司把精力集中在获利能力更高的产品或顾客上。

三、有助于优化资源配置

作业成本管理的实施一步一步地将消耗的过程进行了细致而具体的分析和控制，优化作业链、价值链和产品种类与生产数量的组合，从而优化资源配置，发挥企业内部各部门之间、各工艺和生产环节之间的协同作用，充分利用资源，实现"一加一大于二"的规模效益目标。作业成本计算通过对成本动因的分析，揭示了资源耗费、成本发生的前因后果，深入到作业水平，指明了对企业供、产、销各个环节的基本活动进行改进与提高的途径，从而有利于消除一切可能形成的浪费，全面提高企业生产经营整体的经济效益。

第五章 实施作业成本管理的体会

一、规范作业标准是作业成本管理实施的基础

作业成本管理是一种先进的管理会计工具，同时也是一项复杂的系统工程。为了项目的

顺利实施，企业必须正确划分核算对象，科学制定工艺流程，规范作业标准，优化作业流程，以提高技术支持度。

二、培养复合型人才是作业成本管理实施的保障

在推广应用作业成本管理的过程中，一个较难克服的瓶颈就是缺乏具备综合素质的复合型人才，这也是作业成本管理在目前难以大面积推广的一个主要原因。复合型专业人才要求不仅是管理会计工具运用的行家，而且还是熟悉生产工艺流程、产品设计、现场管理的专家，特别是生产技术人员、企业管理人员要具备相关管理会计理念，要积极建立"先期培训、后期培养"的二进制人才培养体系，加强复合型人才培养是实施作业成本管理成功的重要保证。

三、改善业绩评价体系是作业成本管理实施的关键

传统的业绩评价体系，主要是以经营目标为导向的结果考评方式，如产值、利润、销售收入、成本等指标，往往忽视了对生产经营过程的作业指标评价，经常造成成本信息失真，差异无法分析，管理提升方向不明等现象。而作业成本管理是一种以作业为核心，以资源流动为导向，以成本动因为媒介，依据不同成本动因分别设置成本归集对象进行归集、汇总费用的战略管理会计核心分析工具。企业在设计业绩评价体系时，必须运用价值工程与战略管理相结合、责任成本与目标成本相结合、利润与成本相结合的方法来进行。这样才能保证作业成本法的先进性和实施效果。

四、建立"作业管理"学科是作业成本管理发展的趋势

作业成本管理认为现代企业是为最终满足顾客需要而设计的一系列作业的集合体，各作业相互串联形成"作业链"。每完成一项作业要消耗一定的资源，形成一定的价值，转移给下一个作业，按此逐步推移，直到最终把产品提供给企业外部的顾客，最终产品凝聚了各个作业上形成并最终转移给顾客的价值。因此，"作业链"同时也表现为"价值链"。在作业成本管理下，作业耗费与作业产出配比的结果就是企业的经济效益。企业为了实现其经营目标，必须优化"作业链—价值链"，进行作业分析，认识企业的作业过程，以便从中发现持续改善作业链的机会及途径，使企业获得竞争优势。作业成本管理运用"作业分析"手段提供成本信息，使企业可以区分哪些作业是增值作业，哪些是不增值作业，以安排、决策产品生产的取舍；而且以"作业链—价值链"为中心的作业分析，以顾客为导向，对企业的整个作业流程进行根本改造，把有限的资源用在能增加企业价值的作业上，使浪费减少到最低限度。从本质上看，作业成本管理是一种实现成本前馈控制与反馈控制相结合、成本计算与管理相结合的全面成本管理系统。而对"作业链—价值链"的优化，又是作业成本管理发展到作业管理的驱动因素。因此，作业成本管理必然会发展成为一个企业战略管理的新学科—作业管理。

后 记

中国兵器装备集团公司（以下简称"兵器装备集团"或"集团公司"）自2004年开始推进"SRRV"集团化财务管控模式，至今已有十余年的时间。特别是2011年以来，兵器装备集团财务管控工作紧紧围绕企业战略，结合企业生产经营实践，深入推进管理会计工具在成员单位的推广和运用，逐步构建起以提升企业财务管理水平和风险防控能力为抓手，以十大管理会计工具应用为主体，以提升企业竞争优势和价值创造能力为核心的集团化财务管控模式。

目前，兵器装备集团"价值创造型财务管理体系"已基本建成。本着深入总结实践经验、广泛听取各界意见、不断巩固提升工作成果的目的，我们将近年来兵器装备集团"价值创造型财务管理体系"建设中，在推进管理会计应用方面的主要做法和实践经验进行总结提炼，在前期出版的《管理会计实战工具》和《管理会计实战案例》两本书的基础上，结合最新管理会计理论发展与实务探索，重新编著《管理会计工具手册》（第一册、第二册）、《管理会计案例》三本书，希望能够籍此丰富管理会计应用理论和实践，同时为其他企业推动管理会计的应用提供借鉴。

兵器装备集团价值创造型财务管理体系建设和《管理会计工具手册》（第一册、第二册）、《管理会计案例》的成功出版，得到了财政部、国务院国资委领导及有关司局领导的关心关注与大力支持，集团公司董事长唐登杰、总经理徐留平、原董事长徐斌同志始终高度重视，并曾亲自担任价值创造型财务管理体系建设领导小组组长，直接领导并鼎力支持推进相关工作。兵器装备集团价值创造型财务管理体系建设和这三本书的成功出版，还得益于兵器装备集团价值创造型财务管理体系建设团队和参与本书编写的全体同志的共同努力和无私奉献；得益于价值创造型财务管理体系建设之初和建设过程中清华大学夏冬林、于增彪，北京大学陆正飞，厦门大学傅元略，中央财经大学孟焰、刘俊勇，北京工商大学谢志华、王斌，对外经济贸易大学汤谷良，上海财经大学潘飞等高等学校著名教授、学者，浪潮集团执行总裁王兴山等管理会计信息化专家，以及来自中国会计学会、中国总会计师协会、美国管理会计师协会等专业机构的知名专家的悉心指导；得益于中国财政经济出版社及本书编辑出版发行团队的辛勤工作。

《管理会计工具手册》（第一册、第二册）、《管理会计案例》是兵器装备集团财务管理团队集体智慧的结晶。三本书由兵器装备集团副总经理、总会计师李守武同志负责总体策划并主持编著，财务部主任王晓翔，副主任冯长军、张德勇，主任助理江红负责组织编写，财务部原主任邓腾江、原副主任黄埔，副巡视员郭菲也先后参加了相关组织工作，兵器装备集团价值创造管理办公室负责全书的具体编撰和统稿工作。其中，《管理会计工具手册》（第一册、第二册）中全面预算管理、经营预测、内部管理报告、标准成本、价值链成本管理、投资决策、EVA提升等分别由沈远鹏、王腊梅、陈景峰、冯凯、潘锡睿、石尧祥、龚振宇、薛刚毅等负责编写，客户盈利能力管理由王锟、华騳矗、龚瑜、王钦立、张小全、李明负责编写，企业风险管理由朱华荣、王锟、范朝东、王雪冰、周永玲、杜琴、张晶、张小全负责编写，企业绩效管理由顾长仁、高培正、赵将、叶红梅负责编写，企业现金流管理由谢俊杰负责编写，作业成本管理由李憨劼、王巧玲、中南财经政法大学王华负责编写，平衡计分卡由汤书平、中央财经大学刘俊勇负责编写，管理会计信息化由浪潮公司王兴山、刘家斌负责编写，组织与人才培养由徐海燕负责编写。《管理会计工具手册》（第一册、第二册）由顾长仁、王锟、张德勇、张博、倪尔科、潘锡睿、王家兴、汤书平、李憨劼、徐海燕等负责统稿编排及审校工作。《管理会计案例》中，"以全面预算推进财务转型"案例由张德勇、王春阳、潘锡睿、龚华萍、张德兵、宋俊丽、何光盛、李新栋、肖春华等负责编写，"标准成本破解成本管理瓶颈"案例由张德勇、何光盛、尹勤、潘锡睿、蒋梅、江红、杨威、董艳等负责编写，"作业成本精细成本管理"案例由王琨、华騳矗、耿克成、张小全、赖帆、王宁、任飞、邓晓东、赵传勇等负责编写，"全价值链引领企业管理"案例由张志朴、严长云、任纪刚、蒋和彩、龙芹、时勤功、高健等负责编写，"平衡计分卡确保战略落地"案例由林莉、孔祥忠、华騳矗、耿克成、李元玥、李宁、刘青娥、龚莉等负责编写，"经营预测护航企业发展"案例由叶宇昕、周秋莲、吴妮娜、宋良、龚振宇、冷帆、张凌、余燕等负责编写，"内控体系促进全面风险管理"案例由单俊、江英、熊薇等负责编写，"内部管理报告助力资源再配置"案例由李华光、倪尔科、王国强、兰佳、胡奇、蒋理、潘江涛等负责编写，"投资决策助推战略布局调整"案例由肖江波、刘长香、肖大旺等负责编写，"信息技术提升企业管理"案例由朱东、向卫东、廖鸿、范建光、潘锡睿、张诗红、尹勤、陈鲁平、韩桂全、王大治、张为民、马红林、蒋昊、韩伟伟负责编写。"客户盈利能力管理实现厂商发展共赢"案例由华騳矗、周红、张小全、刘昕、赵宇浩、马洪等负责编写，"EVA改善提升企业整体价值"案例由陈玲、刘翔等负责编写，"管理会计工具改善企业绩效管理"案例由顾长仁、朱英、赵将、万华、宋龙龙、谢俊杰、王刚、杨军等负责编写。《管理会计案例》由张诗红、宋龙龙、徐灿、牛艳丽、戴俊、杨小科、胡治、刘亮、王君山、汤书平、李憨劼、徐海燕、谢俊杰、王宁等负责统稿编排及审校工作。

衷心感谢清华大学于增彪教授、厦门大学傅元略教授、中央财经大学孟焰教授、上海财经大学潘飞教授、北京工商大学谢志华教授、对外经济贸易大学汤谷良教授在本套书付梓出版之际，拨冗作序，热诚推介。谨向在兵器装备集团价值创造型财务管理体系建设和本书的成功出版过程中给予关心支持的各位领导、专家学者和付出辛勤劳动的工作团队、编写团队和出版团队表示由衷的敬意，并致以最诚挚的谢意。

由于时间和水平所限，书中难免还存在许多不足甚至错误之处，恳请读者批评指正。

编　者
2016年5月